Le Violon

suivi de

Témoignage d'un enfant

RG

Illustration de couverture : Sarah Lazarovic

Conception graphique : Jonathan Kremer & Nicolas Côté

Cartographie : Karen Van Kerkoerle

Catalogage avant publication de Bibliothèque et Archives Canada

Shtibel, Rachel, 1935-
Le violon / Rachel Shtibel; [traduction de Josée Bégaud]. Et, Témoignage d'un enfant / Adam Shtibel; [traduction de Florence Buathier].
(Collection Azrieli des mémoires de survivants de l'Holocauste)
Publié aussi en anglais sous le titre: The violin / Rachel Shtibel.
A child's testimony / Adam Shtibel.

Comprend des références bibliographiques et un index.
ISBN 978-1-897470-14-5

1. Shtibel, Adam, 1928-. 2. Shtibel, Rachel, 1935-. 3. Holocauste, 1939-1945--Pologne--Récits personnels. 4. Enfants juifs pendant l'Holocauste--Pologne--Biographies. 5. Survivants de l'Holocauste--Canada--Biographies. I. Bégaud, Josée II. Buathier, Florence III. Fondation Azrieli IV. Shtibel, Adam, 1928- Témoignage d'un enfant. V. Titre. VI. Collection.

D804.196.S4814      2007      940.53'18092      C2007-905437-4

Imprimé au Canada. Printed in Canada.
Deuxième impression

La Fondation Azrieli
164 Eglinton Avenue East
Suite 503
Toronto, Ontario
Canada M4P 1G4

Centre d'études juives
Université York
241 Vanier College
4700 Keele Street
Toronto Ontario
Canada M3J 1P3

Mixed Sources
Product group from well-managed forests and other controlled sources
www.fsc.org Cert no. SW-COC-002080
© 1996 Forest Stewardship Council
FSC

# La COLLECTION AZRIELI des mémoires de survivants de l'Holocauste

PREMIÈRE SÉRIE

Découvrez les autres ouvrages de la collection
sur le site www.azrielifoundation.org

LA COLLECTION

Le Programme de publication des mémoires de survivants de l'Holocauste a été mis en œuvre par la Fondation Azrieli et le Centre d'études juives de l'Université York afin de préserver et de diffuser les mémoires écrits par les personnes ayant survécu au génocide des Juifs d'Europe par les nazis et ayant par la suite émigré au Canada. Les instigateurs de ce programme estiment que tout survivant de l'Holocauste possède une expérience remarquable à raconter et ont la conviction que chacune de ces histoires offre une opportunité pédagogique qui mène les lecteurs vers une meilleure compréhension de l'histoire, une plus grande tolérance et un plus grand respect de la diversité.

Des millions d'histoires individuelles ne seront jamais dites. Les Juifs d'Europe assassinés n'ont pas laissé de témoignages de leurs derniers jours. En préservant ces récits et en les diffusant à un large public, le Programme s'évertue à conserver la mémoire de ceux qui ont péri sous les assauts d'une haine encouragée par l'indifférence et l'apathie générale. Les témoignages personnels de ceux qui ont survécu dans les circonstances les plus improbables sont aussi différents que ceux qui les ont écrits, mais tous démontrent la somme de courage, d'endurance, d'intuition et de chance qu'il a fallu pour faire face et survivre dans cette terrible adversité. Plus de soixante ans plus tard, la diversité de ces expériences permet au lecteur de mettre des visages sur ces événements et ce monde disparu et d'appréhender l'énormité de ce qui est arrivé à six millions de Juifs à l'aide d'un échantillon de parcours individuels. Ces mémoires sont aussi un hommage aux personnes, amies ou inconnues, qui ont risqué leur vie pour porter assistance à d'autres et qui, par leur bienveillance et leur dignité dans les moments les plus sombres, ont souvent aidé les personnes persécutées à conserver leur foi dans l'humanité et le courage de lutter. Le récit de ce qui a amené ces survivants à venir au Canada après la guerre pour construire une nouvelle vie est souvent remarquable. Le désir qui les pousse à exposer leur expérience de sorte que les jeunes générations puissent en tirer des leçons de vie est tout aussi exemplaire.

Le programme recueille, archive, édite et publie ces écrits historiques de concitoyens canadiens et les rend accessibles gratuitement aux bibliothèques canadiennes, aux organisations œuvrant pour la mémoire de l'Holocauste, ainsi qu'au grand public grâce à la mise à disposition gratuite des textes sur le site Web de la Fondation Azrieli. Les originaux des manuscrits reçus sont conservés aux Archives et collections spéciales Clara Thomas de l'Université York. Ils sont disponibles pour consultation aux chercheurs et éducateurs intéressés. Les mémoires sont publiés au sein de la Collection Azrieli des mémoires de survivants de l'Holocauste.

Le Programme de publication de mémoires de survivants de l'Holocauste, la Fondation Azrieli et le Centre d'études juives de l'Université York sont reconnaissants aux nombreuses personnes ayant contribué à la réalisation de cette collection d'ouvrages. Nous remercions tout spécialement Jody Spiegel, coordinatrice exécutive de la Fondation Azrieli. Pour leur contribution aux vérifications historiques, aux corrections et aux relectures des manuscrits, le programme remercie Todd Biderman, Helen Binik, Tali Boritz, Mark Celinscak, Mark Clamen, Jordana DeBloeme, Andrea Geddes-Poole, Valerie Hébert, Joe Hodes, Tomaz Jardim, Irena Kohn, Tatjana Lichtenstein, Carson Philips, Randall Schnoor, Tatyana Shestakov et Mia Spiro. Pour leur aide et leur soutien aux différentes étapes de la réalisation, le Programme témoigne de sa gratitude à Susan Alper, l'équipe d'Andora Graphics, Mary Arvanitakis, Mahtab Azizsoltani, Howard Aster, Miriam Beckerman, Josée Bégaud, François Blanc, Aurélien Bonin, Florence Buathier, Béatrice Catanese, Sheila Fischman, Esther Goldberg, Elizabeth Lasserre, Ariel Pulver, Michael Quddus, Henia Reinhartz, Nochem Reinhartz et Don Winkler.

# Le Violon

## Rachel Shtibel

*Traduction de Josée Bégaud*

suivi de

# Témoignage d'un enfant

## Adam Shtibel

*Traduction de Florence Buathier*

# TABLE DES MATIÈRES

Lorsque Rachel et Adam Shtibel se sont rencontrés à Wrocław en Pologne, en 1955, ils ont immédiatement ressenti qu'un lien fort les unissait. Ayant tous deux survécu à l'Holocauste nazi pendant leur enfance, ils se comprenaient bien et étaient en mesure de se réconforter dans les moments de tristesse et d'angoisse. La force de ce lien et de leur dévouement mutuel a été la clé de voûte de leur longue amitié, de leur amour et de leur mariage. Au cours de cinquante ans de vie commune, ils ont émigré à deux reprises vers de nouveaux pays, appris de nouvelles langues, connu des carrières bien remplies, eu des enfants puis des petits-enfants, se sont fait de nombreux amis et ont beaucoup voyagé. Le respect et la confiance qu'ils se vouent mutuellement sont leur grande fierté.

Cependant, lorsque le couple a été approché par la Fondation de la Shoah[1] en 1996, en vue de fournir un témoignage audiovisuel de leur expérience de guerre, des émotions très fortes ont refait surface et des disputes ont éclaté entre eux. Lorsqu'ils étaient enfants, pendant l'Holocauste, Rachel et Adam ont subi de terribles épreuves de privations, de peur et de souffrance et plusieurs années d'un silence contraint qui a joué un rôle essentiel dans leur survie. Dans le demi-siècle qui s'est écoulé entre la fin de la guerre et l'invitation à témoigner, ni l'un ni l'autre n'avaient

---

1   La Fondation de la Shoah de l'Université de Californie du Sud (*USC Shoah Foundation Institute for Visual History and Education*) est une organisation à but non lucratif fondée par Steven Spielberg en 1994. Entre 1994 et 2000, la fondation a enregistré plus de 50 000 interviews filmées de survivants de l'Holocauste (appelée Shoah en hébreu). De plus amples informations sur ces témoignages ainsi que le catalogue complet de la collection sont disponibles en ligne sur le site http://www.usc.edu/schools/college/vhi/

souhaité rouvrir cette page de leur vie, sauf en de très rares occasions et avec leur famille la plus proche seulement.

Pour Rachel, cette occasion de raconter son histoire s'est révélée une chance de se replonger dans ses souvenirs. D'une nature éloquente, sensible et énergique, elle se sentait alors prête à briser le silence qui s'était imposé à elle dans son enfance. Pour sa part, Adam ne voyait pas l'intérêt de ressortir de si douloureux souvenirs après tant d'années de stabilité et de succès. Après bien des discussions bouleversantes, Rachel a eu le dernier mot et ils ont tous deux été interviewés en 1996.

Cette expérience a été un tournant pour Rachel. En 1998, malgré l'avis d'Adam, profondément angoissé, Rachel s'est mise à rédiger ses mémoires. C'était le commencement d'un parcours d'introspection et de commémoration dont le fruit a été ces mémoires admirablement écrits et si émouvants, qui sont présentés en première partie de ce volume et intitulés *Le Violon*, dans une traduction française de Josée Bégaud.

Adam a soutenu sa femme au long de l'année qu'elle a passée à écrire ce livre, mais même aujourd'hui il doute que cela ait été la meilleure chose à faire. Alors qu'il la voyait revivre des épisodes tragiques de sa vie, alors qu'il l'aidait à supporter les cauchemars et les problèmes de santé dus au stress enduré, il ne pouvait, pour sa part, s'intéresser qu'à sa vie d'après-guerre. Il reste à ce jour très réticent à l'idée d'aborder le thème de son enfance et n'a jamais été en mesure d'écrire quoi que ce soit sur ce sujet.

Alors qu'elle rédigeait *Le Violon*, Rachel a convaincu Adam de retrouver la transcription qui avait été faite du témoignage qu'il avait fourni en 1948 devant la Commission centrale de l'histoire juive à Varsovie. De 1945 à 1948, cette organisation avait recueilli et conservé plus de 6 000 témoignages de survivants de l'Holocauste, faits en grande partie par des enfants et des adolescents. Cette commission était une des rares institutions qui s'était évertuée à recueillir juste après la guerre des dépositions de témoins directs et aussi l'une des seules à rechercher des enfants pour transcrire leurs témoignages. Adam a découvert que sa déposition était conservée dans les archives de l'Institut historique juif à Varsovie, en compagnie de milliers d'autres dépositions de survivants. Rachel et Adam en ont obtenu copie. Toujours très mal à l'aise vis à vis de ses souvenirs, Adam était au début dans l'impossibilité de lire le document écrit en polonais. Rachel l'a ensuite lu elle-même et le lui a traduit en anglais à voix haute au fur et à mesure. Cela s'est avéré le seul moyen pour Adam de se confronter aux paroles qu'il avait prononcées en 1948. L'histoire d'Adam, présentée sous le titre de *Témoignage d'un enfant*, se trouve dans la deuxième partie de ce volume. La déposition originale a été traduite en anglais en 2007 par Henia et Nochem Reinhartz[2] et c'est cette version qui a été traduite en français par Florence Buathier pour ce livre.

∾

Quand la Seconde Guerre mondiale est arrivée, Rachel Chai Milbauer avait quatre ans et vivait dans le village de Turka, près de la ville de Kolomyja en Galicie orientale (Pologne). Adam Shtibel (à l'époque, Abram Sztybel) avait quant à lui dix ans et vivait dans la ville de Komarów, non loin de Zamość, à environ 100 km au sud-est de Lublin. Leurs expériences d'enfants juifs confrontés et ayant survécu aux horreurs de l'occupation allemande de la Pologne ont été d'une nature très différente. Mais leurs deux histoires ont pour toile de fond la mégalomanie raciale et les desseins meurtriers de Hitler.

---

2   Henia Reinhartz est aussi l'auteure d'un recueil de mémoires intitulé *Fragments de ma vie* et publié en 2007 dans la Collection Azrieli des mémoires de survivants de l'Holocauste. Voir p. xix pour obtenir de plus amples informations à propos des versions antérieures publiées des mémoires de Rachel Shtibel et de la déposition d'Adam Shtibel. Voir la note de l'éditeur pour la provenance, l'édition et la traduction du témoignage d'Adam Shtibel présenté dans ce volume.

Quand les Allemands ont marché sur la Pologne en septembre 1939, ils étaient guidés par l'ambition de créer un ordre nouveau à caractère racial, dans lequel les Juifs et les autres « races inférieures » n'avaient aucune place, ou bien se trouvaient en état de soumission vis à vis des Allemands « racialement supérieurs[3] ». Cette soif d'expansion, aux sources à la fois idéologiques et nationalistes, s'exprimait par le besoin d'obtenir un « espace vital », ou « *Lebensraum* », aux dépends de la Pologne et de l'URSS, espace dans lequel des Allemands « de race pure » coloniseraient la terre et réduiraient les populations slaves autochtones « racialement inférieures » en esclavage. Les projets initiaux concernant les Juifs de ces territoires prévoyaient de les priver systématiquement de droits civiques et humanitaires, de leur ôter tout statut socio-économique, de les asservir et de les mener de force vers des secteurs très restreints à l'écart du reste de la population. Dans de telles conditions, la faim et la maladie feraient diminuer leur nombre. Au départ, les architectes nazis de ce plan pensaient qu'ils arriveraient à « nettoyer » les territoires de l'Est de leurs Juifs, d'abord par attrition puis par immigration forcée ou par confinement dans de vastes « réserves ». Les plans des nazis concernant les Polonais et les autres ethnies slaves prévoyaient la conscription aux travaux forcés et des transferts de populations massifs vers l'est, permettant à des populations d'origine allemande venant de toute l'Europe centrale et orientale (les « *Volksdeutsche* ») de s'établir dans les régions désertées.

---

3   Bien que de nombreux groupes ethniques, tels que les peuples slaves et les Tziganes, aient été qualifiés d'inférieurs aux « Aryens » allemands, une haine spécifique et obsessive était réservée aux Juifs. Entre autres vices, les Juifs étaient considérés comme étant à l'origine du communisme, de la démocratie et du pacifisme, qui étaient autant d'ignominies dans la vision du monde de Hitler et ils ont été accusés de la défaite de l'Allemagne lors de la Première Guerre mondiale. Les Juifs étaient perçus comme des parasites et comme étant à l'origine de tout ce qui ne fonctionnait pas en Allemagne et en Europe dans l'entre-deux-guerres.

Aux termes du pacte de non-agression germano-soviétique signé à la veille de la Seconde Guerre mondiale, la Pologne allait être divisée entre l'Allemagne et l'Union soviétique. L'Allemagne a donc occupé l'ouest et le centre de la Pologne et annexé une grande partie de son territoire. Les nazis ont aussi créé au sud-est du territoire occupé, là où habitait Adam Shtibel, une vaste zone dotée du statut de région d'administration spéciale. Le seul but de ce *Generalgouvernement*, nom sous lequel était connue la région, était d'établir un territoire au sein duquel les nazis pourraient exécuter leurs politiques raciales en Europe orientale. À partir de 1939, les Juifs de l'ensemble des territoires sous domination allemande ont été transférés vers cette région, de même que l'ensemble des Polonais expulsés des régions plus à l'ouest qui avaient été annexées au Reich. Des décrets visant à affamer, humilier, exploiter et isoler les Juifs ont été rapidement pris et brutalement exécutés. Le témoignage sans ambages livré par Adam Shtibel à propos de sa ville natale de Komarów, située dans le District de Lubin au sein du *Generalgouvernement*, montre la vitesse à laquelle les nazis ont exécuté leurs plans. Quelques jours à peine après l'invasion de septembre 1939, les Juifs subissaient des restrictions drastiques, leurs biens étaient confisqués et toute activité économique leur était interdite. La conscription aux travaux forcés et la déportation vers les camps de travail a débuté peu après et, en 1941, le processus visant à détenir l'ensemble des Juifs de Komarów et des environs au sein d'un ghetto était mis en place. Quand l'Allemagne a attaqué l'URSS en 1941 et, de ce fait, occupé les régions de Pologne orientale qui avaient été annexées par l'URSS en 1939, la région natale de Rachel, la Galicie orientale, s'est retrouvée absorbée dans le *Generalgouvernement*. Elle a donc subi un processus similaire, mais très accéléré, de discrimination absolue, de privation et d'expulsion vers le ghetto de Kolomyja. En tout, plus de 500 000 Juifs sont morts de faim, de maladie et de violence dans les ghettos et les camps de travail entre 1939 et 1941, avant que le plan d'extermination totale des Juifs ne soit mis en place par les nazis.

Avec l'invasion de l'URSS en juin 1941, les projets d'Hitler sont entrés dans une nouvelle phase encore plus meurtrière. Les plans initiaux de transferts massifs de population et d'immigration forcée s'étaient montrés impossibles à mettre en application et au fur et à mesure que les troupes allemandes s'enfonçaient dans les territoires annexés ou occupés par l'URSS, le nombre de Juifs présents dans les territoires sous contrôle allemand augmentait de manière significative[4]. La politique des nazis s'est alors muée en politique d'extermination des populations juives des territoires qu'ils contrôlaient. Dans cette nouvelle phase de la «solution finale» à la question juive, le but était devenu l'élimination systématique. La stratégie des nazis pour arriver à leurs fins comprenait des exécutions de masse, la liquidation violente des ghettos et la déportation des Juifs vers des camps conçus pour leur extermination. Bien qu'ils n'en aient pas eu conscience à l'époque, Adam et Rachel se sont retrouvés au cœur de la mise en œuvre de ces projets via l'«*Aktion Reinhard*» – le nom de code donné à l'opération lancée en 1942 pour exterminer l'ensemble des Juifs se trouvant dans le *Generalgouvernement*. Les nazis ont déporté méthodiquement les Juifs des ghettos du *Generalgouvernement* vers les camps de la mort de Belzec, de Sobibor et de Treblinka. Alors que ce processus continuait en s'intensifiant durant l'année 1942, Rachel et Adam sont tous deux passés dans la clandestinité dans leurs régions respectives. Avec de la chance, de l'intuition et l'aide de quelques non-Juifs, amis ou anonymes, ils se sont

---

4    En 1939, environ trois millions de Juifs vivaient en Union soviétique. Entre septembre 1939 et juin 1941, avec l'occupation et l'annexion des parties orientales de la Pologne, des États Baltes, de la Bessarabie et de la Bucovine, environ deux millions de Juifs supplémentaires se sont retrouvés sous contrôle soviétique. Il faut y ajouter quelque 250 000 à 300 000 réfugiés venant de régions occidentales de la Pologne ayant fui en URSS au début de la guerre. « Soviet Union, » in *Encyclopedia of the Holocaust*, dir. Robert Rozett et Shmuel Spector (Jérusalem : Yad Vashem, 2000), pp. 415-416.

débrouillés pour éviter la déportation et la mort, échappant au destin de plus de deux millions de Juifs du *Generalgouvernement* qui ont été tués au cours de l'*Aktion Reinhard* entre le début de 1942 et novembre 1943.

∾

Adam Shtibel n'a que de bons souvenirs de son enfance dans la petite ville de Komarów. Alors qu'on y trouve des traces de la présence de Juifs depuis le début du dix-huitième siècle, Komarów a possédé une communauté juive florissante de négociants, détaillants et artisans du milieu du dix-neuvième siècle jusqu'à l'année 1939. Les statistiques de population disponibles montrent que, de 1856 à 1921, les Juifs représentaient toujours la majorité de la population de la ville. Les Juifs, qui formaient une communauté très pieuse, gagnaient leur vie en commerçant avec les fermiers polonais des environs. Bien que l'antisémitisme fût très présent dans cette partie de la Pologne, avec son lot de restrictions de toutes sortes et ses explosions de violence, les Juifs de Komarów avaient une existence stable avant le début de la guerre[5].

Quand Komarów a été occupée en septembre 1939, les difficultés ont commencé immédiatement pour les Juifs. Relatant ces événements avec le langage concis et factuel d'un adolescent, le témoignage d'Adam décrit les restrictions croissantes, le traitement inhumain et l'humiliation, l'envoi de son frère aux travaux forcés, la mise en place d'un ghetto exigu et surpeuplé et la mort tragique de son père lorsqu'une épidémie de typhus s'y est déclarée. Alors que les conditions de vie empiraient et que la nourriture se faisait de

5  *Pinkas hakehillot Polin (Encyclopedia of the Jewish Communities of Poland)*, dir. Abraham Wein, volume VII, Lublin and Kielce districts (Jérusalem : Yad Vashem, 1999), pp. 467-468. Les dernières données datent de 1921, date à laquelle les Juifs formaient environ 60% de la population de Komarów (1752 sur 2895 habitants).

plus en plus rare, la mère d'Adam a décidé de l'envoyer travailler comme berger pour l'un des fermiers avec qui elle faisait affaires avant la guerre, pensant qu'il serait plus en sécurité hors de la ville et qu'il pourrait manger à sa faim. Cette décision a sauvé la vie d'Adam. Au printemps 1942, alors que les nazis mettaient en place l'exécution de l'ensemble des populations juives, les fusillades et les déportations sont devenues plus fréquentes. Quand le ghetto de Komarów a été liquidé en novembre 1942, Adam se trouvait dans le hameau de la ferme, à trois kilomètres de la ville. Il a entendu les coups de feu et les cris, alors que sa mère et son frère étaient emportés vers les camps de la mort.

Après la fin du ghetto, Adam s'est retrouvé non seulement orphelin mais aussi sans abri. Les fermiers des environs ont reçu l'ordre de livrer les Juifs qui travaillaient pour eux. Le fermier qui l'employait, un homme honnête mais peu courageux, ne l'a pas livré aux autorités allemandes mais a refusé de le garder à la ferme, disant au jeune garçon qu'« aucun Juif ne devait survivre ». Sans famille, sans savoir où aller, Adam a gagné la forêt entourant la ville et y a rencontré un groupe de garçons et de filles qui se trouvaient dans une situation proche de la sienne. Pendant plusieurs mois, ces enfants, qui avaient entre 8 et 17 ans, ont erré dans la campagne du district de Zamość, dormant dans la forêt ou dans des granges abandonnées, mendiant ou volant de la nourriture aux paysans locaux. Le sentiment de terreur qu'éprouvait Adam errant dans la forêt, son anéantissement et sa solitude nous parviennent à travers la voix d'un enfant : « J'ai marché presque toute la nuit. J'avais peur. Chaque froissement dans la forêt m'effrayait. Je ne craignais pas les fantômes mais les gens. »

Une série d'événements tragiques survenus au cours de l'été 1943 ont conduit Adam vers un camp pour personnes déplacées situé dans la ville de Zamość, où il a réussi à se faire passer pour un Polonais non juif ayant perdu ses parents. Le témoignage d'Adam offre un exposé fascinant du chaos et de la violence qu'ont déclenché les politiques raciales des nazis en Pologne, non seulement du point de vue de l'enfant juif qu'il était, mais aussi de celui du Polonais non juif pour qui il se faisait passer. En tant que Juif, il a pu témoigner des privations et des humiliations du ghetto, de la violence de la liquidation et des déportations, ainsi que du mélange d'assistance timide, d'indifférence et de collaboration de la part de la population locale. Se faisant passer pour un non-Juif, il a été pris en 1943 dans les expulsions massives des populations polonaises de leurs villages du district de Zamość, dans le but de «faire la place» à des colons allemands de souche.

À partir de l'été 1943, la vie d'Adam n'a tenu qu'au fait que son identité juive était cachée. Se faisant passer pour un jeune orphelin polonais, Adam a trouvé refuge, grâce à l'assistance de la Croix Rouge de Siedlce, auprès d'un jeune couple sans enfants habitant le village de Borki. Au vu du témoignage d'Adam, il est clair que ce couple avait une affection véritable pour lui, alors même qu'ils soupçonnaient ses origines juives. Le sentiment était réciproque pour Adam. Mais il vivait aussi dans une crainte constante et ne devait jamais baisser la garde. Le teint mat, incapable de s'exprimer dans un polonais parfait, Adam était terrifié à l'idée qu'on puisse découvrir qu'il était juif. Ses peurs étaient exacerbées par les nombreux voisins et amis du couple qui soupçonnaient qu'Adam était juif et leur recommandaient de le dénoncer, en leur rappelant ce qu'il en coûtait de cacher un Juif. Le couple n'a pas laissé tomber Adam et l'a protégé tout au long des années de guerre. Après la guerre, quand Adam leur a révélé sa véritable identité, ils l'ont aidé à se mettre en relation avec les responsables de la communauté juive de Varsovie et ont soutenu sa démarche hésitante vers une nouvelle vie.

La déposition qu'Adam a faite en 1948 révèle que ses sentiments à l'égard du couple sont faits d'une reconnaissance un peu ambiguë : ils l'ont sauvé, mais il a dû leur cacher son identité véritable. Ils ont continué à s'occuper de lui après qu'il leur a révélé qu'il était juif, mais ils ont tenté à de nombreuses reprises de le convertir au christianisme. En tout état de cause, il ne faut jamais oublier que toute personne abritant un Juif le faisait au péril de sa vie et que ceux qui l'ont fait étaient très peu nombreux. À la fin de la guerre, seule une poignée de Juifs de la région de Komarów avaient survécu et Adam était de ceux-là.

$\sim$

La ferme de la famille de Rachel Milbauer se trouvait près du petit village de Turka, non loin de la ville de Kolomyia en Galicie orientale. En plus de nombreux Juifs, établis depuis le seizième siècle au moins, la région comprenait des Polonais et des Ukrainiens, ainsi que de Tziganes, des Tchèques, des Slovaques, des Hongrois et d'autres encore. Le portrait idyllique que Rachel dresse de son enfance débute par l'évocation d'une famille nombreuse et unie et de la vie à la ferme. Rappelant la joie que représentait l'amour inconditionnel dont elle se savait entourée, Rachel raconte comment ses parents et sa famille étaient respectés par les gens des environs, qu'ils aient été juifs ou non. Sans que nous sachions si cette situation était la norme, elle se souvient des multiples occasions qu'elle a eues de jouer avec ses amis ukrainiens et nous rapporte les relations amicales que ses parents entretenaient avec les fermiers polonais et ukrainiens des environs.

Ces relations interethniques cordiales, telles que Rachel nous les décrit, étaient, en réalité, loin d'être la norme. En effet, les relations entre Juifs, Polonais et Ukrainiens au niveau local en Galicie orientale avaient une longue et complexe histoire de conflits et de violence. Lorsque la région a été occupée par l'Union soviétique en 1939, les tensions, jusque-là latentes, ont fini par éclater. Durant les 20 mois d'occupation soviétique, la police secrète soviétique s'est livrée à une activité intense et à la déportation massive d'« éléments subversifs » au sein de la population locale vers la Sibérie, parmi lesquels les nationalistes ukrainiens formaient une cible privilégiée. Ces événements ont augmenté le ressentiment préexistant des Ukrainiens envers les Juifs, qui étaient vus comme pro-soviétiques. Quand les Allemands ont attaqué le territoire soviétique en juin 1941, ils ont pu exploiter la complexité des conflits historiques entre Ukrainiens, Polonais et Juifs et ont trouvé de nombreux collaborateurs volontaires au sein de la population ukrainienne. Comme le note Omer Bartov, la complexité des relations interethniques en Galicie a fait qu'en plus de la politique raciale des nazis, «les Allemands n'ont eu aucun mal à déclencher un déferlement de violence des populations locales à l'égard des Juifs.», ce qui a facilité la mise en place du génocide et a assuré sa réalisation presque totale[6]. La complicité évidente et la collaboration violente de la population non juive de Galicie avec l'occupant – les auxiliaires ukrainiens entreprenant les tueries eux-mêmes – sont une des caractéristiques très spécifiques de cette région dans l'histoire du génocide des Juifs.

Dans les mémoires de Rachel, les actes et les choix des adultes sont vus à travers les yeux d'une enfant et il est à noter qu'elle ne mentionne pas cette dimension plus large du conflit. Au lieu de cela, elle ravive dans son esprit la confusion et l'angoisse qu'elle a ressenties si jeune, étant tour à tour témoin de l'occupation soviétique de sa ville en 1939, de l'enrôlement forcé de son père dans l'Armée Rouge, de l'occupation allemande de 1941, de la persécution des Juifs et enfin de l'arrestation et de la torture de sa mère par la Gestapo (la police politique des nazis). Alors que la politique raciale des nazis se mettait en place au cours de l'été et

6   Omer Bartov, «From the Holocaust in Galicia to Contemporary Genocide, Common Ground – Historical Differences,» *Joseph and Rebecca Meyerhoff Annual Lecture*, 17 décembre 2002. Washington, DC : United States Holocaust Memorial Museum, Center for Advanced Holocaust Studies, 2003, pp. 6-7.

de l'automne 1941, Kolomyja est devenu le centre névralgique du rassemblement et du transfert pour les Juifs venus de toute la Galicie. Rachel et sa famille ont été contraintes de quitter leur village pour se rendre à Kolomyja en novembre 1941, où de nombreux membres de sa famille et de ses amis ont connu l'asservissement, la torture et la mort – parfois sous les yeux de la petite Rachel qui avait alors 6 ans.

À l'automne 1942, les parents et la famille de Rachel, déjà affaiblis par le travail forcé quotidien, ont ont été les témoins de l'intensification des meurtres et des déportations au sein du ghetto de Kolomyja. La rumeur disait qu'il allait être bientôt « liquidé ». Les détails de ce que cela signifiait n'étaient pas clairs pour Rachel : seraient-ils arrêtés et fusillés sur la place du village ou dans la forêt, seraient-ils d'abord torturés, ou emmenés en train vers ces camps dont ils connaissaient l'existence et d'où l'on ne revenait pas? Les adultes qui l'entouraient, en tout cas, étaient certains que la mort les attendait. Le père de Rachel a donc décidé d'essayer de s'échapper du ghetto et de cacher le plus grand nombre possible de membres de sa famille dans la campagne des alentours de Kolomyia, espérant qu'ils trouveraient de l'aide auprès des fermiers voisins de la propriété familiale de Turka. Plusieurs membres de la famille ainsi que trois proches amis – soit dix personnes en tout – ont réussi à s'extraire du ghetto à l'automne 1942.

La décision de tenter de s'évader du ghetto, ainsi que la capacité pour cette famille de compter sur l'aide de non-Juifs qu'ils avaient connus avant la guerre, leur ont sauvé la vie. Peu après leur départ du ghetto ont commencé les déportations de Kolomyja vers le camp d'extermination de Belzec, accompagnées d'exécutions massives dans la forêt de Szeparowce, proche de la ville. En février 1943, le ghetto de Kolomyja était complètement liquidé.

Sauvés d'une mort certaine, Rachel et sa famille n'en ont pas moins enduré une situation terriblement difficile, trouvant refuge après bien des péripéties dans un minuscule abri souterrain où dix personnes ont réussi à survivre pendant près de deux ans. L'évocation par Rachel de cette période abominable est à la fois concise et brute. L'ennui et l'appréhension d'une petite fille allongée jour et nuit dans un abri de trois mètres sur trois apparaissent pleinement dans le rythme poétique du texte : « [Nous] ne devions pas utiliser notre voix pour parler. Nous ne pouvions communiquer qu'en bougeant les lèvres. Tourne. Chuchote. Tourne. » Vivant dans des conditions de promiscuité et d'interdépendance difficilement imaginables, le groupe de parents et amis a survécu jusqu'à ce que la région soit libérée par les troupes soviétiques en mars 1944 et qu'ils aient pu sortir en rampant vers la liberté. À cette époque, on estime qu'à peine 200 Juifs de la région de Kolomyja, sur les 15 000 qu'elle comptait en 1939, avaient pu survivre. Rachel, sa famille et ses amis faisaient partie de ceux-là.

La survie de Rachel et de sa famille était due en grande partie à l'assistance et au courage de trois couples non-Juifs – un couple de Polonais et deux couples d'Ukrainiens – qui ont caché le groupe à différents moments entre 1942 et 1944. La gratitude de Rachel pour Jozef et Razalia Beck, Vasil et Maria Olehrecky, et Vasil et Paraska Hapiuk est immense. En se remémorant ces années, elle leur rend hommage tout autant qu'à sa famille. Ce recueil détaillé d'actes de bravoure et de dignité, au risque de leur vie, offre une vision à la fois émouvante et optimiste, à l'opposé de l'attitude beaucoup plus commune de la population de Galicie mêlant l'indifférence et la collaboration violente au génocide des Juifs par les nazis.

Rachel rend le plus beau des hommages à sa famille, soulignant la force indéfectible des liens qui les unissaient pendant la guerre et au delà, en Pologne, en Israël puis au Canada et qui ont toujours constitué le moteur essentiel de leur capacité à survivre et à reconstruire leur vie. Pour la famille de Rachel, l'important était toujours de rester ensemble, quel qu'en soit le prix. À plusieurs occasions, des non-Juifs bien intentionnés ont suggéré que Rachel pouvait passer pour une non-Juive et ont offert de la garder avec eux. À chaque fois, les parents de Rachel ont refusé. Et pourtant, l'une des réalités les plus dures de l'Holocauste est que, très souvent, les événements qui ont permis la survie d'une personne sont aussi ceux qui ont décidé de la mort d'une autre. Pour les familles, la décision de rester ensemble pouvait signifier qu'ils seraient tous tués, alors qu'une séparation aurait pu en sauver certains, voire la totalité. Dans un contraste saisissant avec l'histoire de Rachel, Adam Shtibel n'a survécu à la liquidation du ghetto de Komarów que parce que sa mère l'a envoyé travailler dans une ferme des environs.

∾

Pour Rachel et sa famille, les liens intimes forgés dans l'abri souterrain en 1942 et 1943 se sont avérés solides et durables lorsqu'ils ont dû faire face aux nouveaux défis de l'après-guerre. La lecture qu'elle donne de sa vie durant cette période livre au lecteur une vision rare de la vie des communautés juives de Pologne dans l'immédiat après-guerre alors qu'elles essayaient de renaître de leurs cendres, au sens propre du terme. La difficulté de revenir à une vie «normale», le passage à l'âge adulte, ses succès en musique et dans ses études, la première rencontre, inopinée, avec Adam, sont des moments d'autant plus poignants qu'il est impossible d'oublier la petite fille silencieuse de l'abri. Et il est choquant de constater aujourd'hui, comme cela a dû l'être pour Rachel et sa famille à l'époque, la nouvelle vague d'antisémitisme qui a vu le jour en Pologne au milieu des années 1950. Remplie de législations et de discrimination à l'embauche, l'humiliation de trop pour Rachel et sa famille est survenue lorsqu'ils ont reçu l'ordre de changer leurs noms pour des noms à consonance plus polonaise. « Nos noms étaient tout ce qui nous restait. » écrit-elle pathétiquement. La famille étendue, unie comme toujours et incluant maintenant Adam, a quitté la Pologne pour Israël en 1957, et pour finir, a émigré au Canada à la fin des années 1960.

Adam, Rachel et les membres de leur famille étendue ont prospéré au Canada et bientôt une deuxième, puis une troisième génération a vu le jour. Quand Rachel a entrepris ce travail d'introspection et d'écriture, ses pensées allaient à ses filles et petites-filles. Il était primordial qu'elles sachent ce qui lui était arrivé. Il fallait qu'elles comprennent comment leur famille avait survécu. Et pourtant, alors qu'ils essayaient de le leur faire comprendre, Rachel et Adam se sont rendu compte qu'il n'y avait pas d'explication simple aux raisons de leur survie. Adam a survécu seul, séparé des siens alors que Rachel voit dans la volonté de rester ensemble l'élément majeur de la survie de sa famille. Et alors même que leurs expériences semblent leur démontrer la place centrale de la famille dans leur vie – Adam ayant été accepté et ayant lui-même considéré la famille de Rachel comme la sienne – certaines expériences montrent l'ambiguïté même du mot «famille». Le couple d'étrangers qui a accueilli Adam l'a protégé au risque de leurs propres vies, comme seuls des parents sont amenés à le faire. Rachel s'est cachée dans un abri souterrain avec son père et sa mère, mais elle y a subi un traumatisme terrible dont ses parents n'ont jamais eu conscience. Lorsqu'elle termine ses mémoires sur ce secret d'avant-guerre qu'elle ne découvre par hasard que bien des années plus tard, Rachel doit accepter de remettre en question les certitudes qu'elle avait connues toute sa vie.

Les histoires de Rachel et d'Adam montrent que, sans l'engagement des adultes, ces enfants n'auraient pu survivre à l'Holocauste. Et chacune de ces deux histoires révèle que, malgré une telle protection, les traumatismes vécus au cours de l'enfance subsistent à l'âge adulte. Alors qu'Adam se cachait au grand jour et que Rachel était terrée dans un abri sans lumière, ils ont tous deux subi une agression au plus profond de leur être à un âge crucial de leur vie. Tous deux ont tenté de se préserver à travers le silence. Un silence forcé au départ, mais maintenu volontairement par la suite et qui a continué pour tous deux bien après la guerre. Libérée de son abri alors qu'elle avait 9 ans, la jeune Rachel s'est trouvée incapable de parler, terrifiée à l'idée qu'émettre un son pouvait signifier la capture et la mort. Elle est restée complètement muette pendant des mois. Adam s'est persuadé à la fin de la guerre qu'il était le seul Juif à avoir survécu. Après des années passées à nier son identité juive, il lui a fallu plus de deux ans après la libération pour enfin oser se l'avouer. Adam s'est aussi rendu compte qu'il ne connaissait plus le Yiddish, sa langue natale. Il avait été tellement terrifié à l'idée de parler dans son sommeil ou dans un instant d'inattention, qu'il s'était efforcé de taire la langue de son enfance, même dans son esprit.

En décidant de témoigner et d'écrire ces mémoires, Rachel a décidé de briser lu mur du silence qu'elle s'était imposé. Adam, pour sa part, persiste à croire que le silence est protecteur, mais nous avons la chance qu'il ait accepté de témoigner juste après la guerre et qu'il y ait eu quelqu'un pour transcrire son témoignage. Les millions d'histoires personnelles des Juifs morts durant l'Holocauste ne seront jamais dites. En partageant leurs histoires, Rachel et Adam Shtibel démontrent leur foi en l'humanité. Nous sommes très reconnaissants à Rachel et Adam pour leur courage et leur dignité.

*Naomi Azrieli*
*Août 2007*
*Toronto*

Références bibliographiques :

Aly, Götz. *"Final Solution" Nazi Population Policy and the Murder of the European Jews*. New York : Oxford University Press, 1999.

Arad, Yitzhak. *Belcez, Sobibor, Treblinka: The Operation Reinhard Death Camps*. Indianapolis : Indiana University Press, 1999.

Bartov, Omer. «From the Holocaust in Galicia to Contemporary Genocide, Common Ground – Historical Differences.» In *Conférence annuelle Joseph and Rebecca Meyerhoff*, 17 décembre 2002. Washington, D.C. : United States Holocaust Memorial Museum, Center for Advanced Holocaust Studies, 2003.

Bauer, Yehuda. *A History of the Holocaust*. New York : Franklin Watts, 2001.

Bergen, Doris L. *War and Genocide: A Concise History of the Holocaust*. Toronto : Rowman & Littlefield, 2003.

Cohen, Boaz. «The Children's Voice: Postwar Collection of Testimonies from Child Survivors of the Holocaust.» In *Holocaust and Genocide Studies* 21, n°1 (printemps 2007).

Freankel, Daniel. «Nazi Ideology and its Roots.» In *Encyclopedia of the Holocaust* dir. Robert Rozett et Shmuel Spector. Jérusalem : Yad Vashem/Jerusalem Publishing House, 2000.

Gilbert, Martin. *The Holocaust: A History of the Jews of Europe during the Second World War*. New York : Henry Holt and Company, 1985.

Hillberg, Raul. *The Destruction of European Jewry*. New Haven : Yale University Press, 2003.

Jäckel, Eberhard. *Hitler's World View: A Blueprint for Power*. Traduction de Herbert Arnold. Cambridge, Mass. : Harvard University Press, 1972.

Marrus, Michael R. *The Holocaust in History*. New York : New American Library, 1989.

Rozett, Robert et Shmuel Spector, dir. *Encyclopedia of the Holocaust*. Jérusalem : Yad Vashem/Jerusalem Publishing House, 2000. Particulièrement, les articles suivants : «Aktion Reinhard,» pp. 103-104; «Generalgouvernement,» pp. 232-233, «Poland,» pp. 359-360; «Soviet Union,» pp. 415-416; «Ukraine,» pp, 447-448.

Pohl, Dieter. «War, Occupation, and the Holocaust in Poland.» In *The Historiography of the Holocaust*, dir. Dan Stone. New York : Palgrave, 2004.

Schoenfeld, Joachim. *Shtetl Memoirs: Jewish Life in Galicia Under the Austro-Hungarian Empire and the Reborn Poland, 1898-1939*. Jersey City, NJ : Ktav Publishing House, 1985.

Wein, Abraham dir. «Komarów.» In *Pinkas hakehillot Polin*. (*Encyclopaedia of the Jewish Communities of Poland*). Volume VII - Lublin and Kielce districts. Jérusalem : Yad Vashem, 1999.

Weiss, Aharon. «The Destruction of European Jewry.» In *Encyclopedia of the Holocaust*, dir. Robert Rozett et Shmuel Spector. Jérusalem : Yad Vashem/Jerusalem Publishing House, 2000.

# REMERCIEMENT SPÉCIAL

Une version antérieure du livre de Rachel Shtibel a été éditée en anglais en 2002 sous le titre *The Violin*. Elle a été tirée en série limitée et est mise à disposition en ligne par la Chaire d'études juives canadiennes de l'Université Concordia, opération réalisée sous le parrainage de l'Institut montréalais d'études sur le génocide et les droits de la personne – Programme de mémoires de survivants de l'Holocauste au Canada. Rachel Shtibel tient à remercier les professeurs Mervin Butovsky et Kurt Jonassohn de lui avoir donné l'opportunité de présenter son œuvre et pour les commentaires qu'elle en a reçus. Tous les droits sur les éditions de 2002 et de 2007 restent la propriété de l'auteure.

Une traduction sommaire en anglais du témoignage qu'a effectué Adam Shtibel en 1948 a été éditée en 2002 sous le titre *Testimony of a Survivor*. Elle a été tirée en série limitée et est mise à disposition en ligne par la Chaire d'études juives canadiennes de l'Université Concordia, sous le parrainage de l'Institut montréalais d'études sur le génocide et les droits de la personne – Programme de mémoires de survivants de l'Holocauste au Canada. Cette traduction de 2002 a été préparée par Adam et Rachel Shtibel, qui y ont ajouté des souvenirs et des anecdotes ne figurant pas dans la déposition initiale de 1948. La version présentée ici sous le titre *Témoignage d'un enfant* s'appuie sur une nouvelle traduction en anglais réalisée par Henia et Nochem Reinhartz en 2007. Elle ne représente que la déposition d'origine en y ajoutant des informations contextuelles supplémentaires en notes. Pour plus d'informations sur la provenance, la publication et la traduction de la déposition d'Adam Shtibel de 1948, se référer à la note de l'éditeur. Adam Shtibel tient à remercier les professeurs Mervin Butovsky et Kurt Jonassohn, ainsi que Henia et Nochem Reinhartz pour le travail qu'ils ont accompli en relation avec son témoignage. Tous les droits sur les éditions de 2002 et de 2007 restent la propriété d'Adam Shtibel.

Le texte original sans corrections du manuscrit *The Violin* de Rachel Shtibel et une copie en polonais sans corrections de la déposition qu'Adam Shtibel a réalisée en 1948 sont déposés aux Archives et collections spéciales Clara Thomas de l'Université York et peuvent être consultés dans le cadre de recherches. Le texte original et en polonais de la déposition qu'a faite Adam Shtibel de 1948 est conservé aux Archives de l'Institut d'histoire juive de Varsovie (Pologne), dans la collection 301 : *Témoignages de survivants*, Fichier n°3683.

# Le Violon

## Rachel Shtibel

*Traduction de Josée Bégaud*

*À la mémoire de mes très chers grands-parents,*
*Frida et Eli Milbauer :*

*Chers Boubè et Zeydè, vous êtes les premières personnes de ma vie*
*à m'avoir enseigné ce qu'étaient l'amour et le respect. Vous resterez*
*à jamais au plus profond de mon cœur et de ma mémoire.*

*— R.S.*

# REMERCIEMENTS

Je voudrais remercier mes parents, Sara et Israel Milbauer, qui ont toujours été des exemples éclatants pour moi. Je chérirai toujours chaque instant de notre vie commune. Ils m'ont réellement donné la vie lorsqu'ils m'ont sauvée des griffes des Allemands. Aucun enfant n'aurait pu bénéficier de meilleurs parents. Jusqu'à leurs derniers jours, ils m'ont protégée des réalités qu'ils jugeaient potentiellement douloureuses et traumatisantes pour moi. Je leur saurai toujours gré d'avoir avec précautions mais aussi avec persistance gardé vivant en moi le souvenir de Velvel Milbauer. Et celui de Nelly aussi. Aujourd'hui, après toutes ces années, ces souvenirs sont tellement chargés de sens pour moi. Ils m'ont permis de voir ma vie d'une façon que je n'aurais jamais imaginée. Le souvenir de Velvel et de Nelly, et surtout le violon que Velvel m'a légué, ont une signification très claire pour moi. C'est le cadeau le plus précieux que mes parents m'aient jamais fait. Ce qu'ils m'ont dit de Velvel et de Nelly m'a permis de les voir comme des personnes et je chérirai leur mémoire à jamais.

Je voudrais adresser des remerciements tout particuliers à ma famille : Joshua (Shiko) Milbauer, Moses et Mina Blaufeld, Yetta Blaufeld et Luci Zoltak, ainsi qu'au Dr M. Nieder, qui a été là pour sauver la vie de ma mère, et au grand ami de notre famille, Baruch Ertenstreich, avec qui nous avons partagé les périodes les plus difficiles de notre existence dans le ghetto de Kolomyja puis dans l'abri souterrain du village de Turka. Je suis reconnaissante de ce que nous ayons tous survécu pour fêter notre délivrance et le retour tant attendu de notre liberté. Je ne serais pas ici à écrire cette histoire sans ces gens héroïques qui n'ont pas hésité à mettre leur vie en danger pour aider à sauver la nôtre pendant l'Holocauste. Je réserve donc ma plus profonde gratitude pour Jozef et Rozalia Beck, Vasil et Maria Olehrecky, Vasil et Paraska Hapiuk.

Je voudrais remercier mon mari, Adam Shtibel, pour qui l'écriture de ce livre a été une expérience difficile. Je sais que pendant tout le temps où j'ai travaillé à ce projet je ne vivais plus dans le présent mais étais totalement absorbée par ce passé lointain. Adam, je sais que tu t'inquiétais de la douleur et de la souffrance que je ressentirais si je ravivais les souvenirs cruels du passé. Tu avais raison, cela a rouvert mes blessures. Je te suis reconnaissante de ta compréhension et de ta patience.

Je voudrais adresser mes plus chaleureux remerciements à ma chère amie Myrna Riback, qui m'a incitée à écrire mon histoire. Je lui suis reconnaissante de m'avoir aidée à préparer ce manuscrit, de m'avoir guidée et soutenue lorsque j'en avais besoin. Cela sera toujours très précieux pour moi. Je suis particulièrement reconnaissante à Dahlia Riback de l'intérêt marqué qu'elle a manifesté pour mon histoire et surtout de l'aide qu'elle m'a apportée en étant la première correctrice de mon manuscrit.

Mes remerciements les plus vifs vont à mes deux filles, Barbara Zimmerman et Iris Weinberg, pour leur profonde dévotion, leur assistance, leur soutien constant et leurs conseils concernant la préparation de ce manuscrit. J'estime avoir une chance inouïe de posséder deux enfants aussi dévouées et aimantes. Elles sont mes plus précieux trésors. Je vous aime et suis très fière de vous deux. Je sais également gré à mes deux gendres, Martin Zimmerman et Dan Weinberg, de leur enthousiasme et de leur soutien.

Je voudrais enfin remercier, avec non moins de gratitude, mes petites-filles, Shari Zimmerman, Julie Zimmerman, Ashley Zimmerman, Sophie Ostrovsky et Elisse Ostrovsky, pour avoir cru en moi, écouté les histoires de ma vie, exprimé leur fierté et pour m'avoir encouragée à écrire ce livre. Je me rappelle un simple petit-déjeuner d'été dans notre caravane, en compagnie de nos deux plus jeunes petites-filles, Sophie, alors âgée de 6 ans, et Elisse, 5 ans. Ni l'une ni l'autre ne voulait d'œufs. Adam a essayé de les encourager en leur expliquant que les œufs étaient très bons pour les enfants. «Quand j'avais votre âge, leur a-t-il affirmé, je mangeais des œufs tous les jours.» Elisse, sans la moindre hésitation, lui a répondu: «*Dziadzia* (Grand-Père en polonais), comment pouvais-tu manger des œufs tous les jours? Tu mourais de faim à l'époque de l'Holocauste, quand tu étais enfant et que tu n'avais rien à manger.» Adam et moi sommes restés bouche bée. Elles nous connaissaient. Elle savaient ce que nous avions enduré. En une seule phrase, elles confirmaient que nous avions su faire comprendre à nos petites-filles notre lutte pour survivre. En cet instant, nous avons tous deux réalisé que nous avions atteint notre objectif; la souffrance et la dévastation des jours sombres de l'époque nazie ne seront jamais oubliées ni ignorées par indifférence.

À la date où j'écris ceci, nous sommes en 2000. Le nouveau millénaire a amené mon soixante-cinquième anniversaire. Les images de ma vie se combinent comme les fragments colorés d'un kaléidoscope. Je passe en revue tout ce qui s'est produit, tout ce qui continue à peser en moi. Tout a commencé avec mes grands-parents Frida et Eli Milbauer, qui m'ont entourée de leur amour, de leur respect et de leur dévouement inconditionnels. Ils m'ont appris la signification d'une famille aimante, unie par des liens étroits. Dans leur amour, je me sentais en sécurité et j'ai développé le sentiment de mon identité. Toutes leurs valeurs vivent en moi et j'espère les avoir transmises à ma propre famille. Je vois ce que mes grands-parents m'ont donné se perpétuer de génération en génération jusqu'à mes propres petits-enfants. Mes propres relations de famille sont très importantes et très précieuses pour moi et n'ont fait que se développer et se renforcer au fil des moments de bonheur ou de tristesse. Je vois clairement combien nos années d'enfance laissent une trace indélébile sur nos vies adultes. Je me rends à présent compte combien nos voisins tziganes à Turka ont influencé et enrichi mon existence. Mes plaisirs et mes loisirs d'adulte ont été en grande partie influencés par mon amour pour leur musique, leurs danses joyeuses et leurs costumes colorés. Rien ne me donne plus de plaisir que de m'asseoir avec toute ma famille autour d'un feu de camp et de chanter nos chansons favorites.

Bien sûr, la guerre a laissé de profondes cicatrices. Mon enfance heureuse, la maison de ma famille, les êtres qui m'étaient chers ont tous disparu. Les conséquences de ces événements ne peuvent jamais être effacées. Sur moi, l'un des effets les plus tristes et les plus durables de la guerre est, étrangement, ma réaction à l'image magnifique et à la signification de l'étoile de David. Depuis que j'ai vu, dans le ghetto, les nazis forcer les Juifs à porter l'étoile pour signifier qu'ils méritaient d'être assassinés, j'évite ce symbole avec crainte. Lorsque nous avons réussi à quitter le ghetto, nous avons arraché les brassards frappés de l'étoile et j'ai alors juré que jamais plus je ne la porterais. Je n'ai même jamais pu me convaincre d'accepter que mes enfants et petits-enfants portent ce qui devrait être le merveilleux et fier symbole de notre judaïcité. Pour de nombreux Juifs, l'étoile constitue l'essence même de leur identité en tant que peuple. Mais pas pour moi.

## Vignettes

Bribes de souvenirs voletant
Comme des papillons affolés dans un champ.
Ils me rattrapent en dansant autour de moi,
Battant des ailes dans une telle débauche de couleurs
Que je suis tentée d'essayer de les garder
Juste pour moi.
Ce que je connaissais comme la vérité
Ne l'était pas, je le sais maintenant.
L'écart entre l'éveil et le rêve est fragile.
Personne ne m'a jamais dit,
Personne ne m'a jamais dit que c'était elle,
Que le nom de ma mère était Nelly.

Première partie :

UNE EXISTENCE PRIVILÉGIÉE

Tout en préparant ses ingrédients pour fabriquer son pain, ma grand-mère Boubè Frida m'appelait : « Rachel, viens ici s'il te plaît, j'ai besoin de toi. Tu sais bien que c'est toi qui fais la meilleure *hallah*[1]. Tout excitée, j'accourais en criant : «J'arrive, Boubè. Attends-moi!»

Elle avait acheté chez le ferblantier des petits moules à pain tous différents qui m'étaient réservés. Elle me donnait un morceau de pâte dont je remplissais les moules, obtenant ainsi plein de petits pains de formes différentes. Au dîner, elle servait mes préparations avec ses propres pains et faisait mon éloge. Avec un sourire, elle disait : « C'est Rachel qui a préparé cela. Vous allez voir, c'est fameux. » Puis mon grand-père, Zeydè Eli, bénissait la *hallah* et la divisait en petits morceaux répartis entre tous. Chaque membre de la famille, après y avoir goûté, s'exclamait : «C'est vrai, c'est toi qui as préparé cela, Rachel? C'est vraiment délicieux.» Et j'avais hâte d'être à la semaine suivante pour recommencer.

1   La *hallah* est un type de pain traditionnellement mangé lors du repas du Sabbat juif. Pour plus d'explications sur ce mot et sur les autres mots d'origine hébraïque, yiddish et polonaise, consulter le glossaire.

La ferme de ma famille se trouvait à Turka, village situé à quatorze kilomètres de la ville de Kolomyja en Galicie, au sud-est de la Pologne. Kolomyja est proche de la chaîne des Carpates. Établie sur les bords du Prout, la ville était – et est toujours – entourée de villages et de lieux de villégiature. L'air pur et sa situation pittoresque en faisaient un lieu idéal pour les pique-niques au bord de l'eau. L'atmosphère résonnait des rires et des chansons des jeunes vacanciers, qui bien souvent me berçaient jusqu'à ce que je m'endorme. Nous avions une grande ferme, avec plusieurs hectares de maïs et de tabac, de céréales, de pommes de terre, de tournesol et de pavot. Lorsque les capsules des pavots étaient sèches, prêtes à s'ouvrir, je les écrasais entre mes mains et mangeais les graines au creux de la paume. Je tressais la barbe du maïs, m'imaginant qu'il s'agissait de cheveux ; elle était douce et toute dorée entre mes petites mains.

Turka était une communauté agricole où vivaient des Polonais, des Ukrainiens et une trentaine de familles juives. Chacun travaillait ses propres terres mais venait en aide aux voisins si besoin était. Il y avait une église et une synagogue.

Ma grand-mère Frida était grande et mince. Elle portait toujours un foulard sur ses cheveux blonds bouclés. Elle avait un beau visage rond, un petit nez droit et de grands yeux bleus. Sur cette grande ferme très animée, c'est elle qui avait le plus de responsabilités. Elle s'occupait des animaux – vaches, chèvres, poules, canards, dindons et percherons. Réputée parmi les fermiers alentour pour ses dons de guérisseuse, elle était souvent consultée lorsque les animaux avaient un problème. Si une poule ne parvenait pas à pondre, Frida pratiquait une petite incision pour faciliter le passage de l'œuf, puis recousait la blessure. Elle aidait les juments à pouliner. Rien n'était trop difficile pour elle ; elle était fière de sa ferme et aimait travailler, même si nous embauchions des ouvriers agricoles. Elle fabriquait des compotes et des sirops de groseille à grappes ou à maquereau, de framboise et de rose-thé, dont de nombreuses variétés poussaient derrière la maison. Je n'ai jamais oublié le goût des sirops qu'elle préparait et que nous buvions avec de l'eau fraîche en été, ou du thé bien chaud lorsque le temps fraîchissait.

Nous avions un verger planté de quatre-vingts arbres offrant un spectacle magnifique, surtout au printemps lorsque les arbres en fleurs embaumaient l'atmosphère. Sur le devant de la propriété, on avait creusé un puits artésien. Deux seaux étaient suspendus à une chaîne. Lorsqu'on tournait la manivelle, un seau descendait vide et l'autre remontait plein. Quand j'étais petite, j'étais fascinée par ce puits et par mon reflet dans l'eau. Lorsqu'il n'y avait personne à proximité pour me voir, je m'appuyais des deux mains sur la margelle afin de voir l'eau, tout en bas, et mon reflet.

Notre maison était très simple, à pans de bois et toit de chaume. À l'entrée de la maison, il y avait un petit couloir où Bobby, notre berger allemand, aimait dormir lorsqu'il faisait froid ou pluvieux. À droite de l'entrée, une grande salle servait à la fois de cuisine, de salle à manger, de salle de séjour, de salon et de chambre. Tout se passait dans cette pièce. La maison était toujours pleine, entre la famille, les amis et les voisins qui se réunissaient le soir pour bavarder et pour chanter.

La salle de séjour était en façade et comportait deux immenses fenêtres. Sous l'une des fenêtres était installé un long banc en bois. Devant ce banc se trouvait notre grande table de cuisine, avec deux tiroirs à couverts, les uns pour les produits laitiers, les autres pour la viande, comme l'exigent les lois de l'alimentation *kasher*. Huit chaises étaient disposées autour de la table, chacune attribuée à l'un des membres de la famille. En semaine, chacun mangeait à son heure et ma grand-mère cuisinait pour chacun ses plats favoris. Je me rappelle notamment mon oncle Velvel assis à table, à l'heure du dîner, tellement absorbé par le journal étalé devant lui qu'il en oubliait souvent de manger.

Le vendredi soir, pour *Shabbat*, et les jours fériés, la famille prenait ses repas ensemble. Ma grand-mère préparait pains et gâteaux à l'avance, le jeudi. J'ai toujours dans l'oreille le bruit des voix autour de la table, chacun parlant, plaisantant et chantant de magnifiques chansons yiddish.

Mon grand-père Eli avait acheté notre ferme juste avant d'épouser ma grand-mère, Frida Bajzer, et c'est là que sont nés leurs trois fils : mon père Israël, l'aîné, en 1907; son frère Wolf, que nous appelions Velvel, trois ans plus tard; et le benjamin Joshua, dit Shiko, en 1912. Mon grand-père était de taille et de corpulence moyennes; il avait les cheveux brun foncé, une longue barbe et une moustache. En tant que Juif orthodoxe, il portait toujours un long manteau noir, un pantalon noir, une chemise blanche et sur la tête un chapeau. Il passait la plupart de ses journées assis à la table, à étudier la *Torah*. Il avait beau posséder une grande ferme et aimer la menuiserie, son plus grand plaisir était d'étudier la *Torah*, qu'il considérait comme l'origine de toute sagesse.

Zeydè Eli était un *cohen*[2]. Il était très fier de ses origines et se sentait des obligations à l'égard de la congrégation et de la communauté juive. Il prononçait des bénédictions spéciales les jours de fête religieuse et accomplissait le *pidyon ha-ben*, ou rachat symbolique du premier-né lorsque celui-ci est âgé de 31 jours; lors des cérémonies religieuses, il avait le droit à des honneurs particuliers, comme de lire la *Torah*.

Dans le village, on le considérait comme un lettré et les gens s'adressaient souvent à lui, éprouvant un grand respect pour ses conseils et ses opinions. Je me souviens surtout de lui comme d'un homme chaleureux, ne haussant jamais le ton. Jamais je n'ai entendu de disputes entre ma grand-mère et lui. Je le revois encore aujourd'hui lorsqu'il interrompait momentanément sa lecture pour se

2   Un « *cohen* » est un descendant des grands prêtres de l'entourage d'Aaron, frère de Moïse. Pour plus d'explications, voir le glossaire.

reposer. Appuyé au dossier de sa chaise, il allumait sa pipe et fumait, perdu dans ses pensées. De temps à autre, il m'invitait à venir étudier avec lui. Je me précipitais pour m'asseoir sur ses genoux, attendant ses mots avec impatience. Il aimait m'enseigner l'alphabet hébreu et à l'âge de 3 ans je connaissais déjà toutes les lettres. Dès que quelqu'un entrait dans la pièce, il l'interpellait: «Viens voir comme Khaï Rachel sait magnifiquement lire ses caractères hébreux!»

Toute contente, je récitais fièrement mon alphabet, consciente de faire ainsi plaisir à mon *zeydè*. Je savais qu'après la leçon il me permettrait de rester assise sur ses genoux et de lui tresser la barbe.

~

L'oncle Shiko, le plus jeune frère de mon père, avait de magnifiques cheveux bruns, souples et épais et dégageait son front en les peignant en arrière. Son visage était ovale et il avait des yeux bruns, chaleureux et doux. Shiko n'aimait pas l'agriculture et avait donc ouvert dans le village une petite épicerie où il vendait des articles ménagers comme des allumettes, de la farine, des bougies ou du fil. Tous les matins, après avoir épinglé les jambes de son pantalon, si larges qu'elles se seraient prises dans les roues de son vélo, il partait ouvrir sa boutique, à l'autre bout du village.

L'oncle Velvel était mon préféré et réciproquement. Il m'emmenait faire des promenades, me proposant à l'admiration de tout le village. Il m'achetait sans cesse des cadeaux. Mais j'aimais surtout les vêtements qu'il m'offrait. Il me disait: «Rachel, je prendrai toujours soin de toi et t'achèterai de beaux vêtements, même quand tu seras devenue une dame.» Je le serrais contre moi de toutes mes forces en répondant: «Oncle Velvel, c'est toi que j'aime le plus.»

Velvel sortait souvent son précieux violon pour me jouer une mélodie. Il me laissait tenir l'archet et le passer sur les cordes pendant qu'il jouait la mélodie avec ses doigts. «Ma petite Rachel, me disait-il, quand tu seras un peu plus grande je t'apprendrai à jouer du violon et un jour ce violon sera à toi. Comme je serai fier de toi quand j'écouterai ta musique, comme tu écoutes la mienne à présent. » Comme ses frères, Velvel était mince et de taille moyenne. Il avait un visage ovale, de grands yeux bruns chaleureux et une fossette sur le menton. Comme Shiko, il se dégageait le front en portant ses cheveux noirs, souples et épais, coiffés en arrière. Il jouait du violon depuis l'âge de 10 ans et chantait d'une voix merveilleuse et puissante. Il jouait souvent lors des mariages et en d'autres occasions, à Turka et dans les villages avoisinants.

Velvel s'intéressait aussi au tissage des kilims. Ces magnifiques tapis étaient faits de laine qu'il filait et teignait lui-même dans des tons noirs, verts, rouges, blancs et rouille. Une fois la laine sèche, il la tissait sur un métier spécial qui lui permettait d'élaborer ses propres motifs. Les kilims qu'il créait étaient réversibles et il les fabriquait de différentes tailles selon qu'ils devaient décorer un mur ou servir de jeté de lit ou de table. Lorsqu'il avait achevé un tapis, il aimait le montrer à ma mère et lui demander son avis. Il estimait qu'elle avait beaucoup de goût en matière de couleurs et de motifs. Ma grand-mère était très fière de Velvel et l'aidait à filer la laine au rouet. Ils travaillaient ensemble et souvent elle disait en souriant : « Mon Velvel est si doué. Regardez le beau travail qu'il nous prépare. »

Velvel est devenu si réputé pour ses kilims qu'il a bientôt transformé cet intérêt en moyen de subsistance. Il se rendait souvent à Varsovie où ses créations étaient très recherchées, si bien qu'il y a loué une chambre qui est devenue son second foyer. C'est à Varsovie qu'il a rencontré une jeune fille prénommée Nelly dont il est tombé amoureux. Elle était très belle et avait de longues nattes d'un blond foncé, la taille menue et des traits particulièrement délicats. Je ne la connais que par une photographie.

~

Je dormais avec ma grand-mère dans son lit à deux places installé à une extrémité de la grande salle, près d'un gros poêle à bois, en brique, occupant un coin de la pièce et pourvu d'un four où l'on cuisait le pain. Une petite fenêtre, au-dessus du lit, donnait sur la cour. Lorsqu'il pleuvait et que j'étais forcée de rester à l'intérieur, j'aimais avant tout m'asseoir sur le lit de Boubè. Par la petite fenêtre, je regardais les gouttes de pluie s'écouler des pétales de pivoine rouge.

C'était à ma grand-mère qu'il incombait de tenir la maison propre et en ordre. L'entretien de la maison n'était pas chose facile. Les matelas de paille devaient être régulièrement regarnis et c'est ma grand-mère qui ajoutait de la paille selon les besoins. Le sol de terre battue devait être balayé plusieurs fois par jour. Je me rappelle toujours ma grand-mère mouillant légèrement le sol avant de balayer, afin d'éviter que la poussière ne vole; le seau et la tasse de fer-blanc qu'elle utilisait pour cela restaient en permanence à l'entrée de la grande salle. On faisait la lessive dans le ruisseau et, là encore, c'était le travail de ma grand-mère. Je l'accompagnais souvent, la regardant savonner les vêtements et les battre sur de grandes pierres au bord du ruisseau, avant de les rincer dans l'eau limpide.

Des trois frères, mon père était le seul à aimer l'agriculture. Il avait planté le verger et l'entretenait, produisant des fruits extraordinaires, pommes, poires (les préférées de mon oncle Shiko) et griottes (les préférées de ma mère). Mais le projet qui lui tenait le plus à cœur était l'apiculture et le miel abondant de ses ruches, très apprécié de la famille, était aussi vendu dans la région. Mon père s'occupait lui-même des ruches. Tous les autres membres de la famille refusaient de s'approcher des abeilles, mais lui, cigarette aux lèvres, s'en occupait sans aucune crainte et sans masque ni gants.

Lorsque mon père ne s'occupait pas du verger, il adorait fabriquer des objets pour la maison. Je me rappelle ma mère racontant fièrement qu'il avait créé une lampe spéciale, à batteries électriques, qui éclairait bien mieux la maison qu'une lampe à pétrole. «C'était avant la Pâque 1935, juste avant que tu n'entres dans notre vie, me racontait-elle en souriant. Ta grand-mère était très occupée par le ménage de printemps et repeignait les murs de la maison, dedans et dehors. Ton père était toujours dans ses jambes à essayer de connecter les batteries, mais il a fini par y arriver. Cette lampe est devenue une excellente source de lumière pour nous.» J'adorais que l'on me raconte toutes les merveilles effectuées par mon père. Le soir, je m'asseyais près de sa lampe allumée et fermais très fort les yeux pour vérifier si le moindre rayon de lumière parvenait à franchir mes paupières closes.

Avec sa silhouette mince, ses grands yeux bleus et ses cheveux blond foncé, mon père était un très bel homme. Ma mère Sara et lui s'étaient rencontrés à Turka lorsqu'ils avaient tous deux 13 ans et avaient succombé à un coup de foudre réciproque. Ils s'étaient fréquentés pendant huit ans avant de s'épouser, le 5 novembre 1928, à l'âge de 21 ans. Après le mariage, ma mère est venue s'installer à la ferme des Milbauer pour y vivre avec son mari et sa belle-famille.

Ma mère n'était pas née à Turka. Elle venait de la ville voisine de Stanislawów. Un drame avait assombri sa petite enfance, car son père, Izydor Weisman, était mort du diabète à 26 ans, laissant derrière lui sa jeune épouse, Judith Zweig, et deux petites filles, Sara, 6 ans, et Miriam, 3 ans. Judith était issue d'une famille éminente et très riche. Son frère aîné, Leo Zweig, a pris en charge l'aînée de ses nièces, ma mère Sara. Il l'a inscrite dans un pensionnat d'Ahlen, en Allemagne, créé par le baron Hirsch. Ma mère était une excellente élève. Elle a appris à parler couramment l'allemand et admirait la littérature, la culture et le mode de vie allemands. Grâce à ses dons musicaux, elle n'a pas tardé à entrer dans la chorale de l'école où elle chantait dans le second pupitre, parmi les altos. Elle passait tout son temps au pensionnat, sans même souhaiter rentrer chez elle pour les vacances d'été.

Entre-temps, Judith avait élevé Miriam seule et même si elle n'avait pas de soucis financiers ni besoin de travailler, c'était très dur pour elle sur le plan affectif. Sa solitude lui pesait beaucoup et ses amis ont commencé à l'encourager à se remarier. Après avoir refusé de rencontrer des hommes dans un premier temps, elle a fini par ressentir le besoin de partager sa vie avec quelqu'un et a ainsi rencontré son futur époux, Aaron Blaufeld. C'était un veuf plus âgé qu'elle, originaire de Turka, qui élevait seul ses sept enfants, six garçons et une fille. Les proches parents de Judith ont fortement désapprouvé ce mariage. Ils s'inquiétaient de la différence d'âge avec Aaron et des responsabilités qui incomberaient à Judith si elle devenait la belle-mère de ses enfants. Le fait qu'elle parte pour Turka leur déplaisait aussi. Mais Judith ne s'est pas laissé dissuader; elle a accepté d'épouser Aaron et de partir s'établir dans une ferme pour la première fois de sa vie. Une fois Judith remariée, son frère Leo a estimé qu'il n'avait plus à financer les études de Sara en Allemagne. Si bien qu'à 13 ans, avant même de pouvoir passer son certificat d'études, ma mère a dû quitter son école bien-aimée en Allemagne pour aussitôt rentrer en Pologne.

## CHAPITRE 2

Après le mariage de mes parents, on a construit pour eux une pièce supplémentaire donnant sur le séjour dans la ferme des Milbauer. Sara y a été heureuse après les bouleversements de sa jeunesse. Elle avait un mari aimant qui se mettait en quatre pour lui faire plaisir et qui lui a fait la surprise d'un étang spécialement creusé pour elle et d'où partait un étroit sentier conduisant à la grange. Il l'a peuplé de carpes, son poisson favori. Je me rappelle très bien le parquet de leur chambre, la porte qui conduisait dans une grande véranda donnant sur le jardin de derrière et leur chambre à coucher ancienne, blanche. Un kilim coloré, tissé par Velvel à leur intention, était suspendu au-dessus de leur lit et un coffre de mariage ancien en pin était posé au pied.

Les quatre premières grossesses de Sara se sont terminées tragiquement par la mort du bébé peu après la naissance. Ce n'est que le 24 avril 1935, lorsque je suis venue au monde, qu'ils ont eu un enfant destiné à survivre. J'ai été nommée Rachel; mon second prénom était *Khaï*, qui signifie «vie» en hébreu. Comme nom hébreu, utilisé lors d'occasions religieuses, mes parents avaient choisi *Khaï Rachel* et mes grands-parents me gratifiaient souvent de ce nom.

J'adorais vivre à la ferme; courir dans les grands prés verdoyants ou cueillir des fleurs était pour moi le paradis. Mes favorites étaient de petites fleurs roses et violettes et surtout les bleuets au bleu si vif. Parfois, ma mère apportait une couverture et nous pique-niquions tout en tressant des couronnes de fleurs pour mes cheveux.

J'avais un poney, dressé à m'emmener de la maison dans les

champs. Ma *boubè* lui donnait des morceaux de sucre, me mettait sur son dos et le tournait dans la direction des champs. Je me cramponnais à mon poney et à mon arrivée dans les champs mon père ou Vasil, notre valet de ferme, me posait à terre. Vasil Olehrecky et sa femme Maria étaient des Ukrainiens qui travaillaient sur notre ferme. C'était un jeune couple qui ne possédait pas de terres en propre; éminemment loyaux et honnêtes, ils étaient très sympathiques. Ma famille les traitait bien et en retour ils travaillaient dur; ils s'occupaient des animaux, entretenaient les terres autour de la maison et coupaient le bois pour le fourneau. Ils étaient libres d'emporter chez eux des produits de la ferme quand ils le désiraient.

Notre chien Bobby était mon compagnon de tous les instants. Lui et moi allions partout ensemble. Lorsque j'étais fatiguée, je m'asseyais sur son dos comme sur mon poney et il me transportait volontiers ici et là. Je disais toujours que lorsque je serais grande et irais à l'école Bobby porterait mon cartable pour moi. Ma grand-mère souriait en répondant : « Ma petite Rachel, tu as encore une longue route à parcourir et bien de la soupe à manger avant de pouvoir aller à l'école. » Je ne m'en faisais pas. Tant que Bobby serait à mes côtés et que je pourrais le serrer sur mon cœur autant que je le voulais, tout irait bien. J'avais une existence privilégiée.

≈

Quelques années avant le début de la guerre, la sœur de ma mère, Miriam, que nous appelions Tante Mina, a épousé Moses Blaufeld, un des fils de son beau-père. Leur ferme était de l'autre côté de notre village, où il y avait une grande concentration de familles juives. Certains des frères et sœurs de Moses étaient morts jeunes, d'autres s'étaient mariés et avaient déménagé, si bien que Mina, Moses et leur fille Luci, qui avait un an de moins que moi, disposaient entièrement de la ferme. Au début de 1938, Judith, la mère de Mina et de Sara, que nous appelions Boubè Yetta et qui habitait avec Mina et sa famille, est devenue veuve pour la seconde fois.

Ma cousine Luci était plus petite que moi. Toute potelée, elle avait des cheveux noirs et bouclés qu'elle portait tirés vers l'arrière, en deux courtes nattes. L'oncle Moses s'absentait fréquemment pour ses affaires et ma mère et moi allions souvent à la ferme, y passant généralement la nuit. Luci et moi dormions avec Boubè Yetta tandis que ma mère dormait avec sa sœur Mina dans la chambre.

Luci et moi ne manquions jamais d'occupation pendant la journée. Nous étions souvent dans le champ de trèfle à l'arrière de la maison, passant des journées entières à chercher des trèfles à quatre feuilles. Mais mon coin favori chez eux était le jardin d'agrément de Boubè Yetta, où la profusion de fleurs et particulièrement les cœurs-de-Marie me fascinaient.

Des choses bizarres semblaient immanquablement se produire lorsque nous étions chez Luci et chaque visite là-bas a fini par être éprouvante. Un jour, en nous réveillant le matin, Luci et moi avons eu la surprise de retrouver notre lit et nous dedans, au milieu de la pièce. Boubè Yetta s'est précipitée dehors pour discuter avec les voisins et nous avons appris qu'il y avait eu un tremblement de terre au milieu de la nuit. Lors d'une autre de nos visites, des voleurs ont emporté le linge qui séchait dehors. Boubè Yetta nous a raconté que c'était la troisième fois que pareille chose arrivait. «Nous devons avoir des ennemis, en a-t-elle conclu. – À quoi ça ressemble, les voleurs? lui ai-je demandé. – Ils ont des yeux immenses et de longues mains », m'a-t-elle assuré, écarquillant les yeux et tendant les bras vers moi. Dans ma tête de petite fille de 4 ans, j'ai alors imaginé une créature étrange, un véritable monstre qui volait les vêtements et mangeait les gens. J'étais très inquiète et j'avais peur.

≈

À l'été 1939, les adultes qui m'entouraient ont commencé à me sembler toujours affairés et préoccupés. Il était question d'Hitler et de la guerre qui approchait, mais ma mère et moi continuions à aller chez Luci comme à l'accoutumée. À notre arrivée, Luci était très contente de me voir et nous jouions ensemble, chantant et dansant toute la journée. Un matin, lors de l'une de nos visites, nous avons toutes été réveillées par des gens frappant violemment à la porte et par un bruit de verre brisé. Sautant hors du lit, nous nous sommes habillées à toute vitesse en essayant de ne faire aucun bruit. Boubè Yetta a fermé les portes de derrière et de devant à clef, tandis que Tante Mina vérifiait que les volets aux fenêtres étaient bien clos. Ma mère et ma tante ont éloigné le grand lit de la fenêtre, le plaçant au milieu de la pièce, et toutes les cinq, trois femmes et deux petites filles, sommes allées nous cacher sous le lit. Nous y sommes restées très longtemps, mais le bruit des cailloux brisant les fenêtres ne s'arrêtait pas. À l'extérieur, des gens criaient à pleins poumons : «Sortez, espèce de sales Juifs, sortez tout de suite!»

Mina a fini par murmurer : «Tous les bruits semblent venir de devant : passons par la cour de derrière et enfuyons-nous dans les champs!» Boubè Yetta a suggéré que tout le monde se sauve sauf elle, qui resterait à la maison pour détourner leur attention. Elle pensait que si les gens qui cherchaient à nous terroriser enfonçaient la porte et trouvaient une vieille femme, ils n'iraient pas plus loin à la recherche d'autres personnes. Tous les efforts pour l'en dissuader ont été vains; elle répétait qu'elle n'avait pas peur et ne s'enfuirait pas avec nous. Le temps pressait. Ma mère m'a prise dans ses bras, Mina a fait de même avec Luci et nous nous sommes enfuies par la porte de derrière.

Nous étions tellement pressées de nous enfuir que nous avons oublié de mettre des chaussures. Une fois de l'autre côté du champ de trèfle, où l'herbe me montait jusqu'aux genoux, ma mère m'a posée à terre afin de pouvoir courir plus vite et m'a entraînée en me tenant par la main. Nous avons traversé en courant des champs de maïs, de blé et de chaumes qui nous ont tellement blessé les pieds que nous saignions. Ils nous faisaient extrêmement mal et Luci et moi pleurions à chaudes larmes. Il faisait très chaud et le soleil tapait. Nous avions soif et faim, nos jambes étaient enflées, couvertes de cloques et en sang. Mina a continué à porter Luci dans ses bras tandis que ma propre mère me traînait à ses côtés. Elle m'a expliqué par la suite que j'étais plus grande que Luci et qu'elle était très fatiguée, mais pour la première fois j'ai eu le sentiment d'être séparée de ma mère. Sans protection. Un fardeau.

Nous avons couru pendant plusieurs heures avant de finalement nous cacher dans les champs. Nous y sommes restées jusqu'au soir, lorsqu'il nous a semblé que nous pouvions rentrer sans danger. Nous avions tellement mal aux pieds et par tout le corps que c'en était insupportable. Lorsque nous sommes arrivées à la maison, tout semblait calme et nous sommes entrées, toujours sur nos gardes. Ma *boubè* était si contente de nous revoir qu'elle s'est levée d'un bond. « Mais où étiez-vous donc passées? J'étais folle d'inquiétude. »

En pleurs, tout en soignant nos blessures aux pieds et en nous servant une soupe chaude, elle nous a expliqué que peu après notre départ le bruit avait décru et que les voyous étaient repartis, déçus de n'avoir pu commettre de sérieux dégâts. Ce soir-là, avant de nous endormir dans son lit, nous avons serré notre *boubè* très fort contre nous en l'embrassant. De nouveau en sécurité.

∾

Notre maison était située au pied d'une montagne, face à la grand-route qui reliait notre village à Kolomyja. À mes yeux de petite fille de 3 ou 4 ans, cette montagne semblait immense et très escarpée, alors qu'elle n'était ni l'un ni l'autre. J'en escaladais souvent le flanc pour rendre visite à mes amis, les trois « Mecio ». Trois familles ukrainiennes habitaient sur cette montagne et chacune d'elles avait un petit garçon appelé Matthieu, ou Mecio, leur diminutif familier. J'adorais jouer avec eux. Nous parlions ukrainien ensemble, même si je ne parlais que yiddish à la maison.

Mon Mecio favori avait un an de plus que moi. Nous passions la plupart de notre temps ensemble. Sa famille habitait la maison de droite. Un Mecio plus jeune que moi vivait dans celle du milieu et le troisième Mecio dans celle de gauche. Ce troisième Mecio était notre aîné à tous et jouait rarement avec nous. Lorsque nous jouions tous les quatre, cela ne durait jamais très longtemps car chaque fois les choses tournaient mal. Lorsque j'y repense à présent, je me dis que j'avais sans doute bien de la chance qu'ils consentent à jouer avec une fille.

Certains jours, mon Mecio favori descendait de la montagne pour venir me voir et nous passions la journée à courir dans les champs. Mais la plupart du temps, c'était moi qui grimpais le voir le matin. Le principal obstacle à mes excursions matinales était les dindons que ma grand-mère élevait dans la cour. Dès qu'ils me voyaient sortir de la maison, ils se précipitaient droit sur moi, menaçant mes yeux de leur bec. Je les couvrais de ma main en hurlant : «Boubè! Boubè! Viens vite!» Elle arrivait en courant et les chassait. «Ils te courent droit dessus à cause de ton manteau rouge, me disait-elle. Ne t'inquiète pas, je te protège.» Elle me serrait contre elle et m'embrassait tandis que je la regardais au fond des yeux. «Va vite, ajoutait-elle. Emporte ton déjeuner chez Mecio. Vous pourrez le partager.» Et je partais avec mon petit bol en bois rempli d'huile de tournesol et un morceau de pain de seigle. Mon Mecio favori avait beau être apparemment sale comme un pou en permanence et avoir toujours le nez qui coulait, je l'aimais beaucoup et me réjouissais d'avance de notre festin.

L'hiver offrait autant de plaisirs que l'été. Zeydè Eli m'avait fabriqué une petite luge et une paire de skis à ma taille. J'escaladais notre montagne avec mes skis et en prêtais un à Mecio. Assis sur nos skis, nous dévalions la montagne à toute vitesse. Parfois, la descente se terminait par une culbute et ma *boubè*, qui me surveillait par la fenêtre, arrivait aussitôt en courant pour me relever. J'étais embarrassée de la voir se précipiter ainsi hors de la maison pour venir à mon secours alors que je jouais avec mon ami. Je détestais ces moments-là. Superstitieuse, ayant toujours peur qu'il ne m'arrive malheur, elle préparait alors son rituel : elle faisait fondre un peu de cire dans une casserole et la versait sur une assiette pour qu'elle se solidifie. Elle disait qu'elle pouvait lire mon avenir dans les formes qu'elle dessinait. Ce rituel me faisait toujours peur car je ne comprenais pas. « Boubè, lui demandais-je, que vois-tu dans la cire? Moi, je ne vois rien. » À voix basse elle me répondait : « Je vois un petit chien et une petite maison et je te vois très heureuse. » Comment pouvait-elle voir de telles choses? Ce devait être un miracle. « Pourquoi fais-tu cela? ajoutais-je. – Je fais cela parce que j'ai peur du mauvais œil, me disait-elle. J'ai peur qu'il t'arrive un malheur. » J'étais terrifiée et je pleurais. « Arrête, Boubè, tu me fais peur. Comment peux-tu voir ce qui est invisible?» À ce moment-là, observant ma terreur, elle arrêtait ses prophéties. J'avais bien plus peur de ses petits morceaux de cire que de mes chutes en montagne. Et la seule façon d'y échapper était de faire de mon mieux pour ne pas tomber.

~

À table, j'étais très difficile. Il n'y avait que deux choses que j'acceptais de manger. Boubè me donnait un petit bol d'huile de tournesol de sa fabrication dans lequel je trempais mon pain de seigle. Parfois, je mangeais une tartine de pain beurrée saupoudrée de sucre. Boubè cherchait tous les moyens de me faire manger, allant jusqu'à m'associer à la préparation des repas. Elle faisait souvent cuire différentes sortes de haricots et me demandait de l'aider à les trier, pour ôter les cailloux avant de les mettre dans la casserole. J'avais malheureusement plus de plaisir à l'aider qu'à manger. Elle invitait aussi mes amis bons mangeurs aux repas, espérant que je suivrais leur exemple et mangerais autant qu'eux. Mais rien n'y faisait.

Ma mère se fâchait lorsque je refusais de boire le lait de notre chèvre. Boubè me donnait souvent du chocolat avec le lait de chèvre et ma mère refusait de me laisser manger le chocolat si je ne buvais pas mon verre de lait en même temps. Lorsqu'elle menaçait de me reprendre le chocolat, indignée, les mains couvertes de chocolat, je lui rendais les morceaux à moitié fondus en déclarant que je ne voulais rien du tout. Cela la mettait très en colère et elle me grondait car j'avais sali mon chemisier brodé. Me regardant d'un air sévère, elle concluait : «Tu es têtue comme une mule.» Piquée par cette remarque, je lui lançais des regards noirs en me demandant qui était la plus têtue des deux. Ni moi ni personne ne réalisions alors que bientôt nous mourrions tous de faim.

Deuxième partie :

GUERRE, SURVIE, SILENCE

À L'AUTOMNE 1939, SIX MOIS AVANT MON CINQUIÈME ANNIVERSAIRE, L'ARMÉE SOVIÉTIQUE A OCCUPÉ NOTRE SECTEUR, ALORS QUE L'ALLEMAGNE A OCCUPÉ LES RÉGIONS OCCIDENTALES ET CENTRALES DE LA POLOGNE. Peu après, les Soviétiques ont commencé à mobiliser les jeunes gens dans leur armée et mon père a fait partie des appelés[3].

Tout a changé à la maison après le départ de mon père. Je n'avais pas le droit d'être heureuse ou de sourire. Nous entendions souvent des avions au-dessus de nos têtes et je demandais : « Est-ce que mon papa est dans cet avion? » « Oh, oui », me répondait ma *boubè*, et j'étais très fière. Lorsque je jouais avec mes amis ou avec Luci et qu'un avion passait dans le ciel, je le montrais du doigt en criant : « C'est mon papa. Vite, regardez! » Je lui parlais dans ma tête, lui disant : « Papa, tu me manques, rentre à la maison. » Cette

---

3 Le 24 août 1939, l'URSS et l'Allemagne ont signé un pacte de non-agression. Aussi appelé pacte Molotov-Ribbentrop, celui-ci incluait un protocole secret divisant la Pologne entre l'Allemagne et l'URSS. Le 1er septembre 1939, l'Allemagne a envahi la Pologne par l'ouest. En accord avec les termes du pacte, l'Union soviétique a envahi le pays par l'est le 17 septembre 1939. Le village de l'auteure, Turka, était situé dans la partie de la Pologne occupée par l'Union soviétique.

époque a été très difficile pour moi. Comme les semaines d'attente se sont transformées en mois, puis en plus d'une année, je me disais souvent que je ne reverrais jamais mon père. Bientôt, il n'a plus été besoin de me rappeler d'être triste et je disais à Luci qu'elle n'avait pas le droit de rire tant que mon père n'était pas revenu à la maison.

La situation s'est très vite détériorée quand l'Allemagne a attaqué l'URSS[4]. Mon *zeydè* et mes oncles ne cessaient d'avoir de vives discussions. Il leur fallait prendre une décision importante. Les Soviétiques avaient promis d'assurer le transport des personnes désirant partir vers l'Est et l'URSS. Mon oncle Velvel essayait de convaincre mon *zeydè* de la nécessité de notre départ. « Les Allemands avancent rapidement vers l'est. Le moment est venu de partir, nous devons profiter de cette occasion », disait-il d'un ton implorant. Mais mon *zeydè* refusait d'écouter. « Quoi? Es-tu fou? Tu voudrais que j'abandonne tout ce que je possède et que je parte? Et pour aller où? » Et d'un geste de la main il leur faisait comprendre que pour lui la discussion était close, affirmant pour conclure : «Cette guerre ne durera pas plus de quelques semaines.» Malgré leurs nombreuses tentatives, ses fils ne sont jamais parvenus à le convaincre.

≈

Nous avons continué à habiter notre maison pendant quelque temps après l'attaque de l'Union soviétique par l'Allemagne. Aucune nouvelle de mon père ne nous parvenait. Mon *zeydè* m'enseignait toujours l'alphabet hébreu et ne perdait pas l'espoir de temps meilleurs, mais il n'était plus question que la guerre s'achève vite. Zeydè passait son temps en prières. Il disait : « Le

---

4  Le 22 juin 1941, l'Allemagne a rompu le traité de non-agression avec l'URSS en envahissant l'Union soviétique. Le village de l'auteure se trouvait proche des premiers affrontements.

monde ne permettra pas la destruction d'adultes et d'enfants innocents. Dieu existe et Il prendra soin de nous. Il ne nous abandonnera pas et nous devons avoir confiance en Lui.»

Nos visites chez Luci sont devenues rares et à la maison la situation était de plus en plus tendue. Le front de bataille entre les troupes allemandes et soviétiques se rapprochait de chez nous. Certains voisins et amis non juifs de la famille sont devenus distants, moins amicaux. L'antisémitisme se ressentait partout. Personne ne voulait acheter les produits de notre exploitation et seuls nos valets de ferme Vasil et Maria Olehrecky restaient avec nous. D'autres nous ont abandonnés sans la moindre raison apparente. Notre foyer si joyeux s'est transformé en maison emplie de tristesse et de peur. Nous gardions portes et fenêtres fermées à double tour à longueur de journée.

Lorsque l'armée hongroise, alliée à l'Allemagne, a envahi Kolomyja en juillet 1941[5], ma mère, généralement considérée comme très intelligente et très savante dans le village, était rédactrice en chef du journal local. Elle avait pour collaborateurs quelques Juifs et quelques Ukrainiens. Son travail au journal l'aidait à supporter l'absence de mon père. Il lui permettait aussi de bénéficier d'informations de première main sur la progression de la guerre et lui donnait l'impression de contrôler un tant soit peu une existence qui par ailleurs semblait se déliter sous elle. Même après le départ de tous ses collègues juifs, qui s'étaient enfuis sur des camions soviétiques, elle a continué à travailler au journal.

Un jour, peu de temps après l'occupation de Kolomyja par les Allemands en août 1941, ma mère n'est pas revenue à la maison après son travail. Lorsque Shiko est allé s'enquérir de ce qui lui était arrivé, on lui a répondu qu'elle avait été arrêtée et que si elle

---

5  Le 3 juillet 1941, les dernières troupes soviétiques ont quitté Kolomyja et les environs. Le 4 juillet 1941, les troupes hongroises alliées à l'Allemagne nazie ont occupé la région et y sont restées six semaines, jusqu'à ce que la *Wehrmacht* allemande prenne le relais.

refusait de livrer les noms des anciens employés juifs du journal, à présent enfuis, sa famille et elle seraient tuées. Shiko a imploré les Allemands de la libérer, leur expliquant qu'elle avait une petite fille. Ils sont restés impassibles et il à eu bien de la chance de pouvoir quitter le quartier général encore vivant.

Ce qu'ils ne lui ont pas dit, mais que ma mère nous a appris par la suite, c'est que la *Gestapo* – la police secrète allemande – l'avait déjà torturée. À tel point qu'elle s'était évanouie et qu'ils l'avaient ranimée à l'aide d'un seau d'eau avant de continuer à la battre et à l'interroger, dans l'espoir qu'elle trahirait ses collègues. Tout en sang et après avoir perdu plusieurs dents, ma mère refusait toujours de parler si bien qu'ils ont fini par la jeter dans un cachot sombre et infesté de souris.

Nous étions fous d'inquiétude et avions peur pour ma mère, car elle était récemment devenue très fragile, très menue et très faible. Nous espérions tous que son excellent allemand lui permettrait de convaincre la *Gestapo* de la laisser partir. Mais au bout de trois jours elle n'était toujours pas de retour à la maison et l'oncle Shiko a préparé la voiture à cheval pour m'emmener voir ma mère. À notre arrivée, ils sont allés la chercher dans sa cellule. En la voyant, j'ai commencé à hurler sans pouvoir m'arrêter. Je ne reconnaissais plus le visage de ma propre mère.

À la prison, il y avait deux Ukrainiens que ma mère connaissait d'avant la guerre. C'étaient des collaborateurs nazis. En un instant de remords, je suppose, l'un d'entre eux a murmuré quelque chose aux policiers de la *Gestapo*. Quelques minutes plus tard, l'un d'eux a hurlé à mon oncle : « Prenez-la et fichez le camp… pour le moment! » J'ignore ce que les Ukrainiens ont dit ou en quoi cela a affecté les policiers, mais ils ont laissé partir ma mère. Elle-même a toujours dit que c'était moi qui lui avais sauvé la vie.

À partir de ce moment-là, les Juifs ont été continuellement persécutés. En novembre 1941, les Juifs des villages et fermes des environs de Kolomyia ont été transférés en ville, où un ghetto a été rapidement établi[6].

6   Le Ghetto de Kolomyja a été officiellement établi en mars 1942. À l'instar de ce qui s'est passé dans tous les ghettos établis en Pologne, la première étape en vue de la création du ghetto a été l'arrivée forcée dans la ville des populations juives des alentours. Rachel et sa famille ont été transférées à Kolomyja en novembre 1941.

## CHAPITRE 4

Le matin où nous avons été obligés de quitter notre maison, notre ferme et nos animaux, tout était silencieux à notre réveil. Nous avions cadenassé les portes et les fenêtres la veille au soir et Bobby, notre chien, dormait dehors. Mais ce matin-là Bobby n'a pas aboyé et je ne l'ai jamais revu ni réentendu. Dès l'aube, les Allemands avaient entouré la maison et attendaient que nous nous levions. Lorsque Boubè Frida est sortie, sa plus grande crainte s'est réalisée.

«Sortez de là, sales Juifs!»

La police allemande se tenait dans la cour, nous menaçant de leurs fusils et criant des ordres en allemand. Ma *boubè*, qui parlait un peu cette langue, leur a demandé si je pouvais escalader la montagne pour dire au revoir à mon ami. Bizarrement, ils ont accepté. Ma *boubè* m'a murmuré : «Reste là-haut. Ne reviens pas.» J'ai donc grimpé la montagne en courant pour faire mes adieux. Alors que je m'apprêtais à quitter Mecio, sa mère m'a déclaré qu'elle allait me raccompagner en bas et demander la permission de me garder avec elle et sa famille. La réponse des Allemands a été brève et nette : «Non. Fichez le camp.» À toute vitesse, ma *boubè* a rangé quelques-unes de ses robes dans une petite valise et nous avons été chassés de chez nous, obligés de laisser le reste de ce que nous possédions derrière nous.

Les Allemands nous ont poussés vers la route et mon *zeydè*, qui avait veillé à emporter son livre de prières, s'est tout à coup aperçu qu'il avait oublié ses lunettes sur le rebord de la fenêtre. Il a fait quelques pas en direction de la maison pour aller les chercher; mais un des Allemands l'a frappé à coups de pied et il est tombé.

Alors qu'il gisait sur le chemin de terre, un autre Allemand a tiré de toutes ses forces sur sa barbe. Mon grand-père, gémissant de douleur, était sur le point de s'évanouir. Avec un réel plaisir, m'a-t-il semblé, les policiers allemands ont continué à arracher la barbe de mon *zeydè*, poignée après poignée. Lorsqu'ils ont eu quasiment fini de lui arracher sa barbe, si longue et si belle, ils ont pris un couteau pour couper ce qu'ils n'avaient pu arracher. J'ai fermé les yeux et me suis cachée entre ma mère et ma *boubè*.

Mourant de faim et de soif, totalement abasourdis, nous avons reçu l'ordre de prendre à pied la direction de Kolomyja. Tenant à grand-peine sur nos jambes, nous sommes partis pour la ville et avons été rejoints en route par d'autres familles juives. Si quelqu'un sortait du rang ou essayait de s'enfuir, il était aussitôt abattu. Mes oncles se sont relayés pour me porter. À l'époque, nous avons vraiment eu le sentiment que c'était un miracle d'y être tous arrivés vivants. Nous y avons retrouvé des amis des alentours, ainsi que Tante Mina et Luci. J'avais 6 ans.

Le ghetto de Kolomyja était situé au centre de la ville, près du marché agricole où les paysans des villages alentour se rassemblaient jusqu'alors pour vendre leur marchandise. Cet espace et certaines maisons voisines étaient entourés par un mur qui les séparait du reste de la ville. Les familles non juives qui y habitaient avaient été évacuées, recevant en échange les maisons, désormais libres, des Juifs vivant à l'extérieur du ghetto. Les familles juives ayant toujours vécu dans l'enceinte du ghetto ont été autorisées à rester chez elles mais ont dû partager leur logement avec des Juifs venus d'ailleurs.

Armée de fusils, la *Gestapo* se tenait aux portes du ghetto et surveillait les Juifs à l'intérieur. Nous avons été contraints à porter un brassard brodé de l'étoile de David. On nous a privés de nos chaussures et un couvre-feu strict a été instauré. Ceux qui y contrevenaient étaient abattus sur-le-champ. Pour la première fois de ma vie, j'ai réellement connu la peur.

28

Ma famille a eu la chance de pouvoir rester ensemble. Boubè Yetta, Tante Mina, l'Oncle Moses, Luci, ma mère et moi partagions une petite pièce avec trois bons amis de notre famille, de Turka eux aussi : Baruch Ertenstreich, sa femme et sa mère. La pièce où nous vivions à neuf était sombre, éclairée par une seule petite fenêtre. Nous ne disposions que d'une petite table, de deux chaises, d'un fourneau en fonte et de planches en guise de lits. Les autres membres de ma famille – Zeydè Eli, Boubè Frida, l'Oncle Velvel et l'Oncle Shiko – étaient logés dans la petite pièce voisine de la nôtre. Ils la partageaient avec Mendel Milbauer (frère de Zeydè), sa femme et ses deux filles, ainsi qu'avec un ami de la famille originaire de Turka, le Dr Nieder.

Je ne reconnaissais plus ma famille, qui jusque-là m'avait toujours été aussi familière que moi-même. Les policiers allemands avaient arraché à Zeydè Eli sa barbe et sa moustache. Le visage si aimant de Boubè Frida était devenu triste, empreint d'un sentiment d'impuissance. Ses beaux yeux bleus étaient à présent en permanence emplis de larmes et de peur. Pendant cette période où nous restions assis à longueur de journée sur nos lits en planches, dans cette petite pièce sombre, mon univers si sûr et confortable a commencé à se désagréger autour de moi. Souvent, j'essayais d'échapper au présent en me remémorant notre vie à la ferme : mon beau *zeydè* chez nous à Turka lisant la *Torah*, détaché du monde extérieur; moi, courant d'un bout à l'autre de la ferme, insouciante et joyeuse; ma *boubè*, si affairée, si pleine de vie.

En pensée, je revoyais notre dernier jour à la ferme, ce jour où les policiers allemands avaient entouré la maison et où le premier réflexe de ma *boubè* avait été d'assurer mon salut. En allemand, elle les avait suppliés de me laisser escalader la montagne pour faire mes adieux. Lorsque je m'étais mise à courir, elle m'avait crié en ukrainien, de façon à ne pas être comprise des Allemands, de rester sur la montagne, de ne pas revenir.

Assise sur les genoux de ma mère, sur notre lit en planches, j'essayais de regarder son visage à la dérobée. Elle semblait tellement seule et prise au piège, silencieuse et impuissante. En un rien de temps, elle avait brusquement vieilli; ses joues étaient creusées, ses yeux emplis de panique. Lorsque je lui demandais ce que devenait mon père, s'il était vivant et s'il serait capable de nous retrouver, elle essayait de me réconforter. «Nous devons prier pour lui, me disait-elle, afin qu'il vienne nous chercher ici.» Me serrant contre elle et me cramponnant à ses bras, je me rappelais combien elle m'avait toujours paru belle.

L'Oncle Shiko passait le plus clair de son temps à arpenter la pièce en se frottant les mains nerveusement, parlant à demi-mots avec le Dr Nieder. Il me faisait l'impression d'un oiseau enfermé dans une cage. L'Oncle Velvel, au contraire, était silencieux. Comme moi. Lorsque ses yeux croisaient les miens, il me disait de ne pas avoir peur, de ne pas m'inquiéter. Il m'assurait que je survivrais à tout cela. «Une trace de notre famille doit subsister, murmurait-il, et tu seras cette trace. Tu t'en sortiras.» C'étaient les paroles de Velvel qui me rassérénaient. Je lui faisais confiance.

Parfois, tard le soir quand je n'arrivais pas à dormir, je rêvais des jours de réjouissance à Kolomyja. Pour les fêtes et les mariages, les gens de la ville, qui avaient leur propre musique populaire, leurs chansons, leurs danses et leurs costumes, portaient leur magnifique habit traditionnel. Ils avaient même une chanson et une danse appelée la *kolomyjka*, que tout le monde connaissait et qui était transmise de génération en génération. Les jeunes filles, la tête ornée d'une couronne de fleurs fraîches et de rubans aux couleurs vives, étaient magnifiques avec leur corsage brodé à la main, leur corselet, leur ample jupe froncée et leur collier de perles brillantes. Les hommes arboraient le costume des montagnards hutsules locaux, composé d'une chemise blanche brodée portée sur le pantalon, d'un gilet et d'une ceinture en tissu autour de la taille, tous deux brodés à la main de couleurs vives, et d'un chapeau en tissu noir, coquettement orné de plumes sur le côté. Kolomyja avait un charme à part auquel j'étais très attachée.

Je rêvais de fêtes juives comme celle de *Soukkot*, où nous nous réunissions tous dans la *soukkah*, sur la véranda de mes parents, pour les repas. J'adorais la façon dont les murs étaient décorés de feuilles et de branches et la possibilité d'observer les étoiles innombrables dans le ciel à partir de cette pièce dépourvue de toit. Même si à l'époque j'étais à peine capable de compter jusqu'à dix, je comptais et recomptais les étoiles. Ma *boubè* me mettait une jupe plissée bleu marine et un chemisier blanc brodé et j'étais toujours la première prête et assise à l'heure du dîner. J'entends encore sa voix : « Rachel, tu es ma vie et mon univers. Tu es si bonne et si gentille, je t'aime très fort. »

~

La vie était très difficile dans le ghetto. Notre espace de vie a très vite été envahi d'horribles odeurs d'ordures et d'excréments. Les quelques vêtements que nous possédions étaient sales et déchirés. Nous ne pouvions prendre de bains. Nos pieds nus étaient sales, enflés et couverts d'ampoules.

Les hommes et les femmes suffisamment jeunes et forts étaient envoyés hors du ghetto pour des travaux forcés, comme la construction ou la réparation de routes. Certains devaient porter d'énormes blocs de pierre très lourds, tandis que d'autres les concassaient à la main. Le travail était très pénible et exécuté sous la stricte surveillance des gardes. À l'intérieur du ghetto, la situation changeait constamment, de nouveaux Juifs arrivant des villes, bourgs et villages alentour tandis que d'autres partaient par le train. À l'époque, nous pensions qu'ils partaient travailler. Ils ne revenaient jamais. Plus tard, nous avons appris qu'ils étaient envoyés en camps de concentration.

Chaque matin, la *Gestapo* rassemblait les Juifs du ghetto. Puis ils sélectionnaient au hasard qui serait torturé ou assassiné ce jour-là. Les policiers allemands modifiaient quotidiennement leurs critères, choisissant tantôt des enfants d'un certain âge, tantôt des adultes, des personnes âgées, des malades ou des handicapés. Ces assassinats étaient perpétrés devant toute la communauté horrifiée, chacun s'imaginant à la place des malheureuses victimes. On ne savait jamais qui serait la prochaine. J'avais constamment peur pour ma famille et pour ma propre vie.

Lors d'un de ces rassemblements, j'étais à l'intérieur avec Boubè Yetta lorsque nous avons entendu des hurlements atroces. Nous avons couru dehors pour voir qui avait été sélectionné ce jour-là. Six garçons en âge de célébrer leur *bar mitsvah* (13 ans) avaient été contraints à s'allonger sur le sol pour y former une étoile de David. La *Gestapo* leur a coupé les oreilles et le nez, leur a brisé les doigts et leur a arraché les yeux avant de finalement faire taire leurs hurlements par balles. Haletante et tremblante, je m'accrochais de toutes mes forces à la jupe de Boubè Yetta. « S'il te plaît, fais que ça cesse, la suppliais-je. Personne ne viendra-t-il donc à notre secours? » Mourant de peur, j'ai passé les semaines suivantes à attendre. J'attendais mon tour.

≈

Luci et moi passions le plus clair de notre temps dans le ghetto à ramasser des pelures de légumes dans les ordures. Nous avions si faim que les épluchures de pommes de terre ou d'oignons, ou de tout autre légume pourri, devenaient un trésor. Nous relevions le devant de notre robe pour y déposer les restes que nous trouvions et Boubè Yetta en faisait de la soupe.

Je m'obligeais à penser à notre maison à la ferme. L'arrière de notre exploitation, à Turka, donnait sur une petite colline au pied de laquelle coulait un ruisseau qui divisait le pré en deux et séparait nos terres de celles d'autrui. Ce ruisseau était enjambé par une passerelle en bois qui permettait d'aller d'une moitié du pré à l'autre. Une famille de Tziganes campait de l'autre côté du ruisseau. L'homme le plus âgé avait installé un atelier de forgeron dans une vieille grange abandonnée, non loin de là, et lorsque mon *zeydè* devait faire remplacer les fers de ses chevaux, c'est là qu'il les amenait. Zeydè me proposait toujours de l'accompagner et je m'interrompais volontiers dans mes occupations pour courir le rejoindre. J'adorais aller au campement tzigane. Je regardais les hommes placer le fer dans les flammes jusqu'à ce qu'il rougeoie. Puis ils le frappaient avec un énorme marteau pour lui donner la forme d'un fer à cheval avant de finalement ferrer notre animal. Zeydè rémunérait le travail du forgeron avec des œufs, des poulets et d'autres victuailles.

CHAPITRE 5

J'avais souvent le sentiment que le hasard et la destinée jouaient un rôle plus important dans notre survie que n'importe quoi d'autre. On entend parfois que c'est la volonté de vivre qui permet aux personnes en danger de survivre, mais je n'en suis pas si sûre. Alors que certains étaient abattus sans aucune raison apparente, d'autres parvenaient à échapper à un tel sort. Pourquoi?

Par un matin glacial, je me tenais près de ma mère pendant un rassemblement. Tremblant de peur et de froid, nous étions tout près l'une de l'autre lorsque deux officiers de la *Gestapo* sont venus vers nous. Ils se sont arrêtés assez loin et ont prononcé le nom de ma mère en lui ordonnant de sortir du rang et d'avancer. J'étais encore petite, mais je savais ce que cela signifiait. Lorsqu'elle a commencé à marcher, je me suis dépêchée d'attraper sa main glacée et d'avancer avec elle. J'avais six ans et que ma mère puisse mourir seule était pour moi inimaginable. Paniquée, ma mère a essayé de me repousser mais j'ai refusé de la lâcher. Nous avons approché à pas lents avant de finalement nous arrêter. J'ai fermé les yeux. «Qu'est-ce que l'on sent quand on meurt? me demandais-je. Est-ce que cela fait mal? Où nous frapperait la balle?»

Alors que nous nous approchions d'eux, un des officiers de la *Gestapo* a demandé à ma mère si elle parlait allemand. Lorsqu'elle a répondu dans cette langue qu'elle le parlait couramment, ils lui ont ordonné de les suivre. Ma mère a demandé la permission d'emmener sa fille avec elle et nous avons suivi les Allemands jusqu'aux portes du ghetto et au-delà. Nous nous sommes arrêtés devant chez Jacob, un cousin de ma mère qui exerçait le métier de tailleur pour hommes avant la guerre. Les nazis l'avaient autorisé à rester chez lui à Kolomyja, juste à l'extérieur du ghetto, de façon à ce qu'il puisse coudre des uniformes pour les officiers de la *Gestapo*. Mais Jacob ne parlait que le polonais et le yiddish. Il leur avait demandé d'amener sa cousine Sara Milbauer, aisément capable de lui servir de traductrice. Et c'est ainsi que ma mère et moi nous sommes retrouvées à vivre avec Jacob. Nous étions sauves. Pour le moment.

Jacob avait une grande salle où étaient installés des mannequins et des machines à coudre. Il travaillait dur et de longues heures pour ne pas perdre la faveur des nazis. Ma mère s'installait à côté de Jacob, l'aidant à coudre à la main et servant de traductrice lors des fréquentes visites des officiers de la *Gestapo* pour l'essayage de leurs uniformes. Ils étaient satisfaits des services de ma mère. La nuit, elle et moi dormions dans l'atelier et Jacob dans la cuisine.

Du point de vue des Allemands, nous n'étions que trois à vivre dans la maison. Mais Jacob avait pratiqué une cachette sous le sol en bois de la cuisine, sous son lit. Le jour, pendant qu'il travaillait, sa femme et ses deux petits garçons restaient cachés sous le sol. Tard le soir, il les faisait sortir de façon à ce qu'ils puissent respirer, manger et dormir sur le sol de la cuisine. Nous étions reconnaissants. D'avoir un endroit où dormir. De pouvoir respirer. J'étais reconnaissante d'être saine et sauve auprès de ma mère.

## CHAPITRE 6

Avant que ma mère et moi partions vivre avec Jacob, la sœur de ma Boubè Frida avait succombé à une crise cardiaque. Lorsqu'elle est morte, la *Gestapo* nous a autorisés à organiser ses funérailles au cimetière juif, à notre grande surprise. Sous le regard paralysant des Allemands, Boubè Frida et d'autres membres de la famille se sont lentement dirigés vers l'emplacement où ils pensaient enterrer ma grand-tante.

Comme Zeydè Eli était un *cohen*, les lois juives lui interdisaient de pénétrer dans le cimetière. Il est donc resté près du mur de clôture pour observer l'enterrement de loin. Se tenant à une certaine distance des membres du cortège funèbre, il les a regardés s'éloigner lentement; il voyait leurs lèvres bouger mais ne pouvait entendre ce qu'ils disaient. Perdu dans ses pensées, récitant tout bas la prière pour les morts, Zeydè a remarqué que les membres de la famille avaient commencé à creuser des tombes. Puis il a vu la *Gestapo* leur ordonner de s'enterrer les uns les autres – vivants – dans les tombes qu'ils venaient de creuser. Ceux qui refusaient étaient abattus sur-le-champ à l'endroit où ils se tenaient.

«Les tombes bougeaient», hurlait Zeydè Eli lorsqu'il est revenu en courant jusqu'au ghetto où Boubè Yetta, ma mère et moi attendions le retour du cortège funèbre. « J'ai vu ma femme, ma Frida, enterrée vivante! » gémissait-il. Moins d'un mois après la mort de Frida, Zeydè Eli était décédé.

## CHAPITRE 7

Une nuit, alors que ma mère et moi dormions, Jacob a fait sortir sa famille de sa cachette pour qu'elle puisse dormir par terre. Soudain, on a frappé violemment à la porte. Jacob a aussitôt fait rentrer sa femme et ses fils dans leur refuge et tiré le lit au-dessus. Ma mère a couru à la fenêtre et a sauté au sol depuis le deuxième étage. J'étais abasourdie et pétrifiée. J'ai entendu des hommes crier d'une voix retentissante, dans un allemand approximatif : « Père! Mère! Écrire! » Ni Jacob ni moi ne comprenions ce qu'ils voulaient dire. Mort de peur, Jacob est allé à la porte et a fait entrer ces hommes. Ils étaient trois, de haute taille, vêtus d'uniformes noirs et ils braquaient des armes sur nous. Ils se sont rués dans l'atelier comme des animaux sauvages. L'un d'eux est venu jusqu'à mon lit et s'est mis à le larder de coups de poignard. Un autre a braqué son fusil sur Jacob et l'a poussé vers la cuisine. Et toujours ils répétaient : «Père! Mère! Écrire!» Ils semblaient utiliser un mauvais allemand, mais nous n'avions aucune idée de leur langue maternelle[7].

J'étais sûre qu'ils allaient nous tuer. Finalement, Jacob a ouvert un tiroir du placard de la cuisine et leur a donné des bijoux, de l'argent et sa montre. Ils se sont emparés du tout et sont ressortis en courant. Jacob m'a dit qu'il pensait qu'il s'agissait de policiers hongrois venus pour nous voler et que nous avions eu bien de la chance qu'il ait trouvé quelque chose à leur donner. Soudain, il

---

7 Ces hommes, apparemment des policiers hongrois, prononçaient le verbe allemand «schreiten» («marche!», «en avant!») de telle façon qu'il ressemblait à «schreiben» («écrire»).

s'est interrompu en regardant autour de lui : «Où est ta mère? m'a-t-il demandé. – Elle est partie. Elle a sauté par la fenêtre », ai-je répondu en pleurant. J'étais certaine qu'elle était morte. Jacob m'a prise dans ses bras et m'a serrée très fort contre lui, murmurant dans mes cheveux : «Ne t'en fais pas. Maman va revenir.»

Jacob m'a gardée contre lui toute la nuit. Mais ni lui ni moi ne pouvions dormir. Je voyais le désespoir sur son visage fantomatique et lui sentait mes tremblements. À l'aube, on a de nouveau frappé à la porte. Jacob s'est empressé de laisser rentrer ma mère, fermant la porte à clef derrière elle. Il la regardait d'un air incrédule. «Sara, mais où donc étais-tu toute la nuit?» Elle semblait pâle et faible et tremblait de froid. «Je suis allée avertir les autres familles juives et je me suis cachée dans l'obscurité. J'avais peur de revenir. – Mais tu aurais pu te tuer en sautant de si haut, a répondu Jacob. Et comment as-tu pu laisser ton enfant seule?» Je voyais sur son visage qu'il ne parvenait pas à le croire.

Tout ce qui m'importait, c'était qu'elle soit revenue. Je me suis serrée contre elle en embrassant son visage. Sanglotant, je lui disais d'une voix implorante : « Ne me quitte plus jamais, Maman. » Au fond de mon cœur, je ressentais un étrange et douloureux sentiment d'incrédulité. Je ne comprenais pas. Lorsque ma mère avait été désignée par la *Gestapo* au ghetto et que je pensais qu'ils allaient la tuer, j'étais sortie du rang moi aussi, malgré mes 6 ans, juste pour être avec elle. Mais elle, dans un instant de terrible danger, elle m'avait laissée seule, sans savoir si je n'allais pas mourir.

## CHAPITRE 8

Les nazis continuaient à venir fréquemment à l'atelier et exigeaient que Jacob accélère son travail. L'un de ses clients était un jeune pilote d'avion allemand stationné à Kolomyja. Éprouvant de l'attirance pour ma mère, il passait des heures à l'atelier à parler avec elle de littérature allemande et notamment des poèmes de Goethe, que ma mère connaissait par cœur. Elle était polie avec lui. Elle espérait qu'il s'éprendrait d'elle non parce qu'elle l'aimait, mais parce qu'elle souhaitait désespérément qu'il nous aide dans la situation terrible qui était la nôtre. Elle avait le sentiment qu'il représentait notre seul et infime espoir de survie à ce moment-là. Il m'invitait parfois à venir m'asseoir sur ses genoux, lorsqu'il n'y avait pas d'autre Allemand présent, mais chaque fois je me débattais et me sauvais. Parfois, il m'apportait du chocolat ou un petit jouet. Lorsqu'il était prêt à partir, ma mère le raccompagnait jusque dans le couloir pour lui ouvrir la porte. Parfois, je m'y glissais furtivement moi aussi et le regardais dire au revoir à ma mère en l'embrassant.

Un matin, le pilote allemand est passé très tôt à la boutique de Jacob. Il était bouleversé. Lorsque ma mère l'a raccompagné dans le couloir, il lui a dit avec agitation qu'on allait le transférer en France, à Paris, quatre jours plus tard. Il lui a demandé de venir avec lui, affirmant qu'il pouvait s'arranger pour que ma mère et moi le rejoignions là-bas. Ma mère a refusé. « Ma famille est ici. » Le pilote a confié à ma mère que le ghetto allait être annihilé, qu'aucun Juif ne survivrait. Il voulait la sauver. « Je t'en prie, l'a-t-il suppliée, réfléchis. Je reviendrai encore une fois avant mon départ et je compte sur toi pour me dire oui.» Il a serré ma mère contre lui en l'embrassant, puis m'a prise dans ses bras pour m'étreindre à mon tour. Avant de sortir, il s'est retourné vers ma mère pour lui murmurer : «Ton mari ne reviendra pas. Il est probablement mort. Ne l'attends pas. Assure ton propre salut.» Puis il a tourné les talons et est sorti.

Lorsque ma mère a répété à son cousin ce que le pilote lui avait dit, Jacob a été pétrifié par ces horribles nouvelles. Il ne pouvait croire qu'un sort aussi terrible nous attendait. Il était évident que la guerre était loin d'être terminée. Il était clair aussi que ma mère avait pris sa décision. Lorsque le pilote est revenu deux jours plus tard, apportant du chocolat pour moi, il a regardé ma mère dans les yeux et lui a demandé : «Eh bien, Sara, veux-tu venir avec moi? – Merci beaucoup pour ta gentillesse, lui a répondu ma mère. Si je survis, je ne t'oublierai jamais. – Mais tu ne survivras pas, Sara. Crois-moi. – Quoi qu'il arrive aux autres Juifs m'arrivera aussi, a-t-elle répondu. Je reste avec ma famille et avec mon peuple. » Le pilote nous a serrées toutes les deux contre lui et est parti. Nous sommes restées dans la pièce à sangloter tout bas.

Peu de temps après, la *Gestapo* nous a ordonné de retourner dans le ghetto. Jacob, sa famille, ma mère et moi nous sommes trouvés réunis avec Boubè Yetta, Tante Mina, Oncle Moses, Velvel et Shiko, qui par bonheur étaient toujours vivants. Notre ami Baruch était toujours avec nous, mais sa femme et sa mère avaient été emmenées. J'étais surtout heureuse de revoir Luci, me promettant que nous ne serions plus jamais séparées.

## CHAPITRE 9

Un soir, au printemps 1942, ma mère est revenue dans notre petite pièce après avoir passé la journée à construire des routes. Elle était épuisée, pâle et près de s'évanouir. Nous étions allongées sur nos lits au cœur de l'obscurité désespérée de ces nuits et je savais que ma mère et moi priions pour la même chose : que mon père revienne sain et sauf. Nous dormions tous depuis un bon moment lorsque des coups étouffés ont retenti à la porte. Lorsque Boubè Yetta a ouvert la porte, un homme est entré en titubant. Épuisé, il s'est assis par terre et a demandé à boire. Ses vêtements étaient déchirés et son visage totalement envahi par la barbe. Il était méconnaissable. Était-ce possible?

Je me rappelais que mon père avait une petite bosse de la taille d'un pois sous l'épiderme de sa joue. J'ai touché son visage de mes petites mains, l'explorant avec mes doigts comme un enfant aveugle cherchant à reconnaître quelqu'un. Le visage de mon père. «C'est lui, ai-je murmuré. C'est Papa!»

Nous nous sommes étreints tous les trois, pleurant d'incrédulité, comme si notre étreinte ne devait jamais finir. À ce moment-là, j'ai vraiment cru que nos cauchemars allaient prendre fin. Tout ce qui m'avait paru si disjoint et séparé s'est soudain ressoudé. La peur et la solitude que j'éprouvais dans le ghetto, mes incertitudes quant à la loyauté de ma mère, tout cela s'est dissipé. Mon père était revenu.

Il nous a raconté qu'il s'était battu contre les Allemands au sein de l'armée soviétique, avançant vers l'ouest et vers les régions de la

Pologne occupées par les Allemands. Lorsque son bataillon a atteint la ville de Chelm, ses compagnons et lui ont été capturés par les Allemands et faits prisonniers de guerre. Mon père a aussitôt compris qu'il ne devait pas révéler qu'il était juif et s'est donc fait passer pour un Ukrainien. Avec son petit nez droit, ses grands yeux bleus, son visage arrondi et ses cheveux blonds, il ne correspondait pas au stéréotype juif et les Allemands ne se sont pas méfiés. Dès le début, les Allemands ont eu des problèmes pour communiquer avec les Soviétiques. Comme mon père connaissait l'allemand, il leur a servi de traducteur. Il a passé de nombreux mois en captivité, sans guère d'espoir de recouvrer la liberté. La seule possibilité, pour ses compagnons et lui, était de s'enfuir.

La nuit où mon père et un autre prisonnier se sont échappés, il y avait de l'orage. De tous côtés le ciel était zébré d'éclairs et le tonnerre grondait lorsqu'ils se sont glissés hors des baraquements. Traversant fossés, champs et sentiers la nuit, ils se cachaient dans les fossés au bord des routes le jour. Tout en courant dans la direction de Kolomyja, ils savaient bien qu'ils risquaient de ne jamais atteindre leur destination. Faute d'autre nourriture, ils mangeaient crue la chair des chevaux morts qu'ils trouvaient dans les fossés et les champs. Il leur a fallu plusieurs mois pour atteindre Kolomyja et à leur arrivée ils se sont séparés. Mon père savait que les Juifs étaient enfermés dans le ghetto. Il aurait pu assurer son propre salut en poursuivant sa route, mais il a choisi de pénétrer dans l'enfer du ghetto pour nous retrouver. Nous étions désormais réunis. Le lendemain matin, lorsque les équipes sont parties effectuer leurs travaux forcés sur les routes, mon père s'est joint à l'une d'elles.

CHAPITRE 10

À l'été 1942, les circonstances ont commencé à changer pour nous. Les Allemands ont décidé d'envoyer tous les hommes et femmes jeunes au village de Turka pour travailler dans les champs. Bizarrement, Boubè Yetta a fait partie du groupe, aux côtés de mes parents. La veille du départ de ma famille, mon père et l'Oncle Moses ont réfléchi à la manière de nous faire sortir du ghetto, Luci et moi, sans que les Allemands ne s'en aperçoivent. Ils craignaient, s'ils nous laissaient derrière eux, de ne plus nous retrouver à leur retour. Nos parents se sont alors préparés pour ce dangereux voyage. Luci et moi devions être enfermées chacune dans un havresac contenant des outils pour la ferme et le jardinage; mon père et Moses nous porteraient sur leur dos et nous feraient ainsi sortir du ghetto.

De bonne heure le lendemain main, mon père m'a installée dans son sac en disposant les outils autour de moi et m'a hissée sur son épaule. J'ai essayé de me faire toute petite à l'intérieur. J'avais peur et j'étouffais par manque d'air. Aux portes du ghetto, le garde a sondé le sac de mon père avec son poignard. Malgré la douleur, je n'ai pas fait le moindre bruit et j'ai retenu ma respiration.

Jusque-là, notre évasion était réussie. À notre arrivée au village de Turka, chaque famille s'est vu attribuer une baraque et un lit en planches. Mon père m'a aussitôt fait sortir du sac et m'a cachée sous le lit, tandis que Moses faisait de même avec Luci. Nos parents nous ont expliqué que nous allions devoir rester sous les lits aussi longtemps qu'ils travailleraient. À leur retour, nous pourrions sortir de notre cachette pour dormir avec eux sur le lit de planches.

Tôt chaque matin, ils nous envoyaient sous le lit. « N'oubliez pas que les gardes allemands peuvent vous voir, nous répétaient-ils, et que s'ils vous attrapent ils vous tueront. »

Les journées étaient longues et ennuyeuses. Les lits étaient si bas que nous ne pouvions même pas nous asseoir dessous. Et nous ne pouvions parler qu'en chuchotant. La baraque était dotée d'une petite fenêtre et de dessous le lit nous pouvions voir le soleil illuminer un petit coin de la pièce. Au bout de plusieurs semaines passées à vivre ainsi cachées, nous n'en pouvions plus l'une et l'autre. Nous avions faim et nous nous ennuyions à mourir. Nous avons décidé que nous pouvions chaque jour sans risque sortir de dessous le lit pour sauter et gambader un petit moment dans la pièce. Nous n'avons rien dit de nos intentions à nos parents et tout s'est bien passé pendant quelque temps.

Un après-midi, alors que nous dansions dans la pièce, un garde allemand nous a aperçues. Il a déboulé dans notre baraque en nous menaçant de son arme. Tremblant de tous nos membres, nous nous sommes toutes les deux mises à pleurer. Ma seule pensée était que nos parents allaient être très en colère. Je savais qu'étant plus âgée que Luci j'aurais dû être plus raisonnable. Comment pouvais-je leur avoir désobéi? Soudain, j'ai senti le soldat allemand nous propulser Luci et moi à coups de pied à l'extérieur de la baraque. Nous pleurions aussi fort que possible, dans l'espoir que quelqu'un nous entende et vienne à notre secours. Le garde nous a regardées, Luci et moi, serrées l'une contre l'autre et, curieusement, il a touché mes longues nattes blondes. Il avait décidé de ne pas nous tuer. Il a ordonné à l'un des gardes de nous ramener à Kolomyja. Celui-ci nous a abandonnées en plein milieu de la rue du ghetto et nous sommes restées assises sans bouger parmi tous les cadavres, en pleurant et gémissant. J'étais certaine que mes parents ne me retrouveraient jamais. Qu'allaient-ils penser lorsqu'ils ne nous retrouveraient pas à leur retour à la baraque? Qu'allait-il nous arriver?

Le lendemain matin, lorsque mon père est parti travailler dans les champs, il a parlé avec un fermier de sa connaissance dans le champ voisin, Jozef Beck; il le connaissait d'avant la guerre et l'a supplié de l'aider. Il a demandé à Jozef d'aller jusqu'au ghetto à notre recherche et de nous sauver s'il le pouvait en nous cachant dans sa ferme. M. Beck a pris sa voiture à cheval et s'est rendu au ghetto. Il a affirmé à la *Gestapo* qu'il était venu évacuer des cadavres. Les officiers ont accepté de le laisser entrer. Il nous a trouvées au milieu de la rue, à l'endroit où nous avions été abandonnées la veille. Luci et moi l'avons regardé empiler des cadavres dans son chariot; puis, agissant très vite, il nous a empoignées pour nous jeter sur le tas avant de nous recouvrir d'autres cadavres. Lorsque le chariot a été plein, il est ressorti du ghetto en nous emmenant.

Jozef est allé jusqu'au cimetière et a déversé toute sa cargaison sur le sol, y compris Luci et moi. Sans perdre un instant, il nous a arrachées à la pile et nous a jetées derrière la plus grande pierre tombale qu'il a pu trouver puis nous a dit : « Ce soir, ma femme Rozalia viendra vous chercher pour vous ramener chez nous. Restez là sans un bruit jusqu'à ce qu'il fasse nuit. Et ne bougez pas. C'est promis? » Nous avons promis.

Seules et pétrifiées, tapies derrière les tombes, entourées de cadavres, Luci et moi avons attendu la femme de Jozef. À chaque bruissement de feuilles, chaque hurlement du vent, nous avions l'impression d'entendre des pas. De temps en temps, je sortais furtivement de derrière la tombe pour voir si quelqu'un arrivait, terrifiée à l'idée que je marchais peut-être sur le cadavre de Boubè Frida. J'essayais de m'occuper l'esprit en pensant à autre chose et me remettais à guetter l'arrivée de Rozalia. Nous avions l'impression d'avoir passé une éternité recroquevillées derrière la tombe lorsqu'enfin nous avons entendu des pas approcher dans l'obscurité. Une femme emmitouflée et portant un grand châle noir sur la tête se dirigeait vers nous, portant des couvertures. En s'approchant, elle nous a murmuré qu'elle était Rozalia et qu'il ne fallait pas avoir peur. Nous prenant par la main, elle nous a guidées à travers le cimetière jusqu'à la voiture à cheval attendant au dehors.

## CHAPITRE 11

**D'immenses tas de paille et de foin remplissaient la grange des Beck.** Rozalia nous a installées tout en haut d'une pile et nous a dit d'un ton sévère : «J'ai six enfants, personne ne doit donc savoir que vous êtes ici. Si les Allemands découvrent que vous vous cachez ici, nous serons tous tués. Vous devez garder le silence et promettre d'être sages. Ne bougez pas! Vous avez compris?» Elle nous a donné à chacune un morceau de pain et a posé une couverture sur nous.

Les semaines ont passé. Jours et nuits sont devenus indissociables. Nous entendions les enfants Beck jouer dans la grange ou dehors et mourions d'envie d'aller les rejoindre, mais nous étions obligées de rester silencieuses et immobiles. Luci pleurait tout le temps. Du haut de mes 7 ans, âgée d'un an de plus que Luci, j'avais le sentiment que je devais être forte et responsable. Je faisais tout mon possible pour la calmer. Refusant d'écouter mes propres peurs afin de rester en vie, j'ai inventé un jeu. Un rebord en bois empêchait la paille entassée dans la partie supérieure de la grange de tomber. J'ai dit à Luci que nous allions cracher sur le rebord. Si nos deux gouttes de salive se rejoignaient, cela voulait dire que nos parents viendraient bientôt nous chercher. Si les deux gouttes ne se mêlaient pas, c'est que nous allions devoir encore attendre. Produire autant de gouttes de salive était difficile et nous avons bientôt eu la bouche sèche. Nous n'obtenions pas le résultat voulu.

Un matin, en nous réveillant, Luci et moi avons senti les rayons du soleil sur notre visage. La grange, habituellement sombre et triste, semblait illuminée pour la première fois. Deux des filles

Beck, Zofia et Danuta, s'amusaient dans la grange et sans le vouloir nous avons remué et elles nous ont aperçu. Plus âgées que nous, elles ont bien vite deviné que nous étions juives et que nous nous cachions. Elles nous ont appelées en nous disant de venir jouer avec elles. Notre joie était indescriptible. Nous avons aussitôt saisi cette occasion de bouger et de jouer. Nous avions presque oublié l'impression que cela faisait d'être normal. Lorsqu'elles ont finalement quitté la grange, nous nous sommes empressées de retourner dans notre cachette et de reprendre notre existence immobile et silencieuse. Le lendemain, cependant, nous n'avons pas vu les enfants. Au bout de quelques jours, une des filles est entrée en courant dans la grange pour nous crier de descendre. « Venez vite! Dépêchez-vous! Je viens de voir les Allemands approcher sur la route. Ils braquent leurs armes sur vos parents. Descendez vite, venez voir. »

« Non », avons-nous crié, paniquées, en nous précipitant dans la cour. Stupéfaites et soulagées, nous avons constaté qu'il n'y avait personne. Elle s'était trompée. Soudain, M. Beck a surgi. Il nous a attrapées, fou de rage, et nous a jetées dans le vieux massif de rosiers ornant la cour d'entrée. Les épines acérées ont égratigné nos jambes et nos bras maigres, nous causant des douleurs cuisantes. Nous traînant par le bras, il nous a ramenées dans la grange. « Qu'est-ce qui vous prend? a-t-il hurlé. Vous devez faire attention et ne pas bouger. Vous ne savez donc pas comme c'est dangereux? » Seules et terrifiées, Luci et moi nous sommes assises et sommes restées totalement immobiles, les bras et les jambes ensanglantés. Réclamant nos parents en pleurant.

Après cet épisode, Jozef est allé voir mon père dans les champs et lui a dit qu'il ne pouvait plus nous garder à la ferme, que c'était devenu trop dangereux pour sa famille. Mon père devait venir nous rechercher. Nous étions à l'automne 1942 et les travaux des champs seraient bientôt terminés. Mon père savait que si nous retournions au ghetto, la mort nous attendait. Il était convaincu que le ghetto serait annihilé d'ici peu de mois et que pas un Juif ne survivrait. Il a affirmé à Jozef qu'il allait venir nous chercher et a commencé à réfléchir à un plan d'évasion.

～

Lorsque mon père a parlé de son projet à Velvel, celui-ci a refusé de se joindre à lui. «Je serai plus utile ici, avec l'Oncle Mendel et sa famille. Ils sont tellement perdus et démunis, j'ai l'impression que sans moi il n'y aurait plus rien pour maintenir les morceaux ensemble. De plus, a-t-il dit à mon père, nous sommes trop nombreux pour nous échapper tous à la fois. Les nazis s'en apercevraient. Fais ce que tu as prévu de faire, a-t-il suggéré, j'essaierai de m'échapper plus tard.»

En fin de journée, au lieu de retourner à leur baraque, mon père, ma mère et les autres membres de ma famille sont demeurés dans le champ de tabac. Ils sont restés allongés sans bouger jusqu'à la tombée de la nuit, afin de pouvoir plus facilement courir sans être vus, et ils ont attendu. Cette nuit-là, mon père et Moses sont venus jusqu'à la ferme où Luci et moi étions cachées. Rozalia les attendait. Elle a expliqué à mon père qu'elle avait dans un village voisin une parente sans enfants qui accepterait de me prendre. Je serais ainsi sûre de survivre. Mes parents ont alors dû prendre une grave décision. Devaient-ils me confier à une famille de gentils, ou risquer ma vie en m'emmenant avec eux?

«Elle est blonde, a dit Rozalia à mon père. Elle n'a pas les traits d'une Juive. Nous l'appellerons Rose. Ce serait vraiment trop triste qu'elle meure.» Mon père lui a répondu qu'il devait en parler à sa femme avant de décider quoi que ce soit. Mais ma mère n'a pas eu à réfléchir bien longtemps. «Pour aucun de nous la vie ne vaut la peine d'être vécue si nous ne sommes pas ensemble.» Je resterais avec mes parents. Mon père m'a serrée dans ses bras. Était-ce vraiment lui? Ou

bien était-ce un rêve ? « Ne t'en fais pas, ma petite fille, a-t-il murmuré. Tu es en sécurité à présent. Avec moi et avec ta mère. Ensemble, nous trouverons une meilleure cachette où nous pouvons être
réunis. » Quel soulagement. J'ai posé ma tête sur l'épaule de mon
père en l'entourant de mes bras. J'étais redevenue une enfant. Je me
suis cramponnée à lui comme si ma vie en dépendait.

$\approx$

C'est à cette époque, à la fin de l'automne 1942, que ma famille et
celle de Luci se sont séparées. Mes parents et moi, Shiko, Baruch
Ertenstreich et le D$^r$ Nieder sommes allés vivre sur la ferme de
Vasil et Maria Olehrecky. C'était le couple qui travaillait avant-
guerre sur la ferme de mon grand-père. Ils nous connaissaient bien
et ne demandaient qu'à nous aider. Vasil nous a installés dans les
combles de sa grange et nous a apporté de la nourriture et des
cigarettes. Le toit de chaume était vieux et en mauvais état.
Chaque fois que le vent soufflait, même faiblement, des bribes de
toit s'envolaient, remplacées par des morceaux de ciel.

Il était certes agréable d'avoir du soleil et de voir parfois une
étoile à travers le toit la nuit, mais nous craignions que celui-ci, en
se disloquant, nous révèle aux regards. Vasil a plusieurs fois essayé
de le réparer, mais en vain. L'hiver approchait, nous avions froid et
peur. Sans un véritable toit, nous craignions d'être repérés par les
paysans du village ou de mourir de froid.

De plus, la grange était infestée de souris. Nos vêtements
étaient déchirés et crasseux, notre corps couvert de vermine. Je me
grattais la tête si frénétiquement que le cuir chevelu saignait.
Même si les Allemands ne nous découvraient pas, nous savions tous
que nous ne survivrions pas à l'hiver dans cette grange. Mon père
caressait le pistolet et les dix balles qu'il avait gardés avec lui depuis
qu'il s'était échappé du camp de prisonniers allemand et disait : « Si
nous tombons entre les mains des Allemands, je tuerai chacun

d'entre vous puis me tuerai moi-même. » Nous vivions dans une peur permanente. Combien de manières y a-t-il pour le dire? Au bout d'un moment, ces mots perdent tout sens et il est presque impossible de trouver des façons nouvelles de décrire ce que l'on ressent quand on se cache dans une grange dont le toit tombe en ruines, en plein hiver, et qu'une mort certaine vous menace.

Le D<sup>r</sup> Nieder, qui se cachait avec nous, avait une petite amie polonaise, Jadwiga. La nuit, il s'aventurait au dehors pour la retrouver dans les champs. Jamais il ne lui a dit où était notre cachette, mais grâce à elle il obtenait des journaux et des nouvelles de la guerre. Nous avons appris que les Allemands réquisitionnaient désormais de jeunes Polonais pour travailler en Allemagne, des jeunes gens comme Vasil. Celui-ci savait qu'il pouvait se cacher pour échapper à la réquisition, comme d'autres l'avaient fait, mais que s'il le faisait les Allemands viendraient à sa recherche et qu'ils nous trouveraient. Il a donc décidé de se signaler volontairement aux autorités allemandes.

La nuit précédant son départ, Vasil est venu nous dire au revoir. « J'ai dit à ma femme de prendre soin de vous et que j'écrirai d'Allemagne pour savoir si tout va bien, a dit Vasil à mon père. Je parlerai de toi comme de mon frère Peter et je t'enverrai des cigarettes. Essaie juste de ne pas perdre espoir. Un jour, la guerre sera terminée et tout ira bien à nouveau.» Mon père ne savait que dire à cet homme qui se mettait lui-même en difficulté pour nous aider, comment le remercier. «Je suis désolé de devoir te faire subir tout cela. Tu es jeune et tu n'as pas encore d'enfants. Tu pourrais te cacher. Peut-être devrions-nous trouver un autre endroit. – Non! Vous restez ici, a répondu Vasil d'un ton sans réplique. Vous ne méritez pas une telle existence. Vous êtes des gens bien et vous avez toujours été bons avec ma femme et moi. Si je peux vous sauver et faire en sorte que vous surviviez tous à la guerre, ce sera ma récompense.» Mon père et Vasil se sont étreints mutuellement en pleurant.

Cette nuit nous a semblé très longue. Vasil est resté avec nous dans la grange jusqu'au matin. Mon père a essayé de le convaincre de ne pas partir, lui disant que nous pouvions trouver un autre refuge, mais Vasil n'a pas voulu en entendre parler. Il savait que nous n'avions pas d'autre endroit où aller. Vasil est parti, mais il a tenu parole. D'Allemagne il a écrit à sa femme et à son frère «Peter». Maria apportait à mon père les lettres et les cigarettes que lui envoyait Vasil. Pour sauver notre vie, celui-ci n'avait pas hésité à mettre son mariage, la vie de sa femme et sa propre vie en danger.

## CHAPITRE 12

C'était l'hiver, au début de l'année 1943. **Nous gelions et avions une forte fièvre.** Maria Olehrecky, ne supportant pas d'être privée de compagnie masculine depuis le départ de Vasil, a commencé à avoir de fréquents visiteurs la nuit. Nous voyions les hommes aller et venir et étions terrorisés. Nous ne nous sentions plus en sécurité dans notre grange pratiquement dépourvue de toit, où nous avions même peur de chuchoter.

Mon père a décidé que nous profiterions de la tempête de neige suivante pour nous enfuir. Comme il fallait trouver un nouveau refuge, il s'est aventuré chez Jozef Beck pour lui demander des nouvelles de mon oncle Velvel, resté au ghetto. Jozef lui a appris que Velvel était gravement atteint de la typhoïde. Il a promis à mon père de prendre de ses nouvelles chaque fois qu'il le pourrait.

Finalement, la nuit est arrivée. Nous sommes sortis dans la tempête, laissant derrière nous la petite grange en ruines devenue notre maison. Mon père savait que Moses, Mina, Boubè Yetta et Luci se cachaient dans une grange appartenant à d'autres fermiers, Vasil et Paraska Hapiuk. Comme nous n'avions pas d'autre endroit où aller, nous avons décidé de tenter notre chance là-bas. C'était un projet risqué, car si nous rejoignions les autres à la ferme des Hapiuk nous serions dix au total à nous y cacher. Il neigeait très fort et mon père m'a portée dans ses bras tout le long du chemin. Tandis que nous marchions dans la nuit froide et neigeuse, mon père ne cessait de répéter pour lui-même : « J'ai encore dix balles. »

C'est à peine si nous pouvions respirer tandis que nous nous dirigions en trébuchant vers la ferme. Surveillant la maison pour être sûrs que tout le monde dormait, nous nous sommes lentement glissés dans la grange. En yiddish, mon père a chuchoté : « C'est moi, Israel. » La grange était très sombre et remplie de paille et de foin. Lentement, une masse informe a commencé à bouger. Derrière une balle de paille, les yeux de notre famille brillaient dans l'obscurité.

∾

Vasil et Paraska Hapiuk vivaient avec leur fils et leur bru, qui savaient que quatre personnes avaient trouvé refuge dans la grange. Un jour, lorsque Vasil a apporté à manger, il a expliqué à l'Oncle Moses que la situation devenait difficile chez lui. Sa femme Paraska et sa bru se disputaient sans cesse. Cette dernière avait menacé de dénoncer aux autorités les Juifs vivant dans la grange. L'Oncle Moses a convaincu Vasil d'affirmer à sa famille que les Juifs étaient partis et de faire de leur présence un secret entre eux. Il a dit à Vasil que Dieu le bénirait d'avoir été si bon. Vasil n'avait pas le cœur de condamner à mort cette famille juive en la jetant dehors et il a donc accepté. Il a promis d'apporter à manger pour Luci chaque fois qu'il le pourrait. « Chaque dimanche, à l'église, je prie pour vous », a-t-il ajouté.

Tante Mina était inquiète. « Vasil est seulement au courant de notre présence à nous quatre et nous voilà dix. » Mon père a proposé une solution : « Nous devons creuser un abri souterrain sous la paille, où nous pourrons tenir à dix. » Aussitôt, les hommes ont pris quelques outils dans la grange et se sont mis au travail. Ils ont continué toute la nuit et ont creusé un trou ressemblant à une immense tombe, de trois mètres de côté.

Sombre et sans air. Nous nous sommes organisés de telle façon que l'Oncle Moses était allongé près de l'ouverture; ainsi Vasil ne verrait-il que lui lorsqu'il apporterait de la nourriture. Cinq personnes étaient allongées d'un côté, cinq autres de l'autre côté.

Nous nous touchions par les orteils. Tante Mina et Luci étaient allongées à côté de Moses. J'étais avec mes parents. Il y avait aussi Boubè Yetta, Shiko et Baruch. Et le D<sup>r</sup> Nieder.

Nos positions ne changeaient jamais. Il n'y avait de place ni pour se mettre debout, ni pour bouger. Si une personne devait se retourner, tout le monde devait faire de même. Plus nous étions loin à l'intérieur de l'abri, moins il y avait d'air. Des règles strictes nous étaient imposées, à Luci et à moi : nous étions séparées et nous ne devions pas utiliser notre voix pour parler. Nous ne pouvions communiquer qu'en bougeant les lèvres.

Tourne. Chuchote. Tourne.

Parfois, les adultes avaient pitié de nous et nous donnaient quelque chose d'important à faire. Si quelqu'un ronflait dans son sommeil, nous devions le réveiller en le touchant; il s'agissait généralement de Boubè Yetta. Les bruits étranges qu'elle produisait nous faisaient rire, mais aussitôt on nous disait : «Arrêtez de rire et ne faites pas de bruit. Les Allemands vont venir.» Le mot «Allemands» suffisait à nous faire taire. Nous ne savions que trop ce que cela voulait dire. Lorsque ce n'était pas Boubè qui nous faisait rire, c'était autre chose et l'un des adultes se couchait alors sur nous. Nous étouffait. Pour nous couper le souffle.

Tourne. Chuchote. Tourne.

Vasil, bien sûr, ne se doutait absolument pas que dix personnes se cachaient dans sa grange. Chaque fois qu'il le pouvait, il apportait un peu de pain ou de bouillie de maïs appelée *kolésha*, que Luci aimait bien.

Nous étions tous prisonniers de l'abri. Fiévreux et affaiblis. Près de l'ouverture, nous avions un seau en métal servant de seau hygiénique. Nous souffrions d'une terrible diarrhée et de dysenterie. Il suffisait d'une goutte d'excréments pour que les bactéries se multiplient et se développent jusqu'à faire déborder le seau. L'odeur était intolérable.

Au cœur de la nuit, lorsqu'il neigeait, les hommes se relayaient pour aller vider le seau et chercher de la nourriture. L'hiver, elle provenait surtout des soues à cochons ou des étables. Il était très dangereux de sortir et en règle générale deux hommes seulement se risquaient en même temps. L'un volait la nourriture, l'autre faisait le guet. Les chiens du village représentaient le plus grand danger. Même si le village était silencieux et endormi tard dans la nuit, les chiens pouvaient aisément prévenir les habitants de la présence de rôdeurs par leurs aboiements. Chaque fois que les hommes sortaient, nous n'osions plus respirer jusqu'à leur retour. Mon père n'attendait même jamais que les cochons et les vaches aient fini de manger pour s'emparer de leur nourriture.

Seul le D<sup>r</sup> Nieder continuait à s'aventurer régulièrement au dehors pour voir sa petite amie Jadwiga et obtenir le journal. Ils avaient choisi un lieu de rencontre éloigné des maisons des fermiers et de notre refuge. Grâce au reflet de la lune sur la neige blanche, il parvenait à lire et à s'informer de la gravité de la situation et du peu d'espoir que nous avions toujours de recouvrer la liberté.

L'Oncle Shiko et notre ami Baruch ont un jour trouvé toute une barrique de choucroute dans l'étable d'un fermier. Après la guerre, le D<sup>r</sup> Nieder a toujours dit que c'était cette choucroute qui nous avait sauvé la vie. Mon père et Baruch ont trouvé un sac de pommes dans une resserre. Pour l'eau, nous faisions fondre la neige dans nos mains avant de la boire.

Tourne. Chuchote. Tourne.

≈

Au début, lorsque mon père allait chercher de la nourriture, il passait voir Jozef Beck pour prendre des nouvelles de l'Oncle Velvel. Mais bientôt il a appris que celui-ci était mort de la typhoïde au ghetto. Mon père a reçu la nouvelle en silence et s'est mis à prier. Il se sentait profondément coupable de n'avoir pu sauver son frère, dont il n'avait jamais été séparé jusque-là et qu'il ne reverrait jamais plus.

Il est revenu jusqu'à notre cachette sous une forte averse de neige, anéanti par la nouvelle, sans même sentir le vent glacial qui lui cinglait les joues. En arrivant à l'abri, ses mains, ses pieds et son visage étaient rouges et couverts d'engelures. Il a rampé jusqu'à sa place auprès de ma mère et lui a chuchoté : « Velvel n'est plus. Il nous a quittés. » Il avait beau chuchoter, je l'ai entendu. Mes sanglots ont résonné dans le silence. Au sein de mon petit univers, mon oncle était mon grand favori.

Jours, nuits, semaines et mois se sont succédé sans fin. Pas la moindre lueur d'espoir de voir jamais finir cet enfer. Jour après jour dans un abri minuscule, avec autant de corps serrés les uns contre les autres. Aucune lumière. Aucun son.

La plupart du temps, je ne parvenais quasiment pas à distinguer la réalité de l'imaginaire. À distinguer une journée de la suivante. Ou le jour de la nuit. Mais il y avait des instants. Une nuit. Tout le monde était endormi. Je l'ai senti me pénétrer. Quelque chose de douloureux dont je n'avais pas l'habitude. Quelque chose de plus grand que moi qui me pénétrait de force. L'orteil de quelqu'un dans mon vagin. J'ai commencé à remuer lentement, un tout petit peu vers le haut, puis vers le côté, mais l'espace était trop étroit pour que je puisse me cacher. Ma mère s'est réveillée en me sentant bouger et s'est mise en colère parce que je ne me tenais pas tranquille. Elle a chuchoté : «Cesse de gigoter. Ne sois pas aussi égoïste. Il n'y a pas la place pour que tu remues comme cela.» Je n'ai pas pu lui dire ce qui m'arrivait.

Le son du violon de Velvel résonnait dans ma tête. Sa voix. Cela m'aidait à ne plus penser à cet orteil et à l'abri. Je me suis promis de ne jamais oublier mon oncle aussi longtemps que je vivrais. J'avais alors 7 ans et j'ignorais combien de temps cela durerait.

C'est devenu une routine. Le bon ami de notre famille, le D^r Nieder, a continué à abuser de moi chaque nuit après cela, me forçant souvent à caresser son sexe avec mes orteils moi aussi.

Avec le temps, j'ai cessé de lutter. Il me dressait et peu à peu j'ai commencé à ressentir un plaisir pervers au contact de ses orteils et une sorte de contentement à lui procurer le même plaisir. Ce rituel a persisté pendant tout le temps où nous sommes restés dans l'abri.

Toute ma vie j'ai gardé le secret. Je n'ai jamais rien dit à mes parents ni à qui que ce soit d'autre. Le peu d'innocence qui me restait à l'époque, il m'en a privée. Toute ma vie adulte en a été affectée. Aujourd'hui encore il m'arrive de pleurer en regrettant l'enfant sans défense qu'il a tuée.

Au printemps 1943, les adultes n'en pouvaient plus de lutter pour cette existence misérable. Mais il se passerait longtemps encore avant que nous puissions échapper à l'horreur de notre abri. Le D$^r$ Nieder nous avait appris qu'en février 1943 le ghetto de Kolomyja avait été anéanti. Nous savions qu'il n'y avait plus de Juifs dans les environs. Aujourd'hui comme à l'époque, j'ai toujours autant de mal à comprendre un monde capable d'assister à de telles atrocités et de les laisser se produire.

≈

Lorsque le printemps est arrivé, de nouveaux problèmes ont surgi. Manger. Les hommes ne pouvaient quitter l'abri que lorsqu'il pleuvait car alors leurs traces de pas étaient recouvertes par la boue et fermiers et chiens restaient enfermés. Parfois, les hommes partaient la nuit et ne revenaient qu'à l'aube. Les femmes se rongeaient les sangs toute la nuit. Dieu veillait-il? Nous n'avons jamais perdu personne.

À l'été, la recherche de nourriture a changé. Les hommes allaient dans les champs la nuit pour arracher des pommes de terre, des carottes, des raves et rapporter tout ce qui leur tombait sous la main. Je me rappelle que nous souffrions souvent de diarrhée et de fièvre. L'ennui et la peur étaient devenus insupportables dans notre abri et nous faisions de notre mieux pour cesser de penser au présent et rêver d'une vie meilleure. Tante Mina imaginait qu'elle était un oiseau, libre de s'envoler. Ma mère rêvait de nourriture. « Lorsque je serai libre, disait-elle, j'aurai autant de pain que je veux. – Quand je serai libre, répondait ma tante, tout ce que je veux, ce sont des pommes de terre à l'eau avec leur peau. Autant que je veux. »

Ma mère récitait des poèmes en allemand pour me distraire. Je n'aimais pas les sonorités de cette langue et protestais. Je la trouvais stricte, dure et elle me rappelait constamment les nazis. Mais pour ma mère c'était une langue associée à une période heureuse de sa vie. Une langue qu'elle avait apprise et cultivée depuis le début de sa scolarité et sur laquelle elle pouvait désormais compter pour la réconforter.

Dans l'abri, on ne communiquait que par chuchotements. Il y avait si longtemps que je n'avais pas utilisé ma voix pour parler que j'en avais oublié la sonorité. Je me contentais de créer les mots avec les lèvres. Nous étions squelettiques et très faibles. Nous n'avions plus revu la lumière du jour depuis que nous étions terrés dans l'abri. Mais nous faisions passer les heures tant bien que mal, sans savoir combien de temps nous parviendrions encore à tenir. Combien de temps il faudrait encore. Entre-temps, la guerre faisait rage et rien n'indiquait une fin prochaine.

Je me suis inventé un univers de songes pour échapper à la réalité de mon existence dans l'abri. Je pensais souvent à l'Oncle Velvel et à son magnifique violon. Dans ma tête, tous deux étaient inséparables. C'était un très bel exemplaire fabriqué à la façon d'un Stradivarius par un luthier allemand du nom de Steiner. Velvel était très fier de son instrument et de le posséder. Il avait travaillé longtemps pour avoir assez d'argent et l'acheter à son professeur de musique. En esprit, je repassais les histoires que Boubè Frida me racontait sur Velvel prenant sa voiture à cheval ou son vélo pour aller à ses leçons de violon. Entre ses mains, le violon chantait.

Je rêvais de pain beurré.

J'imaginais Zeydè Eli m'appelant le samedi par mon nom hébreu, Khaï Rachel, pour me demander de lui apporter un verre d'eau. J'étais de retour chez nous, sur ses genoux, apprenant l'alphabet hébreu. Lui tressant la barbe. Le regardant étudier. Regardant les gouttes d'eau tomber de ses favoris blancs.

Je repensais sans cesse au visage souriant de Boubè Frida. Je me revoyais répétant les prières du matin et du soir avec elle. Je revoyais sa manière de me regarder lorsque j'avais appris à les réciter seule. Son admiration pour moi. Son amour pour moi.

Je me rappelais les pivoines, les papillons, le poney. Mon chien Bobby.

Je rêvais que la guerre était finie.

## CHAPITRE 13

Bientôt, notre deuxième hiver dans l'abri a commencé. Les hommes avaient de plus en plus de mal à sortir chercher de la nourriture. Mais il n'y avait pas le choix : il nous fallait encore survivre à l'hiver. Les hommes n'avaient ni vêtements en bon état ni chaussures, si bien qu'ils s'enveloppaient les pieds de chiffons, mais cela ne les protégeait guère des engelures. L'hiver 1943-1944 a été la période la plus terrible pour nous. Nous étions à bout de forces et d'endurance.

Le D$^r$ Nieder avait lu dans le journal que l'armée soviétique se rapprochait et repoussait les nazis. On pouvait espérer que la guerre se termine vite. Cela nous donnait un soupçon d'espoir. Nous savions que les quelques mois suivants allaient être décisifs. Non seulement il nous faudrait trouver suffisamment de force, mais nous devrions redoubler de prudence. Il nous fallait survivre. Nous n'arrivions pas à croire que nous avions tous les dix survécu jusque-là. Nous étions excités et mal à l'aise tout à la fois. Même si la guerre se terminait, à quoi ressemblerait le dehors? Isolés du monde depuis très longtemps, nous ne savions pas à quoi nous attendre ni à qui nous fier.

En février 1944, nous avons commencé à entendre de violents bombardements et le bruit d'avions passant dans le ciel. Il était terriblement évident que le front se déplaçait d'est en ouest. J'avais peur qu'une bombe ne tombe sur notre abri. Il n'était plus possible de dormir. Vasil Hapiuk ressentait lui aussi la pression des événements. Un matin, il est venu à la grange apporter de la bouillie de maïs pour Luci et a annoncé à Moses que la guerre se terminait. Les Soviétiques repoussaient les Allemands. Il avait extrêmement peur et voulait que Moses et sa famille s'en aillent.

« Partez, a-t-il dit à l'Oncle Moses, et que Dieu soit avec vous quatre.» Mais nous étions dix. L'Oncle Moses lui a promis de partir dès qu'il y aurait une nouvelle tempête. Mon père, sachant que nous n'avions nulle part où aller, a commencé à élaborer un plan.

À quatre pattes. Mains et jambes sur la terre glacée. Nous avons rampé.

Les femmes, Luci et moi étions incapables de marcher. Nous étions restées si longtemps immobiles dans l'abri que nous ne pouvions plus tenir debout. Mon père, bien qu'à bout de forces, m'a portée dans ses bras. Nous avons donc rampé à travers la neige jusqu'à la forêt la plus proche. Les engelures nous faisaient horriblement mal et nous tremblions de tous nos membres tellement le froid était intense. Il nous a fallu toute la nuit pour atteindre la forêt. Les hommes ont creusé un trou et l'ont recouvert de branchages. Ce serait notre nouvelle maison. Nous nous sommes emmitouflés dans des couvertures et nous sommes serrés les uns contre les autres dans le trou sous les branches. Nous entendions à présent clairement les avions passer au-dessus de nos têtes et le bruit des bombes. Nous tremblions, mais mon père assurait que c'était un très bon signe.

Se cacher dans la forêt était très difficile, mais du moins pouvions-nous respirer un air non vicié. Les hommes continuaient à visiter les villages pour y trouver de la nourriture, la disputant à nouveau aux vaches et aux cochons. Ils nous rapportaient tout ce qu'ils parvenaient à trouver. Nous n'utilisions toujours pas notre voix pour communiquer.

Deux semaines après la libération de Kolomyja[8], mon père est revenu une nuit du village en nous disant : « Ça y est. J'ai vu des

8    Kolomyja a été libérée par les troupes soviétiques le 29 mars 1944.

tanks russes passer sur la grand-route en direction de Kolomyja. Nous devons sortir, rejoindre la route et demander de l'aide aux soldats russes. » Nous étions en avril 1944, mais nous ignorions jusque-là que Kolomyja avait été libérée. Cette nuit-là, nous avons rampé à quatre pattes vers la liberté.

## CHAPITRE 14

**L'aube pointait déjà lorsque nous avons atteint la route principale.** Les tanks passaient lourdement l'un après l'autre, mais nous restions allongés dans le fossé au bord de la route en espérant que quelqu'un finirait par nous voir. Mon père m'apprenait le mot russe pour « Juive ». Il me faisait répéter « *Ya Yévreïka* » – « je suis juive ». Mais c'était inutile, car je ne parvenais pas à parler. Aucun son ne sortait de ma bouche et je ne parvenais qu'à bouger les lèvres pour former les mots.

Lorsque nous avons vu le jour se lever à l'horizon, les Soviétiques ne nous avaient toujours pas remarqués. Nous avions peur de rester où nous étions pendant la journée. Me poussant hors du fossé, mon père m'a fait monter sur l'accotement. L'Oncle Moses a fait de même avec Luci. Nous sommes restées là à répéter en russe « *Ya Yévreïka* ». Au bout d'un laps de temps qui nous a semblé très long, un soldat nous a aperçues et a ordonné au tank de s'arrêter. Deux soldats en sont descendus et nous ont prises dans leurs bras.

J'avais peur de leur dire que j'étais juive. Lorsque nous nous étions échappés du ghetto, nous avions arraché nos brassards portant l'étoile de David qui nous identifiait comme Juifs. Et voilà qu'à présent je devais dire à ces soldats que j'étais juive? En nous prenant dans leurs bras, les soldats soviétiques ont aperçu tout le groupe dans le fossé. Point n'a été besoin de leur dire qui nous étions. Ils ont compris. Ils nous ont emmenés à Kolomyja, dans un bâtiment qui abritait déjà un groupe de survivants juifs sortis de leurs cachettes un peu avant nous. Mais de l'importante population juive que comptaient la ville et les environs avant la guerre, il ne subsistait plus qu'une poignée de gens, dont nous.

« Mange très lentement, m'a dit le soldat, sinon tu seras très malade.» C'était notre premier repas en liberté. Les soldats nous ont donné de la soupe chaude, du pain, des conserves de viande et de fruits. Un véritable festin. Un repas digne de rois et de reines. L'armée soviétique prenait à présent soin de nous. Nous avons été hébergés dans un bâtiment avec d'autres survivants de la région et avons reçu des soins médicaux, notamment pour nos mains et nos jambes couvertes d'engelures, enflées et en sang. Nous étions couverts de poux et les soldats nous ont donné des vêtements propres et ont versé de l'essence sur nos cheveux pour tuer les parasites. Luci et moi avons eu le droit à des carrés de chocolat. Le goût du chocolat a réveillé des flots de souvenirs en moi. Boubè Frida. Velvel me rapportant des chocolats de ses voyages à Varsovie. Je me suis tournée vers mon père en chuchotant : «S'il te plaît, Papa, demande au soldat s'il peut trouver l'Oncle Velvel. Il est probablement toujours caché.» Mon père m'a serrée contre lui en me promettant que tout irait bien, tandis que je pleurais entre ses bras.

Mais la guerre n'était pas finie et la paix n'était pas vraiment revenue. L'armée soviétique avait beau avoir libéré notre secteur, les Allemands essayaient toujours de les repousser. La ville était en butte à des attaques. J'étais pétrifiée par le bruit des bombes et par les avions militaires volant bas. Lorsqu'ils passaient au-dessus de nos têtes, mon père criait : «Couchez-vous au sol. Vite! Ne bougez pas!» Nous nous allongions par terre, la tête sous notre couchette. Nous restions ainsi des heures entières, pris de panique à l'idée que les Allemands pouvaient être vainqueurs et revenir pour nous achever. Finalement, un officier soviétique nous a informés que les Allemands repoussaient l'armée soviétique une fois de plus et que nous allions devoir quitter Kolomyja. Nous étions toujours très faibles et incapables de marcher. L'officier nous a transportés en camion jusqu'à la gare de chemin de fer. Il nous a donné des conserves, de l'eau et du chocolat. « Ce train vous amènera à Czernowitz, à présent en territoire soviétique », nous a-t-il expliqué. Czernowitz faisait partie de la Roumanie avant la guerre. « Vous y serez en sécurité[9]. »

Un certain nombre de survivants juifs essayaient de quitter Kolomyja au même moment que nous et nous avons tous essayé de monter dans le train en même temps. Les gens ont perdu tout contrôle, hurlant et se bousculant de façon à être les premiers à bord du train. La situation était totalement chaotique. Les membres d'une même famille étaient séparés les uns des autres et les gens criaient des prénoms dans la foule. Cette scène horrible m'a bouleversée et fait peur. Je me rappelais les gens partis du ghetto par le train et qui n'étaient jamais revenus.

De nouveau nous étions en fuite. Au cours de notre voyage vers Czernowitz, nous somme arrivés à Zuczka, ville dont le pont avait été détruit. Le train ne pouvant aller plus loin, nous avons dû descendre et faire à pied le reste du chemin jusqu'à Czernowitz. De nouveau le cauchemar de devoir marcher dans un tel état de faiblesse, tout le corps douloureux. Nous avons eu le plus grand mal à atteindre la ville.

À Czernowitz, la Croix-Rouge nous a immédiatement transférés à l'hôpital. Nous avons été installés dans différentes chambres. Pour la première fois depuis le début de la guerre, j'ai reçu un bain et dormi dans un lit propre. J'avais peur car j'étais séparée de mes parents, mais les infirmières étaient douces et gentilles avec moi. Elles ont admiré mes belles et longues tresses, pourtant toujours remplies de poux. « Ces tresses, leur avait dit mon père, ont survécu aux heures les plus difficiles de la guerre. On ne peut pas

9   En mars 1944, Czernowitz a été occupé par l'armée soviétique et est passé sous contrôle total de l'Union soviétique. De nombreux Juifs de Galicie, d'Ukraine et de Bessarabie se sont rapidement rendus dans cette ville parce que la situation y était plus sûre que dans les régions environnantes où les combats entre Allemands et Soviétiques continuaient.

les couper maintenant. » Et les infirmières ont promis de prendre soin de mes tresses.

Ma famille est restée plusieurs semaines à l'hôpital pour reprendre des forces, jusqu'à ce que tout le monde soit suffisamment remis pour en sortir à la fin du printemps 1944. Tout le monde sauf moi. J'avais un grave problème. Chaque fois que j'essayais de parler, je bougeais les lèvres pour communiquer, mais aucun son ne sortait. J'ai dû rester à l'hôpital pour être suivie par les phoniatres, mais je n'avais guère d'espoir de guérir. Les larmes me coulaient sur les joues lorsque mes parents m'ont serrée contre eux en me promettant que je ne tarderais pas à aller bien et à rentrer à la maison. L'équipe médicale a tout essayé pour me rendre ma voix, mais rien ne semblait avoir d'effet. Les médecins m'ont expliqué que la guerre était terminée et qu'il n'y avait plus d'Allemands dans les environs. J'ai hoché la tête pour leur montrer que je comprenais ce qu'ils disaient, mais je suis restée silencieuse. J'essayais vraiment de parler. J'aurais tant voulu pouvoir répondre à leurs questions et j'étais frustrée et honteuse de mon incapacité à parler. J'avais réellement peur d'être privée de la parole jusqu'à la fin de ma vie.

Jour après jour, les médecins ont continué leur travail mais il n'y avait aucun progrès. Finalement, ils ont décidé d'utiliser une approche psychologique inverse et de me faire retrouver la parole grâce à un choc. Deux médecins sont entrés dans ma chambre et se sont arrêtés près d'une fenêtre. L'un d'entre eux a regardé au dehors et a crié : « Les Allemands sont de retour. Ils sont là ! » En entendant ces mots, j'ai sauté hors de mon lit en poussant un long hurlement terrorisé. J'ai essayé de sortir de la chambre en courant et en criant « NON ! NON ! NON ! » L'un des médecins s'est alors précipité vers moi et, me tenant étroitement contre lui, m'a murmuré tout bas : « N'aie pas peur. Tout va bien. Les Allemands sont très loin d'ici. Tu es en sécurité. »

Au début, je ne savais qui croire. Mais j'ai vu que les médecins n'avaient pas peur et ne cherchaient pas à s'enfuir en courant pour se cacher et sauver leur vie. Peut-être étais-je réellement en sécurité. Lorsque les médecins ont enfin réussi à me calmer, nous avons commencé à parler. C'était ma première conversation depuis plusieurs années. J'avais enfin retrouvé ma voix.

Troisième partie :

LA POLOGNE D'APRÈS-GUERRE

## CHAPITRE 15

AINSI LA VIE A-T-ELLE RECOMMENCÉ.
Les autorités soviétiques avaient attribué à mes parents un petit appartement et, à l'automne 1944, ils travaillaient à la ferme dans un village proche de Czernowitz, Kamionka. Mon père était jardinier et ma mère cuisinière dans ce que l'on appelait un *kolkhoze*, c'est-à-dire une ferme collective.

J'apprenais à être heureuse.

Enfin, après des années passées à vivre cachée, j'étais libre[10]. Libre de vivre, de respirer l'air pur, d'être l'égale des autres enfants. J'étais surtout reconnaissante que mes deux parents aient survécu et puissent prendre soin de moi. J'ai retrouvé l'amour, l'attention, le dévouement que j'avais connus toute petite à Turka. J'ai pu enfin croire que l'amour que m'avaient porté Boubè Frida, Zeydè Eli et l'Oncle Velvel se perpétuait au travers de mes parents. Il m'a rendue plus forte.

---

10  Bien que la guerre ait continué dans d'autres régions de l'Europe jusqu'en mai 1945, les hostilités ont cessé à Czernowitz lorsque les Soviétiques en ont pris le contrôle en mars 1944 et dans les régions avoisinantes au cours de l'été 1944.

J'avais 9 ans. Ma mère a insisté pour que j'utilise le prénom Rose en dehors de la maison. Elle m'a expliqué qu'avec un prénom comme Rose personne ne se douterait que j'étais juive et que mes relations avec les autres enfants en seraient facilitées. Elle avait aussi le sentiment que ce serait plus sûr pour moi, car l'antisémitisme était encore très présent autour de nous[11].

Luci et moi avons été inscrites dans une école russe. Pour la première fois de ma vie j'allais à l'école. Je ne connaissais pas la moindre lettre de l'alphabet russe. J'essayais de me rappeler les lettres hébraïques que mon *zeydè* m'avait apprises autrefois, mais rien ne m'était familier. Je n'avais aucune idée de ce que l'instituteur disait ou expliquait. Je restais assise à penser à d'autres choses. Je savais que j'avais beaucoup de retard à rattraper en raison de toutes ces années perdues, mais j'avais aussi envie de jouer. Cette époque a été difficile pour moi; je devais à la fois me remettre des traumatismes du passé et essayer de comprendre ce que voulait dire une existence normale.

Je me rappelle encore la première paire de chaussures que mon père m'a achetée après avoir gagné suffisamment d'argent. J'ai essayé plusieurs paires dans la boutique et mon père ne cessait de me demander quelle était la plus confortable. Je lui ai répondu qu'il fallait que je danse avec ces chaussures aux pieds pour savoir quelles étaient les meilleures. Mon père m'a regardée avec incrédulité. Moi qui avais toujours été si timide, voilà que je voulais danser. Dans un magasin, en présence d'étrangers. J'ai bien vite enfilé une paire et commencé à virevolter à travers la pièce en chantonnant une danse russe, le *kasatchok*. Mon père, radieux, a reconnu que c'étaient en effet les chaussures qu'il me fallait. Je

---

11  Les rescapés juifs de l'Holocauste retournant dans leurs villes d'origine en Pologne et dans d'autres pays d'Europe de l'est après la guerre ont souvent connu une grande hostilité de la part de leurs voisins et dans des cas extrêmes, ont même été tués par ceux-ci. Voir Jan T. Gross, *Fear: Anti-Semitism in Poland after Auschwitz* (New York: Random House, 2006).

n'arrivais pas à me rappeler quand j'en avais porté pour la dernière fois. J'étais la petite fille la plus heureuse au monde.

Même en ce moment de bonheur innocent, j'ai été envahie par le souvenir des Allemands nous confisquant nos chaussures à notre arrivée au ghetto. «Pourquoi faire une chose pareille?» me suis-je demandé. «Pour nous empêcher de courir suffisamment vite pour nous échapper», ai-je répondu.

Nous avions quitté le magasin et je revenais chaussures aux pieds à la maison avec mon père lorsqu'il s'est mis à pleuvoir. Aussitôt, j'ai ôté mes chaussures pour marcher nu-pieds. Elles étaient si précieuses pour moi que je voulais à tout prix éviter que la pluie les abîme. Je me souciais plus d'elles que de mes pieds malmenés. Cette préoccupation pour mes chaussures a duré environ un an après la guerre. Chaque fois qu'il pleuvait ou neigeait, je marchais nu-pieds, portant précautionneusement mes chaussures dans mes bras.

CHAPITRE 16

À l'automne 1944, alors que nous vivions à Czernowitz, on a commencé à entendre dire que les autorités soviétiques envoyaient de force les femmes et les hommes jeunes travailler en Sibérie. Seules les familles attendant un bébé étaient exemptées. Le 14 juillet 1945, j'étais allée chez une amie et en rentrant à la maison je n'y ai pas trouvé ma mère. J'ai frappé et frappé à la porte mais celle-ci était fermée à clef et personne ne répondait. Notre voisine a fini par m'entendre et a ouvert sa porte. «Entre, Rachel, m'a-t-elle dit, tes parents ont une surprise pour toi. Tu as une petite sœur. Tu vas attendre ici avec moi que ton père vienne te chercher.» Une petite sœur! J'étais bouleversée. Personne ne m'avait dit que ma mère attendait un bébé.

Je suis allée avec mon père à l'extérieur de l'hôpital et une infirmière nous a montré le bébé à travers la fenêtre. J'ai regardé ce visage minuscule et j'ai commencé à éprouver de l'amour pour lui. J'étais très fière et trouvais que j'avais beaucoup de chance d'avoir une magnifique petite sœur. Elle avait des cheveux blonds bouclés et de grands yeux bleus, juste comme Boubè Frida en souvenir de qui elle avait été nommée. J'adorais que l'on me permette de m'occuper d'elle et j'essayais d'aider ma mère autant que possible.

En juillet 1945, la guerre était totalement terminée et mon père a décidé que nous allions retourner à Kolomyja. Cette décision ne me plaisait pas. Kolomyja évoquait pour moi d'horribles souvenirs du ghetto. La perte de l'Oncle Velvel, de Boubè Frida et de Zeydè

Eli. Mais mon père était déterminé à retourner dans cette région qu'il connaissait si bien.

Après notre départ, Czernowitz m'a beaucoup manqué, même si nous n'y avions habité qu'un an. Luci aussi. Une fois encore, j'ai surmonté les difficultés en faisant appel à mes souvenirs. Je me rappelais toutes nos aventures communes; nous avions attrapé la scarlatine à la même époque et on nous avait installées dans le même lit pendant notre maladie. Dès que ma mère quittait la pièce, nous nous suspendions l'une après l'autre à la porte pour nous balancer. Nous passions la journée entière à nous balancer sur cette porte en bois au lieu de nous reposer.

Je me rappelais être restée au lit avec ma mère les jours où Boubè Yetta lavait nos seuls vêtements. Je me rappelais ceux que j'avais portés pendant la guerre, en lambeaux, remplis de poux et bons à jeter. Ma mère les avait détruits. Elle ne voulait rien garder qui puisse lui rappeler le cauchemar que nous avions vécu. Tante Mina, en revanche, avait gardé ceux de Luci en souvenir.

Ce qui me manquait surtout, c'étaient nos séances de cinéma avec Luci. Nous y allions presque tous les jours à Czernowitz. Si nos parents ne voulaient pas nous payer notre place, nous essayions de leur faire peur en leur assurant que nous dénoncerions leur cruauté à la police. Cela semblait toujours marcher. Au cinéma, nous courions nous asseoir au premier rang. Lorsqu'on éteignait les lumières avant le début du film, Luci et moi nous serrions l'une contre l'autre en nous tenant la main pour combattre notre peur du noir, en attendant les premières lueurs tremblotantes à l'écran.

À notre arrivée à Kolomyja, les autorités soviétiques nous ont donné une petite maison au 6 rue Zamkowa et nous avons entrepris de remettre nos vies en ordre. Mon père a cherché un moyen de gagner sa vie et s'est lancé dans une petite affaire de réparation de montres pour les soldats soviétiques. Il n'était pas horloger, mais en tripotant les mécanismes il finissait par réussir à remettre les montres en marche. Peu de temps après, il a placé un écriteau à la fenêtre : « Réparation de montres » et les gens de la ville ont commencé à apporter les leurs. Mon père était content. Il parvenait à faire vivre sa famille et graduellement reconstruisait son existence.

Peu après notre installation dans notre nouvelle maison, de nombreuses familles juives originaires de Kolomyja et ayant survécu à la guerre en URSS en sont revenues pour rechercher les êtres qui leur étaient cher. Au sein de notre propre communauté, nous faisions partie des très rares personnes à avoir survécu à l'occupation allemande. Une des personnes à revenir d'URSS était une jeune femme nommée Regina Dankner. Elle avait vécu à Kolomyja avant la guerre avec ses parents et sa sœur mais avait fui seule en Union soviétique. Aucun membre de sa famille n'avait survécu. L'Oncle Shiko se souvenait d'elle. Elle était très jolie, avec d'épaisses tresses noires et des fossettes sur les deux joues. Shiko et Regina formaient un couple idéal et se sont bien vite mariés.

Avant la guerre, Kolomyja faisait partie de la Pologne. Après la guerre, les frontières avaient changé et Kolomyja appartenait dorénavant à l'Union soviétique. Mon père a découvert que puisque nous avions eu la nationalité polonaise avant la guerre nous avions le choix de retourner en Pologne ou de rester en URSS et de devenir citoyens de ce pays. Mes parents ont décidé de quitter Kolomyja et de déménager plus à l'ouest, en Pologne. Tous ceux qui avaient survécu à l'Holocauste avec nous dans l'abri souterrain, ainsi que ma nouvelle Tante Regina, ont fait le même choix.

∾

Nous étions à l'hiver 1946. Nous ne possédions pratiquement rien et faire nos bagages était donc très facile. Mais mon père n'avait pas oublié ce que Velvel lui avait dit au ghetto : il avait enterré son violon près de notre maison de Turka juste avant que les Allemands ne nous obligent à la quitter. Mon père et l'Oncle Shiko savaient donc qu'avant de partir ils devaient aller là-bas pour essayer de le retrouver.

Par une nuit claire, ils ont emprunté la grand-route menant à Turka. Ils ont eu la chance qu'un camion militaire s'arrête pour les prendre; le conducteur a accepté de les emmener jusqu'à leur destination. En approchant de la maison de leur enfance, mon oncle et mon père ont commencé à trembler et leur cœur s'est mis à battre la chamade. Mon père savait approximativement où Velvel avait enterré son violon et il s'est dirigé droit sur le côté de la maison attenant à la clôture où se dressait toujours le vieux noyer. Ils se sont mis à creuser et ont fini par retrouver le violon sous la clôture. N'osant plus respirer, mon père a soulevé le violon enveloppé d'un kilim et a regardé son frère. Puis ils ont couru vers la grand-route et sont rentrés à Kolomyja. Nous étions très soulagés et très excités à leur retour. Dans la salle de séjour, mon père a posé le violon enveloppé d'un kilim sur une chaise et, refoulant ses larmes, a dit: «Voici tout ce qui nous reste de Velvel.» L'émotion qu'il avait réussi à contenir jusqu'à son retour à la maison l'a alors submergé et il s'est mis à pleurer. La dernière volonté de Velvel était accomplie. Nous avons déroulé le kilim et ouvert l'étui à violon pour la première fois.

L'étui et l'archet étaient presque pourris, mais seul un tout petit coin du violon lui-même avait souffert. Lorsque mon père a retourné le précieux instrument entre ses mains, nous avons clairement vu l'inscription Steiner sur le manche. Dans l'étui, Velvel avait mis avec son violon plusieurs photos de moi bébé et quelques photos d'autres personnes. Il y avait une photo de ma mère et moi à l'âge de six mois; une autre de Boubè Yetta assise avec moi sur l'herbe dans le jardin de Boubè Frida. Une photo de mon père, de l'Oncle Moses et de moi à l'âge d'un an; une autre de Tante Mina, de ses deux cousines et de moi à l'âge de 4 ans. Un cliché représentant l'Oncle Velvel portant sa magnifique chemise brodée de couleurs vives. En regardant les photographies de

Velvel, tout le monde a été stupéfait de voir combien je lui ressemblais en grandissant. J'en étais très fière.

La dernière photo de la pile représentait Minka, une cousine de Velvel, avec à côté d'elle une jeune fille. Aux cheveux blond foncé. Jolie. Une amie? Toutes deux riaient en se tenant les mains.

Entre Kolomyja et la Pologne, le voyage a été difficile et a pris une semaine. Nous avons voyagé dans un train de marchandises, entassés avec d'autres survivants rentrant au pays. J'ai été choquée de voir l'intérieur du train, plus adapté à du bétail qu'à des êtres humains. Il y avait une grande porte coulissante mais aucune fenêtre. Une lampe à pétrole était posée à chaque extrémité du wagon, éclairant un peu l'intérieur lorsque la porte était fermée. L'air était totalement imprégné de fumée de cigarette et c'est seulement lorsque le train s'arrêtait à chaque gare que nous pouvions ouvrir grand la porte pour renouveler l'air et voir la lumière du jour. Les passagers en profitaient alors pour aller aux toilettes et se laver les mains et la figure. Mais les enfants n'étaient pas autorisés à quitter le train de peur qu'ils s'éloignent trop, si bien que j'utilisais un pot de chambre que mon père vidait à chaque arrêt. Le sol était encombré de matelas et de couvertures sur lesquels nous nous asseyions ou nous allongions pour dormir. Chaque famille était responsable d'elle-même. Mon père, qui avait l'esprit très pratique, avait apporté de la nourriture en conserves. Nous avions de la viande, des sardines, différents jus, du pain de seigle brun et deux grands récipients d'eau potable que nous utilisions avec parcimonie.

Les journées se traînaient. La plupart du temps, à bord du train, Luci et moi jouions avec ma petite sœur Frida. Nous inventions des jeux pour l'amuser et la distraire et soufflions sur ses petites joues toutes douces chaque fois qu'elle pleurait. Luci, Frida et moi étions aussi inséparables que Luci et moi l'avions été avant la naissance de

Frida. Elle avait beau être ma sœur, nous formions toutes les trois un trio indissociable. Cousines. Sœurs. Amies.

À d'autres moments, je m'occupais en observant les gens autour de moi. Je me suis ainsi rendu compte que les gens avec qui nous partagions le wagon étaient très inhabituels. Il y avait une petite fille sauvage, un peu plus jeune que moi, qui ne tenait pas en place et criait pour qu'on la laisse tranquille dans un coin. Je n'oublierai jamais son apparence. Elle avait de longs cheveux noirs épais qui lui couvraient le visage et les mains. Ses parents ont expliqué qu'ils l'avaient confiée à une famille de paysans ukrainiens au début de la guerre et qu'eux-mêmes avaient survécu en se cachant dans les forêts et les villages. Après la guerre, ils sont retournés reprendre leur fille pour s'apercevoir qu'elle les avait oubliés et qu'elle refusait de les écouter lorsqu'ils essayaient de lui expliquer qui ils étaient. Rien n'y a fait si bien qu'ils ont finalement dû l'arracher de force à cette famille ukrainienne.

Il y avait aussi une jeune fille de 16 ans très jolie que Luci et moi admirions beaucoup. Sonia avait un très beau visage arrondi, des fossettes sur les joues, de grands yeux bruns et un petit nez droit. Son épaisse chevelure brune et bouclée lui entourait les épaules. Mais j'aimais surtout son sourire qui mettait en valeur ses magnifiques petites dents. Elle nous a raconté qu'elle n'avait plus de famille et avait survécu seule aux nazis. Elle est bientôt devenue le centre de l'attention générale dans notre wagon; un jeune homme qui voyageait avec son oncle, notamment, n'avait d'yeux que pour elle, lui adressait sans cesse des compliments, la serrait dans ses bras et l'embrassait sans retenue. Il a annoncé qu'il était tombé éperdument amoureux et lui avait demandé de l'épouser. Elle a aussitôt consenti. Je me demandais comment elle avait pu accepter la demande en mariage d'un inconnu. Deux jours plus tard, Luci et moi avons assisté tout excitées à leur mariage, célébré par un homme âgé. Sonia aurait désormais quelqu'un pour prendre soin d'elle et n'aurait plus à être seule au monde.

La personne la plus étrange, à bord du train, était un vieil homme assis à côté de moi. Il s'était pris d'affection pour moi et m'invitait toujours à venir m'asseoir sur ses genoux. Il me mettait mal à l'aise et quelque chose me disait de ne pas m'approcher de lui. Il était très maigre et souffrait d'une terrible toux congestive. Chaque fois qu'il était pris d'une quinte de toux, il maculait le sol de crachats à côté de lui et cela me dégoûtait. Je lui en voulais de ne pas me laisser tranquille et j'aurais bien voulu que mes parents se soucient plus de ce qui se passait. Finalement, me sentant obligée d'être polie, je me suis assise à côté de lui à contrecœur pendant qu'il me parlait et parfois me serrait contre lui.

Nous sommes enfin arrivés à Bytom, ville de haute Silésie en Pologne. Mon père s'est inscrit auprès des autorités juives et on nous a donné un appartement dans un haut bâtiment gris et sombre, rue Powstancόw Ghetta. Shiko et Regina ont emménagé dans le même bâtiment, deux étages plus bas. La famille de Luci s'est installée dans un autre immeuble de la même rue.

Quelques jours après notre arrivée à Bytom, je suis tombée gravement malade. J'avais une forte toux, beaucoup de fièvre et ne parvenais pas à reprendre mon souffle. Mes parents m'ont donné de l'aspirine, sans aucun effet. La toux persistait et est devenue très douloureuse. Shiko, qui travaillait chez un médecin, a essayé de me soigner avec des *banki*, ou ventouses. Il plongeait une mèche de coton dans l'alcool et l'insérait dans un petit récipient rond en verre, à col étroit. Puis il allumait la mèche et appliquait aussitôt la ventouse sur mon dos; la flamme, privée d'air, s'éteignait. Un vide était ainsi créé qui était censé aspirer les toxines au travers de la peau. On m'appliquait plusieurs *banki* à la fois sur le dos. Ce traitement était douloureux, me laissant la peau rouge, enflée et brûlante.

Je ne pouvais aller à l'école et restais couchée. Je n'avais aucun appétit. J'ai commencé à souffrir de malnutrition et à perdre du poids. Ma famille se demandait si j'allais survivre. Les *banki* n'aidaient pas et ma famille venait s'asseoir autour de mon lit en pleurant et en priant. Malgré la fièvre et la maladie, je les entendais dire : « Nous n'allons tout de même pas la perdre alors qu'elle a survécu à tout ce qu'elle a enduré! »

Mon père a fini par trouver un médecin juif, le D$^r$ Tuszkiewicz, spécialiste des maladies pulmonaires. On m'a emmenée à sa clinique. Gentil et amical, il m'a auscultée, m'a fait passer des radios et a fait des analyses de sang. Il a promis de m'aider. Mais avec mon père il a parlé très sérieusement. J'avais peur qu'il ne soit en train de lui dire qu'il ne pouvait pas me guérir. Après s'être entretenu tout un moment avec mon père, il m'a expliqué qu'il allait étudier mon cas avec un autre médecin juif, le D$^r$ Brzeski. Tous deux sont parvenus au même diagnostic : la tuberculose. J'avais été contaminée par le vieil homme du train, dont mon père a appris par la suite qu'il était mort deux mois après le voyage.

J'avais besoin d'injections intramusculaires quotidiennes dans les cuisses, que le D$^r$ Brzeski me faisait lui-même. Elles étaient terriblement douloureuses. C'était généralement mon père qui m'emmenait, mais s'il devait quitter la ville pour affaires il demandait à Tante Mina de le remplacer. Elle m'accompagnait à pied jusqu'au cabinet du médecin en me tenant tout le long par la main. Sur notre chemin il y avait une boulangerie et Tante Mina me disait : « Si tu promets d'être raisonnable et de supporter les piqûres comme une grande personne, je t'achèterai le gâteau de ton choix à notre retour. » Bien entendu, je promettais. Chaque jour, après mon épreuve chez le médecin, Tante Mina entrait avec moi à la boulangerie et je demandais un gâteau à la crème appelé napoléon. Il sentait si bon que de le tenir entre mes mains me réconfortait.

Une autre conséquence de ma maladie, presque aussi difficile à supporter que les piqûres, était le fait que je devais être isolée du reste de la famille, notamment de Frida et de ma mère. Cette dernière était très occupée par ma petite sœur et craignait qu'elle soit contaminée à son tour. J'étais malheureuse de ne pouvoir avoir ma mère auprès de moi et de ne pas la voir venir s'allonger à côté de moi pour me raconter des histoires comme elle le faisait dans l'abri souterrain. J'aurais voulu qu'elle me serre encore dans ses bras et j'étais blessée qu'elle ne m'accompagne pas pour mes piqûres. Lorsque je lui demandais de venir avec moi à la place de Tante Mina, elle me répondait : « Je ne peux pas laisser Frida. Tout ira bien. » Mon père, en revanche, s'est montré très affectueux tout au long de ma maladie et ne craignait pas d'être contaminé. Il s'allongeait dans mon lit à côté de moi et me câlinait, me réconfortait en me racontant des histoires. Il insistait pour que ma mère me prépare tous les jours un mélange de jaune d'œuf cru et de sucre appelé *gogl-mogl*. Il pensait que cela me ferait du bien, car j'avais la gorge en feu à force de tousser. Chaque jour il demandait à ma mère : « Sara, as-tu préparé la boisson spéciale de Rachel ? Ça ne lui ferait même pas de mal d'en avoir plusieurs fois par jour. »

À cette même époque, mon père et Shiko essayaient de trouver un moyen de gagner leur vie. Mon père avait toujours été plein de ressources et ils sont retournés plusieurs fois à Kolomyja pour en rapporter des marchandises comme des sacs en cuir, des parfums, des chaussettes, des cigarettes et différents types de conserves que Tante Regina revendait au marché. Un jour, mon père est revenu de voyage avec un imperméable qu'il avait spécialement acheté pour moi. Je n'en avais jamais possédé jusque-là. J'étais très excitée par ce manteau à petits carreaux noirs et blancs. Jour après jour, j'attendais impatiemment qu'il pleuve. Un soir, alors que j'étais déjà couchée, notre ami et voisin Baruch est venu nous voir. Lorsque ma mère lui a ouvert la porte, il était trempé jusqu'aux os et s'est exclamé : « Quelle saucée ! Je n'ai plus un poil de sec sur le corps. » D'un bond, je suis aussitôt sortie de mon lit pour attraper mon imperméable. J'ai supplié Baruch de redescendre avec moi et de rester dans l'entrée de l'immeuble de façon à ce que je puisse marcher sous la pluie. Quel homme merveilleux! Il est resté plus d'une heure dans l'entrée tandis que je faisais les cent pas sur le trottoir avec mon bel imperméable tout neuf.

Lorsque j'ai enfin été remise de ma maladie, les deux médecins qui m'avaient soignée ont expliqué à mon père que le climat de haute Silésie n'était pas bon pour les gens souffrant de problèmes pulmonaires. Bytom était en pays minier et la poussière de charbon flottant dans l'air était particulièrement néfaste pour mes poumons. Ils lui ont suggéré de déménager dès que possible. Le D$^r$ Brzeski a promis qu'il viendrait nous voir souvent pour surveiller ma santé et continuer à nous prodiguer ses conseils.

Mon père a décidé de s'installer à Wrocław, une grande ville habitée par de nombreux Juifs et dotée d'une bonne école. Il n'a pas tardé à trouver un bel appartement meublé ainsi qu'une épicerie fine qu'il pouvait tenir avec Shiko. Nous étions en 1947. J'avais 12 ans et ma sœur Frida en avait 2. Tous – notre famille, celle de Shiko, celle de Mina et notre cher ami Baruch – nous nous sommes préparés à déménager une fois de plus.

## CHAPITRE 18

Avant la guerre, Wrocław faisait partie de l'Allemagne et s'appelait Breslau. C'était un lieu morne où se dressait encore ici et là un immeuble sombre et gris parmi les ruines. Notre appartement avait appartenu avant la guerre à une famille allemande qui avait fui la Pologne à l'issue du conflit[12]. Il était agréablement meublé. La salle à manger contenait une grande table en chêne entourée de dix chaises revêtues de cuir et deux fauteuils assortis. Le buffet et les vaisseliers étaient remplis d'articles en cristal et le buffet était orné d'un miroir en son milieu. La chambre à coucher de mes parents était ancienne, blanche, de style rustique français; celle de l'Oncle Shiko et de Tante Regina était en merisier.

Le salon était très douillet. Il comprenait une cheminée en brique blanche dans le coin près de l'entrée. Un bureau ancien était placé entre les deux grandes fenêtres donnant sur la rue. Une petite horloge était accrochée au mur, au-dessus du bureau. De l'autre côté de la pièce, le mur était occupé par une bibliothèque. Ma mère a demandé à un photographe un agrandissement d'une photo de Velvel trouvée dans l'étui à violon et l'a accroché au mur du salon. Plus tard, un portrait en couleur réalisé à l'occasion de mes 15 ans a pris place sous celui de Velvel.

Le matin, mon père se rendait au marché. Les gens s'y retrouvaient pour discuter de politique, échanger des idées et rechercher

---

12 Après la Seconde Guerre mondiale, Wrocław a été cédé à la Pologne; la population allemande de la ville a été officiellement transférée en Allemagne et remplacée par une population polonaise venue de Lvov, ancienne ville polonaise cédée à son tour à l'Union soviétique.

des amis ou des parents disparus. Un matin, mon père a rencontré par hasard Jozef et Rozalia Beck et appris qu'ils vivaient dans une ferme à Lutynia, village proche de Wrocław. Il les a ramenés chez nous. Il avait enfin l'occasion de remercier concrètement Jozef et Rozalia pour tout ce qu'ils avaient sacrifié pour nous pendant la guerre. Il a proposé à Jozef de l'aider à acheter du matériel agricole dont il avait grand besoin. Nous avons continué à les voir souvent; ils venaient nous rendre visite en ville et nous allions chez eux à la ferme. Nos familles, qui avaient noué des relations extraordinaires à une époque extraordinaire, se sont rapprochées à nouveau et notre profonde et affectueuse amitié a persisté longtemps.

Mon père a aussi découvert que le D$^r$ Nieder et Jadwiga, à présent mariés, vivaient à Wrocław. C'était lui qui avait abusé de moi dans l'abri souterrain. J'avais essayé d'oublier ce qu'il m'avait fait, mais c'était extrêmement difficile dans la mesure où mes parents le voyaient fréquemment. Lorsqu'il venait à la maison, il se montrait très affectueux avec moi et ne laissait jamais passer une occasion de me complimenter ou de me traiter comme si j'étais pour une raison ou une autre plus importante à ses yeux que les autres membres de la famille. J'avais un mouvement de recul chaque fois qu'il me touchait. J'essayais de l'éviter. Dans mon cœur, je n'ai jamais pu lui pardonner le mal qu'il m'avait fait à une époque aussi horrible et à un âge aussi tendre.

À notre arrivée à Wrocław, c'était la fin de l'automne et l'année scolaire avait déjà commencé. Un matin, Tante Mina est passée avec Luci en annonçant qu'elle allait l'inscrire à l'école juive Shalom Alékhem. «Si vous voulez, a proposé Tante Mina, je peux emmener Rachel avec nous et l'inscrire à l'école. – Bonne idée, a répondu ma mère, inscris Rachel aussi. Je ne peux pas laisser le bébé seul.»

L'absence de ma mère lors de mon premier jour d'école a été très difficile à vivre pour moi. J'étais inquiète à l'idée de rencontrer les enseignants et les autres enfants, mais comme toujours ma mère avait une excuse toute prête : Frida. Je souffrais d'avoir le sentiment de ne pas compter à ses yeux. Je commençais à déceler un schéma récurrent. Chaque fois que quelque chose me concernait directement, c'était mon père qui s'en occupait, ou bien Tante Mina s'il n'était pas disponible. Comme j'ai envié Luci ce jour-là, en me rendant pour la première fois à l'école. Sa mère s'intéressait à elle.

Lorsque nous sommes arrivées à l'école pour les inscriptions, nous avons été reçues par le directeur, M. Tencer. Tante Mina lui a expliqué que Luci et moi avions perdu plusieurs années pendant la guerre, que nous ne connaissions pas l'alphabet et que nous aurions besoin de beaucoup d'aide pour rattraper notre retard et pouvoir suivre le programme correspondant à notre âge. M. Tencer a décidé de nous mettre Luci et moi en troisième année d'école primaire, même s'il avait le sentiment qu'il aurait mieux valu que nous commencions en première année. Il ne voulait pas que nous soyons mal à l'aise avec des enfants plus jeunes. Il nous a expliqué que d'autres élèves de l'école avaient survécu à la guerre en Russie et qu'eux aussi avaient du retard sur le plan scolaire. Il nous a montré nos places dans la classe. Luci s'est volontiers dirigée vers la sienne, mais je suis restée debout à l'entrée de la pièce. Le directeur s'est tourné vers moi et m'a demandé d'aller m'asseoir avec les autres, m'assurant que je me ferais très vite de nouveaux amis. J'étais vraiment malheureuse. J'avais un an de plus que Luci, mais nous allions être dans la même classe.

Je n'ai pas bougé.

Je refusais d'entrer dans cette classe. M. Tencer a senti que quelque chose n'allait pas et m'a emmenée à l'écart dans le couloir. Me parlant très gentiment, il m'a demandé : « Rachel, pourquoi ne veux-tu pas être dans la même classe que ta cousine Luci ? » Timidement, j'ai répondu : « J'ai un an de plus qu'elle, je devrais être dans la classe au-dessus. » En souriant, il s'est penché vers moi et m'a donné une petite tape sur l'épaule. « Tu as parfaitement raison, Rachel. Que dirais-tu de la quatrième année?» J'ai hoché la tête et sans hésiter l'ai suivi vers la classe de quatrième année.

~

Cette première journée a été difficile pour moi, mais je n'en avais pas moins conscience qu'un nouvel univers enthousiasmant s'ouvrait à moi. Je n'ai pas tardé à me sentir très bien à l'école, où je côtoyais d'autres enfants juifs et où je pouvais utiliser mon prénom juif, Rachel. Mais l'horreur du monde que j'avais connu dans le ghetto et dans l'abri souterrain vivait toujours en moi.

Il me fallait une heure et demie matin et soir pour aller à l'école et en revenir. Je devais d'abord marcher un kilomètre et demi jusqu'au tramway, puis j'avais une première demi-heure de transport jusqu'à la correspondance, suivie d'une seconde demi-heure de tramway et enfin un autre kilomètre et demi à pied le long de champs de ruines et d'un cimetière.

Nous habitions dans la rue de la principale gare de la ville, rue Dworcowa. Comme bien d'autres, elle avait été détruite pendant la guerre. L'école, rue Grabiszynska, était aussi située dans une partie de la ville ravagée par les bombes. Chaque jour, mon trajet jusqu'à l'école me rappelait la guerre. Ruines d'édifices bombardés. Murs criblés de balles des bâtiments encore debout. Tombes. Trop de souvenirs m'envahissaient l'esprit.

Je me suis bientôt faite à ma nouvelle vie à l'école. Un après-midi, pendant les cours, le directeur est entré dans notre classe pour nous présenter un nouvel élève. C'était un garçon aux yeux bleus, aux cheveux blonds et raides, avec la raie sur le côté. Dès que je l'ai aperçu, il m'a rendue très nerveuse. Pendant la récréation, il nous a dit que son père était juif et que sa mère était allemande. Cela m'a bouleversée. Comment notre école juive pouvait-elle l'avoir accepté? Mon cœur battait la chamade et j'ai senti une rage incontrôlable monter en moi. «C'est un Allemand! Il a tué ma famille! ai-je hurlé. Il a assassiné mon oncle Velvel et tous les enfants du ghetto. Je ne veux pas de lui dans ma classe.» J'ai essayé de toutes mes forces de lui donner des coups de pied, mais mes camarades m'ont retenue. Tous les élèves de la classe ne ressentaient que haine et peur lorsqu'ils entendaient le mot «Allemand». Tous comprenaient ce que j'éprouvais. Quelques-uns des plus grands garçons de la classe ont sauté sur le nouveau venu et lui ont administré des volées de coups. Nous lui avons fait mal et l'avons humilié. Il est sorti de la classe en courant et n'est jamais revenu.

J'ai terminé l'année avec d'excellentes notes. Les professeurs étaient très fiers de ma réussite mais je n'étais pas satisfaite. J'avais toujours un an de retard par rapport au cursus scolaire normal et je voulais à tout prix sauter une classe de plus. Le directeur s'est une fois encore montré très compréhensif et m'a conseillé d'étudier pendant les vacances d'été. Si je réussissais le test en septembre, il m'autoriserait à sauter la cinquième année de primaire pour entrer directement en sixième. Pendant tout l'été, mon père m'a fait travailler. Il m'a acheté les *Contes* des frères Grimm et chaque soir je lui lisais des histoires à voix haute en polonais; j'ai bientôt été très à l'aise dans cette langue. Je travaillais dur pour devenir excellente en maths, ma matière favorite. Sans se lasser, il me faisait faire des exercices de lecture et d'écriture en yiddish. L'automne a soudain succédé à l'été. J'ai passé l'examen avec succès et me suis retrouvée en sixième. La plus jeune de ma classe.

## CHAPITRE 19

**Mon père faisait de grands projets pour moi. Sa mission dans la vie était de me voir exceller en tout.** «Rachel, m'a-t-il dit un matin, je veux que tu prennes des leçons de violon. Velvel a laissé son violon pour toi. C'est son héritage et je serais très heureux si tu apprenais à en jouer comme lui.» J'ai regardé mon père avec surprise. «Mais je n'aime pas le violon et je ne veux pas en jouer.» J'ai bien vu que je l'avais déçu. «De quel instrument voudrais-tu jouer?» m'a-t-il demandé gentiment. Cela me faisait beaucoup de peine de le décevoir. «Du piano, ai-je répondu très vite. – D'accord, m'a-t-il dit, mais donnant, donnant: je t'achète un piano, mais tu apprends aussi à jouer du violon. Velvel était un violoniste très doué. Je suis sûr que tu peux l'être aussi. Qu'en dis-tu, mon diamant?»

J'étais très surprise par la tournure des événements et j'ai demandé à réfléchir. Finalement, j'ai décidé qu'il valait mieux que je joue des deux instruments plutôt que d'aucun. Mon père m'a très vite inscrite au conservatoire de musique Hubert et trois hommes sont venus installer un magnifique piano à queue noir dans notre appartement.

Les cours au conservatoire ont commencé à occuper une immense place dans ma vie. Je prenais des leçons de violon avec M. Bindes deux fois par semaine et aussitôt après des leçons de piano avec Mme Sneider. D'autres matières sont bientôt venues s'ajouter à la formation instrumentale : solfège, histoire de la musique et bien plus peu après. Entre les cours de musique et l'école, je n'avais pratiquement plus de temps pour autre chose. J'oubliais parfois que j'étais encore une enfant.

J'ai commencé à donner des concerts privés à la maison. Les yeux de mon père s'emplissaient de larmes chaque fois que je jouais. Pour *Shabbat*, il m'accompagnait en chantant des versets tirés de la *Torah*. Il attendait de moi que je sois excellente et rien d'autre et pouvait être très malheureux si j'avais une mauvaise note à l'école ou jouais mal en récital. Ma mère, en revanche, montrait une étrange indifférence à l'égard de mes résultats. Lorsque je jouais pour des invités, elle m'interrompait en se mettant à parler; on aurait presque dit qu'elle le faisait exprès pour distraire mon public. De colère, je m'arrêtais parfois totalement de jouer et quittais la pièce.

La musique n'était pas le seul problème entre ma mère et moi. Frida en devenait un aussi. Les rares fois où je trouvais un peu de temps pour être avec mes amis, ma mère exigeait que je m'occupe de ma sœur. Parfois, je l'emmenais jouer avec mes amis et moi dans le voisinage. Un jour, elle a profité d'un moment d'inattention pour s'éloigner sans que je m'en aperçoive. Ma mère, paniquée, s'est mise dans une violente colère. Pleurant et criant, elle s'est mise à arpenter les rues à la recherche de Frida. J'ai essayé de l'aider mais elle m'a chassée en hurlant : «Si nous ne la retrouvons pas, ce n'est pas la peine de revenir à la maison. Ne t'approche plus de nous.» J'étais bouleversée.

Des incidents comme celui-ci et d'autres ont généré beaucoup d'amertume entre ma mère et moi. Nous nous querellions constamment. Bien souvent, le soir, j'allais me coucher sans avoir dîné juste pour éviter ses récriminations. Ses reproches me blessaient et me déconcertaient. Mon père venait sans bruit me trouver dans ma chambre en rentrant de son travail. «Viens avec moi dans la cuisine, s'il te plaît, me disait-il. J'ai rapporté du salami sec et des petits pains frais. Tout ce que tu préfères. Nous pourrions manger un morceau ensemble. Tu sais que je n'aime pas manger seul.» Sa voix douce et sa tendre sollicitude me donnaient le sentiment d'être aimée et protégée. J'avais confiance dans son affection pour moi.

~

Le Jour de l'an 1949, mon cousin Eli Milbauer est né. L'Oncle Shiko et Tante Regina ont choisi de donner le nom de Zeydè Eli à leur premier-né. Ainsi les deux personnes que je chérissais le plus au monde ont-elles transmis leur nom à une nouvelle génération. J'ai de nouveau commencé à entendre « Eli » et « Frida » autour de moi et c'était un réconfort incomparable.

Je continuais à avoir de bons résultats à l'école de musique et j'ai commencé à jouer au sein de l'orchestre à cordes, parmi les seconds violons. Très fier, mon père assistait à tous les concerts. Je progressais aussi beaucoup en piano et jouais lors de récitals; souvent, je me faisais ovationner par le public qui applaudissait à tout rompre. Parfois, je me déplaçais pour jouer lors de concerts de gala ou de charité. J'étais très excitée d'être au centre d'une telle attention. Mais, au fond de moi-même, ce que je voulais vraiment jouer était la musique tzigane dont je gardais de si bons souvenirs depuis ma petite enfance. Je le disais à mes professeurs, mais ils avaient le sentiment qu'il était trop tôt pour que j'apprenne les *czardas* hongroises et ils me répétaient que j'avais encore besoin de beaucoup travailler.

À 15 ans, l'occasion s'est enfin présentée. Un concours a été organisé entre les différentes écoles, destiné à récompenser la meilleure interprétation artistique. Rita Mirman n'était pas dans la même classe que moi mais elle fréquentait la même école. Nous avions à peu près le même âge et c'était une danseuse très douée. Très belle, avec de longs cheveux noirs et des yeux noirs, elle me rappelait les jeunes Tziganes de mon enfance. Lorsque le concours a été annoncé, Rita est venue me voir pour me demander de jouer une *czardas* à cette occasion. « Si tu veux bien jouer, moi j'interpréterai une danse tzigane. » Elle avait lu dans mes pensées. J'ai aussitôt acheté la partition d'une *czardas* du compositeur hongrois Monti et j'ai demandé à mon professeur de me la faire travailler jusqu'à la perfection, ce qu'elle a fait. Rita et moi répétions et rêvions du concours. Le grand jour est enfin arrivé. Nous avons présenté notre programme et remporté le premier prix. Après cela, nous sommes pratiquement devenues célèbres dans notre ville et nous avons fréquemment été invitées à donner notre programme.

Après chaque représentation, je m'allongeais dans mon lit les yeux clos et revoyais Rita danser dans son costume tzigane, un tambourin à la main, tandis qu'au piano je jouais notre *czardas*. La musique m'entraînait dans un autre univers, qui me rappelait les Tziganes de notre ferme, dansant autour du feu dans leurs costumes colorés tandis que leur musique résonnait dans l'air.

Mon père essayait toujours de satisfaire tous nos désirs et nos besoins, à Frida et à moi, y compris pendant cette période difficile à Wrocław. Il fallait faire la queue pendant des heures pour acheter des vêtements et des chaussures et parfois se contenter d'une autre taille ou d'une autre couleur que celle que l'on voulait. Mais mon père s'adressait à un cordonnier et à un tailleur pour faire faire des chaussures et des vêtements, surtout pour Frida et moi. Du gris pour elle, du bleu marine pour moi. Je m'étais entichée d'une robe d'intérieur en brocart de style chinois. Il s'est arrangé pour trouver exactement le tissu qu'il fallait et le tailleur m'a cousu une robe d'intérieur turquoise et or absolument magnifique que je possède encore aujourd'hui. Pour mon quinzième anniversaire, mon père m'a offert une bicyclette flambant neuve.

## CHAPITRE 20

En 1951, j'étais en 9ᵉ année et mes relations avec Luci avaient changé. Nous ne nous voyions pratiquement plus, sauf aux récréations à l'école, ou lors des soirées dansantes le samedi. En grandissant, nous nous étions perdues de vue et n'avions plus guère d'intérêts ou d'amis en commun. Le temps que je consacrais à la musique et à mes études ne m'en laissait guère pour voir des gens. De plus, de nouvelles relations se substituaient aux anciennes. À cette époque, mon professeur avait réparti la classe en petits groupes d'études. Chaque groupe était constitué de trois élèves vivant dans le même secteur. Il y avait deux garçons avec moi dans mon groupe : Leon, frère de Rita Mirman, et Peter. Notre petit trio me rappelait mes anciens amis d'enfance, les Mecio, à Turka. Nous aimions vraiment beaucoup travailler ensemble tous les trois et avions convenu de nous retrouver tous les soirs chez moi entre sept heures et neuf heures.

Au bout de quelques séances d'étude, j'ai compris que Peter appréciait l'atmosphère chaleureuse qui régnait chez nous et s'y sentait comme chez lui. Il disait souvent que les choses étaient très différentes dans son foyer et que lorsqu'il était avec moi il ne voulait même pas penser à sa propre famille. J'ai remarqué qu'il commençait à faire plus attention à moi à l'école. Il tirait gentiment sur mes nattes et après les cours me demandait de venir avec ses amis et lui jouer au basket ou au volley. Peter et moi avons vite découvert que nous avions beaucoup de choses en commun, y compris le même professeur de violon. Nous avons commencé à passer du temps ensemble et un soir, en revenant de voir un film italien avec Sophia Loren, Peter s'est arrêté pour m'embrasser passionnément. Il voulait que je sois sa petite amie. Mon cœur battait à tout rompre et j'ai accepté sans la moindre hésitation. C'était exactement ce dont j'avais rêvé. Après cela, chaque fois que notre petit trio avait fini ses devoirs, Leon partait et Peter restait avec moi. Nous essayions différentes façons de nous embrasser, copiant les stars de cinéma. J'avais enfin un véritable ami. J'étais amoureuse pour la première fois de ma vie.

~

Au printemps 1951, j'avais 16 ans et ma mère en avait 44. En rentrant de l'école, un après-midi, j'ai trouvé mon père debout près d'une fenêtre du séjour, en train de prier. Ma mère était au lit, inconsciente. Mon père m'a expliqué à voix basse qu'il avait appelé le dispensaire et qu'un médecin était passé la voir. Il lui avait prélevé des échantillons de sang et d'urine pour les faire analyser et avait affirmé à mon père que son état n'était pas grave. Mais ma mère était à présent inconsciente et j'étais pétrifiée.

N'ayant guère d'autre choix, mon père m'a envoyée chercher le Dr Nieder. Paniquée, j'ai couru jusqu'au tramway. Du wagon, j'ai aperçu le Dr Nieder marchant dans la rue. J'ai sauté en marche, entre les voitures passant à toute allure, et mes jambes se sont dérobées sous moi. J'ai roulé sur le bas-côté et atterri juste à ses pieds. Il m'a regardée avec incrédulité. Je ne pouvais plus parler et tandis qu'il m'aidait à me relever je ne pouvais que gémir et pleurer. J'ai réussi à lui dire que ma mère était malade et qu'il fallait absolument qu'il vienne la voir sans perdre une minute.

À notre arrivée, le Dr Nieder a reniflé et dit avec anxiété : «Il y a une odeur d'acétone.» Il a aussitôt appelé une ambulance et fait transporter ma mère à l'hôpital dont il était le directeur. Les tests ont révélé que ma mère souffrait de diabète et qu'elle était dans un coma cétonique qui l'aurait tuée si elle n'avait pas été soignée à temps. Elle est restée trois semaines dans le coma. Tandis que Tante Mina s'occupait de Frida, ma mère était à l'hôpital, en réanimation. Tout ce qui était nécessaire à sa survie, de la nourriture à l'insuline, lui était injecté par voie intraveineuse. Nous n'avions guère d'espoir de la voir guérir. Jour après jour je restais assise à ses côtés à guetter le moindre signe de vie sur son visage livide, sur sa peau froide et sèche. Après trois longues semaines, elle a miraculeusement repris connaissance.

Quand ma mère est sortie de l'hôpital, mon père a organisé des vacances pour Tante Regina, son fils Eli, ma cousine Luci, Frida et moi. Cela permettrait à ma mère d'être seule le temps de sa convalescence. Jastarnia, sur la mer Baltique, était un très bel endroit. Des pensées violet sombre et bordeaux frémissaient dans le vent. D'autres vacanciers se promenaient autour de nous, bronzés, détendus et heureux. L'eau de la baie était toujours bonne et calme; au-delà, il y avait de grosses vagues. Étant l'aînée, j'ai été chargée de Luci et de Frida, avec qui je partageais une chambre. Tante Regina s'occupait d'Eli dans une autre chambre.

La mer était juste en face de notre hôtel et nous passions la matinée à bronzer, à sauter dans les vagues de la Baltique et à nous faire de nouveaux amis. L'après-midi, Tante Regina emmenait Frida et Eli se promener le long de l'avenue, ce qui nous permettait à Luci et à moi de lire tranquillement, assises sur les bancs de la promenade. Chaque matin, nous descendions dans la salle à manger, claire et ensoleillée, pour le petit-déjeuner et le soir nous écoutions de la musique. Ce séjour a été inoubliable. Mais Peter me manquait et je lui écrivais lettre sur lettre.

Lorsque nous sommes revenus chez nous, l'appartement avait été repeint de frais. Ma mère, remise et détendue, brodait de nouveaux rideaux pour la cuisine, assise près de la fenêtre. Peter est venu me voir dès le soir de notre retour et, tout en nous promenant au crépuscule, nous nous sommes raconté notre été, lui en camp de vacances, moi au bord de la mer. Nous nous étions manqué l'un l'autre. L'été se terminait. Nous sommes retournés à l'école et notre groupe de travail à trois a repris ses réunions régulières.

Peter et moi pouvions comprendre mutuellement certaines de nos peurs les plus profondes. Je lui racontais que j'avais peur du noir et m'imaginais parfois que les Allemands me poursuivaient. « Regarde juste derrière toi, me répondait-il d'une voix tendre. Tu verras, ma douce Rachel, que plus personne ne te poursuit. » Il me racontait sa vie à la maison; son beau-père; son petit frère dont il était censé s'occuper tout le temps. Il m'a confié que, même si nous ne nous étions jamais rencontrés, son beau-père m'aimait beaucoup mais sa mère pas du tout. Elle estimait que Peter ne devrait pas s'intéresser à une fille de toute évidence trop petite pour avoir des enfants. Furieuse, je lui ai répondu en criant : « Mais ta mère ne m'a jamais vue et ne me connaît même pas. Comment peut-elle me juger aussi durement? » Peter n'a pas su quoi me répondre, si ce n'est : « Mais je t'aime toujours. »

Cette allusion à ma taille m'avait piquée au vif. C'était aussi un sujet de grande inquiétude pour mon père. Toutes les femmes de ma famille étaient de stature moyenne, mais j'étais toujours la plus petite avec mes 1,47 m. Je faisais la même taille qu'à l'âge de 10 ans, juste après la guerre. Personnellement, cela ne m'inquiétait guère. À l'école, quelques-unes de mes camarades faisaient la même taille et avec mes amies je ne me sentais pas mal à l'aise. Mais mon père y attachait tellement d'importance qu'il m'a emmenée voir un endocrinologue, le professeur Ber, qui vivait à Lodz. En entendant ce que j'avais subi pendant les années de guerre, il nous a expliqué que ma croissance avait sans doute été freinée par le manque de lumière, pendant toutes les années passée allongée et recroquevillée dans l'abri souterrain. La famine n'avait pas amélioré les choses.

Le professeur Ber m'a fait passer des radios du squelette, a demandé de nombreuses analyses sanguines et nous a demandé de revenir le voir. Mon père, plein d'espoir, était tout heureux de penser que ma croissance reprendrait bientôt. Mon père et moi sommes allés en avion au rendez-vous suivant. C'était la première fois que je prenais l'avion et j'ai dû manquer l'école pour ce voyage. Le professeur était optimiste, car les résultats des tests montraient que la croissance osseuse pouvait se poursuivre. Il m'a prescrit différentes hormones sous forme de piqûres ou de comprimés. Tout cela nous paraissait bon signe. J'ai continué à voir le professeur Ber régulièrement jusqu'à l'âge de 18 ans, mais j'ai très peu grandi. La dernière chose que le professeur m'ait dite était : «Vous êtes une belle jeune fille. Un jour, votre mari sera fier de vous porter dans ses bras.»

CHAPITRE 21

**En 1953, Staline est mort.** Annoncée alors que j'étais à l'école, la nouvelle a suscité émotion et tristesse[13]. J'avais alors 18 ans et nous étions en dernière année au lycée. Peter, Leon et moi avions beaucoup travaillé et accompli beaucoup de choses, obtenant d'excellentes notes à tous nos examens, oraux et écrits. Nous nous préparions à présent pour l'enseignement supérieur.

Pour être accepté à l'Université, sous le régime communiste, il fallait répondre à des conditions et des critères particuliers. Le plus important était que nous devions appartenir à une famille d'agriculteurs ou de la classe ouvrière. Comme mes parents et grands-parents étaient originaires d'un village et avaient été fermiers, ce n'était pas un problème pour moi. L'autre condition était beaucoup plus difficile. Les élèves déposant un dossier, ou leurs parents, devaient être membres du Parti communiste. Mon père avait toujours refusé de prendre sa carte. De même que le reste de ma famille, il voulait rester politiquement neutre. Le dernier critère d'admission était les résultats scolaires. Heureusement pour moi, mes origines paysannes et mes bonnes notes ont suffi à me faire admettre à l'Académie médicale de Wrocław. Peter a déposé un dossier à l'École militaire de technologie de Varsovie et Leon pensait aller à l'université de notre ville. Peter était le seul à devoir s'éloigner.

---

13 À cette époque, très peu de monde avait conscience de l'étendue des crimes politiques de Staline. De nombreux Juifs, en Pologne notamment, voyaient avant tout en lui le dirigeant du pays qui les avaient libérés du régime hitlérien et sauvés d'une mort certaine.

Mes parents m'ont fait la surprise de fêter mon diplôme de fin d'études secondaires en invitant tous mes amis et un grand nombre des leurs aussi. Le Dr Nieder était présent. Pendant la fête, il s'est approché de moi pour m'offrir un cadeau et m'a murmuré à l'oreille : «Ce poudrier en argent est pour toi. À présent que tu es adulte, tu seras autorisée à te poudrer le visage.» Il m'a serrée contre lui et m'a embrassée sur la joue. J'ai eu un mouvement de recul. J'étais trop abasourdie pour trouver les mots, mais j'aurais voulu lui dire : «Vous avez bien pris soin de mon âge adulte dans l'abri, quand j'avais 7 ans.»

En regardant le visage de mes parents, je savais qu'ils étaient fiers de moi et j'ai eu le sentiment d'être particulièrement choyée. Aucun de mes amis n'avait eu le droit à autant d'attentions de la part de leurs parents à l'occasion de leur diplôme. Bien entendu, mon père m'a demandé de jouer du violon et du piano pour nos invités. J'étais heureuse de faire tout ce qu'il me demandait et d'être enveloppée de son affection et de sa fierté.

Lorsque j'avais commencé mes études à l'école juive, il y avait entre vingt-cinq et trente élèves par classe. Au fil des années, beaucoup d'entre eux avaient émigré en Israël et les effectifs avaient peu à peu fondu. En 1953, lorsque j'ai achevé mes études secondaires, il n'y avait plus que huit élèves dans ma classe. Nous étions très proches les uns des autres et le sommes toujours aujourd'hui.

Au cours de l'été 1953, ma mère, Frida et moi sommes parties en vacances à Miedzyzdroje, station balnéaire sur la Baltique. Mon père avait désormais un poste de responsable dans un grand magasin de Wrocław. Lorsqu'est arrivé l'automne, je savais très bien faire les piqûres d'insuline de ma mère. Elle me complimentait toujours pour la sûreté de mes gestes. Curieusement, j'étais réconfortée par le fait qu'elle me laisse lui faire ses piqûres et cela renforçait mon désir de devenir médecin et d'aider les gens souffrants. Cela nous a aussi rapprochées.

À l'automne, Peter s'est préparé à quitter sa famille et à rejoindre l'école militaire et moi à entrer à la faculté de Médecine. Lorsque nous nous sommes embrassés pour nous dire au revoir, il m'a serrée dans ses bras et nous nous sommes promis de nous écrire constamment pour tout nous raconter par le détail. «Rachel, m'a-t-il dit, tu vas terriblement me manquer. Chaque moment que je passe avec toi est précieux pour moi. N'oublie jamais que je t'aime énormément et qu'aux vacances d'hiver nous serons réunis.» Le premier semestre à la faculté a été difficile mais stimulant. Je travaillais dur et j'avais hâte d'être aux vacances d'hiver. Je craignais sans cesse que la mère de Peter ne parvienne à le détourner de moi, mais je me disais que Peter était fort et que ses sentiments pour moi étaient profonds. Il serait capable de tenir tête à sa mère.

Les vacances d'hiver sont enfin arrivées. Comme j'avais attendu ce moment de retrouver Peter! La veille de son arrivée, je suis allée chez le coiffeur. J'étais très excitée et pourtant inquiète. Je ne tenais plus d'impatience. Je portais les perles que mon père m'avait offertes et lorsque l'on a enfin sonné à la porte, j'étais prête. Ma mère a disparu dans la cuisine et mon père s'est occupé de Frida.

J'ai ouvert la porte.

Peter m'a effleuré la joue d'un baiser distant, a ôté son manteau et s'est dirigé vers la cheminée pour se réchauffer les mains. Tout excitée, je me suis précipitée vers lui, couvrant son visage de baisers jusqu'à ses lèvres. Il m'a pressée contre sa poitrine et nos lèvres se sont unies en un long baiser à perdre haleine. «Je ne cesserai jamais de t'aimer», m'a-t-il murmuré à l'oreille. Comme j'avais attendu ces paroles. «Je suis tellement heureuse que tu sois de retour, ai-je chuchoté à mon tour. Nous allons à présent pouvoir passer chaque jour ensemble. J'ai tellement de choses à te dire, tellement d'histoires à te raconter.»

Peter n'a pas répondu. Quelque chose n'allait pas. Son regard évitait le mien, puis il a lâché la nouvelle. «Je ne peux pas rester à la maison pendant les vacances. Je pars demain passer deux semaines à Klodzko.» Je me suis tournée vers lui, incrédule. «Que vas-tu faire là-bas?» Détournant le visage, il a répondu : «Le frère de mon beau-père habite là-bas et il se plaint toujours que je ne vais jamais le voir. J'ai donc décidé de lui rendre visite.» Je ne parvenais pas à croire ce que j'entendais. Il n'avait jamais mentionné l'existence de cet oncle jusque-là. «Regarde-moi, Peter, lui ai-je dit. Je sais que tu me caches quelque chose.» Il n'a pas répondu et j'ai fondu en larmes. J'ai subitement compris que notre relation était terminée. Tout a commencé à tourner autour de moi. J'avais du mal à respirer et j'avais besoin d'air. J'avais besoin de me calmer. J'ai essuyé les larmes sur mes joues.

«Très bien. Je n'ai pas besoin d'explications. Il est tout à fait clair que tu ne m'aimes plus. Je ne veux pas te faire perdre plus de ton précieux temps.» Avec raideur, il a répondu : «Je suis désolé, Rachel. Je dois partir maintenant mais je passerai te voir avant de retourner à mon école.» Il était manifeste qu'il ne me disait pas tout et ce non-dit se dressait entre nous comme un mur de briques. Il a repris son manteau et s'est dirigé vers l'entrée. Arrivée à la porte, je l'ai regardé et lui ai dit à voix basse : «C'est un adieu définitif, Peter. Ne passe pas me voir. Cette porte ne te sera plus jamais ouverte.»

Sur ces mots, j'ai bien vite repoussé la porte et l'ai fermée à clef. Je suis restée la main sur la poignée en écoutant ses pas s'éloigner dans l'escalier et je savais qu'un chapitre important de mon existence venait de s'achever. Le lendemain matin, je me suis éveillée en sentant un rayon de soleil sur mon visage. J'avais les paupières lourdes, les yeux gonflés et une boule dans la gorge depuis la veille au soir. J'ai essayé d'être forte. «À présent, je suis libre de consacrer tout mon énergie à mes études et à la musique.» À la table du petit-déjeuner, ma mère a tout de suite vu que j'avais changé. «Que s'est-il passé hier soir?» Les sanglots sont montés du plus profond de moi. Je ne pouvais pas parler. Mon père n'a pas supporté de me voir aussi malheureuse. « Ne te torture pas, mon petit diamant, m'a-t-il dit. Ce n'est pas la fin du monde. L'amour dont tu rêves deviendra un jour réalité. Même si Peter ne revient pas, l'homme qu'il te faut viendra. » Sans répondre, je me suis levée, ai enfilé mon manteau et suis sortie dans la neige pour marcher longuement. De gros flocons tombaient sur mes cils, l'air était vif et froid et le soleil si éclatant qu'il me faisait mal aux yeux. J'ai marché dans les rues pendant des heures, jusqu'à avoir les pieds et le visage gelés. Lorsque je me suis rendu compte qu'il était tard, j'ai pris le chemin du retour. Ma famille a été gentille et compréhensive avec moi et n'a plus jamais mentionné le nom de Peter.

Les vacances d'hiver ont passé lentement. Nous vivions non loin de l'Opéra et mon père se procurait souvent des places pour une représentation lyrique pendant le week-end. C'est devenu mon passe-temps favori et il m'arrivait de voir plusieurs fois de suite un opéra comme *Tosca*. Parfois, j'allais au Théâtre polonais, ou au Théâtre juif pour voir une pièce mise en scène par Ida Kaminska, la grande star de la scène dramatique juive. Lorsque les cours ont repris, j'avais recommencé à voir mes amis, surtout ma meilleure amie de cette époque-là, Erna Korc. Elle aussi avait survécu à la guerre et pouvait en grande partie comprendre mon passé et ma personnalité. Nous nous connaissions depuis la quatrième année du primaire et étions à présent toutes deux étudiantes en médecine. De temps à autre, je rencontrais Leon par hasard. Il me disait que Peter était resté en contact avec lui et voulait me revoir. J'ai toujours refusé.

## CHAPITRE 22

En 1955, j'avais 20 ans et je commençais à retrouver mon existence habituelle. J'étais toujours très malheureuse lorsque je songeais à Peter, mais je cachais mes sentiments. À l'époque, notre maison était pleine de jeunes enfants. L'Oncle Shiko et Tante Regina avaient eu un second petit garçon en 1954, Hanoch, nommé en souvenir du père de Regina. Frida avait 10 ans et Eli 6 ans. J'adorais tous les enfants, mais j'avais plus le sentiment d'être leur nounou que leur cousine ou sœur. Je connaissais tous les détails de leur vie depuis leur naissance, mais ils savaient très peu de choses de mon enfance et de mon passé, car tous étaient nés après la guerre. Aucun d'entre eux ne me posait jamais de questions et je ne me confiais pas de moi-même. Je n'avais pas de vie privée mais me sentais malgré tout isolée, gardant mes souvenirs et mon passé enfouis en moi.

La vie change au moment où l'on s'y attend le moins et c'est ce qui s'est produit cette année-là.

En septembre, une semaine avant *Rosh Hashanah*, j'ai reçu la visite d'un vieil ami, Baruch Kochman, que nous appelions Bucio. Il avait été autrefois le petit ami de Luci et sa famille connaissait si bien mes parents que Bucio les appelait « oncle » et « tante ». Il y avait plus de deux ans que je ne l'avais pas vu, depuis sa rupture avec Luci. Il est entré dans le séjour, s'est confortablement installé dans le grand fauteuil en cuir marron et a semblé ravi de constater que rien n'avait changé. Il m'a demandé des nouvelles de mes études, de mes amis et de Peter. Cela me faisait du bien de revoir un vieil ami et de parler avec quelqu'un qui se souciait de moi. En lui répondant, mes yeux se sont emplis de larmes. Mais lorsque je lui ai posé des questions sur lui-même, il a semblé distrait. Tournant la tête vers la pendule, il s'est soudain mis debout d'un bond. «Je dois me sauver, Rachel, je suis désolé. J'ai un ami, Adam, qui arrive de Varsovie et je dois aller le chercher à la gare. Je crains d'être en retard.» Quand il a vu ma déception, il a ajouté : «Pourquoi ne viendrais-tu pas avec moi? nous pourrions continuer à bavarder.» Je me suis empressée d'attraper mon sac, de me passer un coup de peigne et nous sommes partis.

La gare principale n'était pas très loin à pied de la maison et nous avons avancé d'un bon pas dans la rue encombrée. Des gens passaient au pas de course dans tous les sens et les tramways étaient bondés. Nous avons joué des coudes et traversé la rue pour atteindre la gare de chemin de fer. À notre arrivée, on annonçait déjà que le train en provenance de Varsovie était à l'heure et faisait son entrée en gare.

Bucio était excité et arpentait les quais, cherchant des yeux son ami. Il a fallu un long moment avant que tous les passagers soient descendus du train. Pas d'Adam. Bucio ne savait plus quoi penser : peut-être avait-il mal compris et son ami devait-il arriver le lendemain. Déçu, il m'a entourée de son bras et m'a dit qu'il allait me raccompagner chez moi.

Tout en marchant, je me demandais ce que Bucio était réellement venu faire en ville. Toute cette histoire semblait très bizarre. Lorsque nous sommes arrivés dans l'entrée de l'immeuble, il s'est arrêté. «Rachel, puis-je te demander une faveur? – Bien sûr, ai-je répondu, curieuse à présent. Je dois rentrer chez moi à présent, mais je reviendrai demain. J'espère que tu ne m'en voudras pas, mais j'ai donné ton adresse à Adam et lui ai dit que si jamais nous nous manquions à la gare nous pouvions nous retrouver chez toi.» Il m'a effleuré la joue d'un baiser et a souri : «Salue tes parents de ma part.»

«Attends! me suis-je écriée alors qu'il s'éloignait. Ne t'en va pas déjà.» Il avait piqué ma curiosité. Il se comportait très bizarrement. «Sois gentil, passe la soirée avec moi. Il y a une soirée dansante au Club des étudiants juifs et je ne peux pas y aller seule. S'il te plaît, dis que tu viendras avec moi.» Il m'a regardée dans les yeux. J'ai souri. Je savais qu'il ne refuserait pas.

Ma mère a été contente de voir Bucio et était prête à accueillir un convive de plus, comme toujours. Elle m'a regardée attentivement, pour savoir ce qu'elle devait penser. J'étais soudain revenue à la vie. Il y avait très longtemps que je n'avais pas été aussi heureuse. Manifestement, elle espérait que ce serait le début de quelque chose entre nous. «Bucio reste pour m'emmener à la soirée dansante tout à l'heure», lui ai-je annoncé.

Mon père et Bucio ont parlé ensemble pendant tout le dîner. Comme toujours, Frida essayait d'attirer l'attention générale, se disputant avec ma mère, selon son habitude, en refusant de terminer son repas. Je participais distraitement à la conversation, songeant au tour bizarre des événements. Je n'arrivais pas à comprendre pourquoi Bucio avait été si peu enclin à parler de lui-même un peu plus tôt. Pourquoi n'avait-il pas répondu à la moindre de mes questions? J'avais le sentiment qu'il cachait quelque chose et j'espérais bien découvrir de quoi il s'agissait avant la fin de la soirée. Il y avait longtemps que je n'avais pas été aussi excitée.

Finalement, le dessert et le thé ont été servis et j'ai prié que l'on m'excuse. Je me suis précipitée dans ma chambre pour prendre dans la penderie ma robe bleue favorite. Je ne l'avais pas portée depuis ma rupture avec Peter. Avec mes chaussures en daim bleu roi à talons hauts et mon collier de perles, je commençais à me sentir tout à fait d'humeur festive. J'ai vérifié ma coiffure dans le miroir et me suis mis un peu de «Lys dans la vallée», mon parfum favori. J'étais prête à partir.

Dans la rue, Bucio a arrêté un taxi. Nous nous sommes installés et Bucio a expliqué au chauffeur que nous allions au bâtiment du

Congrès juif, rue Wlodkowica. Le Congrès juif de Wrocław avait été créé après la guerre pour permettre aux survivants à l'Holocauste de réunir les pièces éparses de leur vie. Ce bâtiment était un lieu très important pour les Juifs de la ville. Il abritait de nombreuses activités : des formations techniques pour adultes financées par l'ORT, l'Organisation pour la réhabilitation par le travail (où l'Oncle Shiko avait appris à réparer des montres et Tante Regina à coudre des chemises et des pyjamas pour hommes et de la lingerie féminine); une crèche; un espace de rencontre pour les groupes et les organismes bénévoles; un lieu de répétition pour l'ensemble de mandolines *Orfeusz*. Dans la cour, il y avait un foyer d'étudiants et, surtout, une synagogue orthodoxe où les familles juives pouvaient se réunir pour prier. Pour les grandes fêtes comme *Rosh Hashanah* et *Yom Kippour*, ma famille fréquentait cette synagogue. Le jour de *Yom Kippour*, nous allumions des bougies pour les êtres chers ayant péri pendant la guerre. J'attendais avec impatience ces moments où je pouvais retrouver mes amis dehors dans la cour. J'avais l'impression d'être redevenue une petite fille à Turka.

La guerre avait beau être terminée depuis dix ans, ce quartier n'avait pas encore fait peau neuve. La plupart des bâtiments avaient été complètement détruits pendant la guerre et seuls quelques édifices partiellement endommagés restaient encore stoïquement debout, ici et là. De nombreuses familles, comme celle de mon amie Erna, avaient choisi de s'y installer, soutenant les plafonds à l'aide de poteaux en acier et tirant le meilleur parti possible d'un quartier en ruines pour y établir leur nouveau foyer.

Lorsque nous avons atteint le haut bâtiment de pierre grise, criblé de balles, il était clair que la soirée avait déjà commencé. Des échos de swing nous parvenaient à travers la rue; nous avons monté les marches quatre à quatre jusqu'à l'entrée et des voix joyeuses nous ont accueillis tandis que nous reprenions notre souffle et cherchions du regard nos amis dans la foule. Une estrade occupait une des extrémités de la grande pièce rectangulaire et supportait un piano vieillot et fatigué; un rideau de velours rouge foncé servait de toile de fond. Les murs étaient décorés de photographies de personnages importants; au centre, Staline, Lénine et Marx nous souriaient. La salle était bondée, avec partout des gens debout ou assis par petits groupes en train de bavarder avec animation, mais Bucio a réussi à nous trouver deux chaises contre le mur, près de la fenêtre.

Quand nous nous sommes assis, l'orchestre commençait à jouer la chanson *Besame mucho* et Bucio m'a invitée à danser. Avec un immense sourire, je lui ai pris la main et nous avons rejoint les autres danseurs. J'adorais danser et prenais plaisir aux compliments qui m'étaient toujours adressés. Depuis les Tziganes de mon enfance, je fondais chaque fois que j'entendais les accents sentimentaux de leur musique, surtout le violon, et me souvenais de leurs danses vives et enlevées. Lorsque la rumba s'est achevée, Bucio m'a ramenée à ma chaise et j'ai jeté un coup d'œil autour de la salle. J'observais le long comptoir où des bénévoles avaient disposé des canapés, des portions de *gefilte fish*, du thé chaud et des bouteilles de limonade fraîche. C'est alors que j'ai aperçu ma cousine Luci avec son nouveau petit ami, Abraham.

Abraham avait l'air nerveux, ne cessant de tripoter une cigarette et l'allumant tout en parlant avec ses amis. Luci m'avait vue entrer dans la pièce avec Bucio et paraissait à la fois surprise et scandalisée, d'autant que je lui avais annoncé que je ne viendrais pas à cette soirée. Elle se tenait près d'Abraham, faisant comme si elle ne m'avait pas vue, riant un peu trop fort, essayant d'attirer l'attention sur elle et d'impressionner ses amis.

L'orchestre a commencé à jouer une valse et j'ai demandé à Bucio de danser à nouveau avec moi. En traversant le parquet, j'ai vu certains de mes amis chuchoter en nous regardant, mais je me moquais du qu'en dira-t-on. Nous formions un beau couple. J'ai dansé toute la soirée, sans rater une seule danse, soit avec Bucio, soit avec d'autres amis à l'occasion. Toute la soirée, Bucio a évité Luci. Il semblait mal à l'aise, mais je passais une trop bonne soirée pour le prendre au sérieux. À onze heures, il s'est tourné vers moi pour me dire : « Rachel, laisse-moi te raccompagner. Je dois attraper le bus de minuit pour rentrer à Legnica. – Je t'en prie, passe la nuit à la maison, l'ai-je supplié; je passe une si bonne soirée, ne me gâche pas mon plaisir. Restons jusqu'à la… » Bucio ne m'a pas laissée finir. Il était manifestement préoccupé. « Rachel, a-t-il balbutié, cela me ferait très plaisir de rester, mais je ne peux pas. » Finalement, il ne pouvait plus se taire. « Je ne sais pas comment te le dire… Je suis marié. » Je n'en croyais pas mes oreilles. « Tu parles sérieusement? – Oui, m'a-t-il répondu avec gêne. Non seulement je suis marié, mais nous attendons un enfant. Je ne sais pas pourquoi je ne te l'ai pas dit plus tôt. »

Pourquoi avait-il gardé son mariage secret? Était-il embarrassé parce qu'il ne m'avait pas invitée à son mariage? Pourquoi n'avait-il rien dit à Luci? Je voulais lui poser toutes ces questions, mais quelque chose m'en a empêchée. « Je comprends, Bucio. Vas-y. Je vais rester jusqu'à la fin et je rentrerai avec Luci. » Après le départ de Bucio, j'ai rejoint Luci et ses amis. Nous avons passé le reste de la soirée à bavarder, à danser et à rire, mais elle ne m'a posé aucune question à propos de Bucio et ne m'a rien dit de ce qu'elle avait ressenti en le revoyant. De mon côté, je ne lui ai pas parlé du secret de notre ami.

Lorsque la soirée s'est terminée à trois heures du matin, j'étais épuisée et me suis volontiers installée à l'arrière de la voiture d'Abraham. J'avais appelé ma mère plus tôt dans la soirée pour lui dire que je dormirais chez Luci. J'étais contente. Chez elle, il n'y avait pas d'enfants et je pourrais passer le dimanche matin à dormir sans être dérangée. Allongée dans l'obscurité, sur le point de m'endormir, j'ai revu en pensée tous les événements de cette journée incroyable.

Pour la première fois depuis longtemps je me sentais optimiste à propos de l'avenir. Quelqu'un se présenterait qui m'apprécierait telle que j'étais et personne ne pourrait me le prendre. Je me suis endormie avec l'impression très forte que des changements allaient se produire dans ma vie. J'avais totalement oublié l'ami de Bucio, Adam, qui devait arriver chez moi le matin même.

## CHAPITRE 23

C'est devenu une histoire maintes fois racontée par Adam à nos enfants et à nos amis au fil des années. D'aventure toute simple, notre rencontre s'est transformée en un conte sur le destin, sur la façon dont des rencontres fortuites deviennent des vies partagées à jamais. « C'était un dimanche matin magnifique, précise-t-il toujours pour commencer. L'air était vibrant de chaleur et de soleil. Nous n'étions qu'au début de septembre, mais déjà les teintes dorées de l'automne prêtaient doucement leur charme à la nature.»

Le train n'était pas bondé et il avait pu dormir toute la nuit dans le compartiment supérieur normalement réservé aux bagages. Ce n'était certes pas aussi confortable qu'un lit, mais il avait pu s'installer commodément pour les douze heures de ce long voyage et s'était réveillé alors qu'on annonçait l'arrivée du train à Wrocław. Il était excité et prêt à passer une journée intéressante dans une ville qu'il ne connaissait pas encore.

Lorsqu'Adam est arrivé à la sortie de la gare, il a cherché des yeux son ami Bucio. Ne le trouvant pas, il a décidé d'attendre un peu. Pour passer le temps, il a acheté un journal, la *Trybuna Ludu*, mais a commencé à craindre que Bucio n'ait oublié leur rendez-vous. Rapidement, il s'est impatienté puis s'est soudain rappelé l'adresse proche de la gare que Bucio lui avait donnée au cas où il serait en retard. Certain que Bucio l'y attendait, il a demandé son chemin et est parti à pied dans le jour naissant.

« À six heures du matin, les rues étaient encore vides et tranquilles, poursuit-il. J'ai été surpris par l'état des rues dans ce quartier où rien n'avait été réparé depuis la guerre. Il n'y avait même pas de trottoir. Je marchais au milieu de la rue, enjambant les gravats et me demandant si j'étais vraiment au bon endroit. J'ai arrêté un passant pour vérifier mon chemin et au bout de vingt minutes environ j'ai aperçu au loin le groupe de six immeubles dont on m'avait parlé. « Enfin ! » ai-je pensé. En approchant, j'ai vu les nombreux impacts de balles dans les murs en brique des bâtiments. J'ai vérifié de nouveau sur mon papier. Oui, c'était bien là : 4 rue Dworcowa, appartement 4.

Arrivé en haut des escaliers, Adam a plié son trench-coat beige sur son bras gauche, pris son journal dans la main droite et, jetant un coup d'œil à sa montre, s'est aperçu avec gêne qu'il n'était que sept heures du matin. Il a sonné deux fois et attendu. Lorsque ma mère a ouvert la porte, elle souriait. Sachant qu'Adam devait venir, elle était prête.

« Je suis Adam Shtibel, a-t-il dit, et je vous prie de m'excuser de vous déranger de si bon matin. – Entrez, je vous en prie, lui a répondu ma mère en désignant le séjour. Bucio était ici hier et nous vous attendions. Je suis sûre qu'il ne tardera pas à arriver. » Détendu à présent qu'il était sûr d'être au bon endroit, Adam a été content de voir qu'il avait affaire à des gens sympathiques. Il a fait un baisemain à ma mère, comme l'exigeaient à l'époque les règles du savoir-vivre polonais à l'égard des dames.

À ce stade de l'histoire, ma mère ajoutait toujours qu'elle avait été très impressionnée par sa galanterie. « Aucun des amis de Rachel n'était aussi courtois », disait-elle d'un air rêveur. Dès cet instant, il l'avait conquise. Elle l'a installé dans la petite salle de séjour de Shiko, qui donnait dans le long couloir et était séparée des autres pièces. « Je m'appelle Sara Milbauer. Je vous en prie, asseyez-vous et faites comme chez vous. » Elle s'est dirigée vers la cuisine où Tante Regina l'attendait, curieuse d'en savoir plus sur l'étranger dans le séjour. Toutes les deux se demandaient ce qu'elles devaient faire à présent. Où était donc Bucio? Et pourquoi Rachel n'était-elle pas encore rentrée?

Adam a examiné la pièce, prenant conscience de ce qui l'entourait. Le canari jaune gazouillait bruyamment dans sa cage sur le large rebord de fenêtre. Il se demandait : «Qui sont ces gens? Et où donc est passé Bucio?» Même s'il se sentait mal à l'aise, il appréciait l'atmosphère douillette et chaleureuse. Depuis son enfance, où il avait perdu toute sa famille pendant la guerre, il rêvait de faire de nouveau partie d'une famille heureuse. « Oh, Bucio a vraiment de la chance si c'est la famille de sa petite amie», a-t-il pensé avec frustration. Ma mère est revenue trouver l'étranger dans le séjour, lui apportant du café tout frais et des petits pains chauds à la cannelle. Il l'avait vraiment séduite.

Il était tard ce matin-là lorsque Boubè Yetta est venue me réveiller. «Rachel, mon bébé, lève-toi. Tu te rappelles l'ami de Bucio, de Varsovie? Il est chez vous, il attend.» Je me suis tout à coup souvenue de ce qu'avait dit Bucio et me suis levée d'un bond. À moitié endormie, je me suis habillée à toute vitesse et me suis précipitée dehors, mécontente de cette intrusion.

Tante Regina m'a ouvert la porte et, tout bas, a commencé à me raconter tout ce qu'elle savait de notre invité. Je lui ai répondu que je m'en moquais et que j'allais lui dire qu'il pouvait attendre Bucio s'il le souhaitait, mais que moi je retournais me coucher. Ma mère nous a rejointes et ma tante et elle ont vivement insisté pour que je tienne compagnie à Adam jusqu'à l'arrivée de Bucio, me disant que ce n'était pas poli de faire comme s'il n'était pas là. À contrecœur, j'ai compris que j'avais beau être éreintée et bien peu présentable, je n'avais pas le choix. «Est-il beau garçon au moins? ai-je demandé d'un ton sarcastique. – Vois par toi-même», m'ont-elles chuchoté d'une seule voix.

J'ai frappé doucement à la porte du séjour, pour éviter de le faire sursauter et je suis entrée. Nos yeux se sont croisés. « Je m'appelle Rachel », lui ai-je annoncé, surprise de voir quel bel homme c'était, et je lui ai tendu la main pour le saluer.

« Je m'appelle Adam », m'a-t-il répondu en regardant par-dessus son journal ouvert et en me tendant la main à son tour. « C'est bizarre, ai-je pensé, comme j'ai envie de mieux le connaître. » Je n'étais soudain plus fatiguée du tout. Il s'est levé en me regardant attentivement. Il avait un visage en cœur, des yeux brun foncé en amande, des cheveux noirs épais et souples, coiffés en arrière de façon à dégager son large front, et une belle bouche aux lèvres pleines. J'ai observé la forme de ses doigts et de ses mains et je mourais d'envie de les toucher et d'être touchée par elles. Sa voix résonnait à mes oreilles et sa chaleur m'enveloppait. J'étais stupéfaite par ma réaction à l'égard de cet étranger dans mon séjour.

Ma mère nous a préparé un petit-déjeuner royal et j'ai proposé à Adam de lui montrer la ville. Il était clair pour nous que Bucio ne viendrait pas. Je voulais tout lui montrer et surtout le parc des expositions avec ses attractions. Je savais qu'il ne pouvait rester que jusqu'au dernier train quittant la ville ce soir-là et je voulais passer un maximum de temps avec lui. Nous avons attrapé nos manteaux et, nous tenant par la main, nous sommes allés à pied jusqu'au parc voisin. Nous nous sommes arrêtés sur le pont et avons regardé les poissons rouges dans le ruisseau. Adam avait l'air d'un touriste avec son costume marron foncé et sa cravate, son trench-coat sur le bras et son appareil photo autour du cou. Il m'a prise en photo et a demandé à un passant de nous prendre tous les deux. C'était incroyable la vitesse à laquelle nous semblions être devenus un couple. La tête me tournait.

« Oh, Adam, me suis-je exclamée, cette journée va être merveilleuse! » Nous avons marché longuement dans le parc et je lui ai parlé de la visite de Bucio la veille. Il m'a raconté sa vie à Varsovie et ses difficultés pour conserver son appartement. Il avait beau n'avoir qu'une seule chambre, les services communistes, qui attribuaient les logements en fonction de leur taille, considéraient l'appartement comme trop grand pour un seul occupant. En l'écoutant, j'avais le sentiment qu'Adam était aussi séduit par moi que je l'étais par lui. Comme il était différent de Peter. Il était fort et semblait très adulte. J'admirais sa capacité à prendre seul des décisions graves et à assumer ses responsabilités sans personne pour le conseiller ou l'aider. Il me fascinait.

Tout en marchant dans le parc, j'étais très flattée qu'il se sente suffisamment bien avec moi pour me parler de son ex-fiancée, Dora. Elle avait récemment rompu avec lui et annulé leur mariage. Je lui ressemblais beaucoup physiquement, m'a-t-il dit, mais ma personnalité et mon caractère étaient très différents du sien. Il m'a affirmé qu'il y avait longtemps qu'il ne s'était pas senti aussi bien et m'a confié que c'était la première fois depuis leur rupture qu'il arrivait à oublier Dora et à se sentir heureux. Mais il a avoué qu'il avait aussi peur, peur que quelque chose arrive et le prive du bonheur qu'il était peut-être en train de découvrir avec moi. Mon cœur battait à tout rompre et j'avais du mal à respirer en l'écoutant. Je venais juste de rencontrer cet homme et voilà que déjà il craignait de me perdre.

Adam a continué à parler de lui-même pendant que nous marchions lentement jusqu'au tramway desservant le parc des expositions, situé aux abords de la ville. C'était un quartier neuf, sans trace de la guerre ou de ses ruines. Adam a été très impressionné par le parc et a surtout admiré la *Hala Ludowa*, un grand bâtiment public situé au milieu. C'était le centre d'attraction du parc, un immense bâtiment rond pouvant accueillir des milliers de personnes et faisant la fierté de Wrocław. L'intérieur était en grande partie occupé par une immense scène tournante où se produisaient les artistes les plus célèbres. En regardant autour de moi, je me suis rappelé ce concert, il y a fort longtemps, où j'avais joué une *czardas* tandis que Rita interprétait sa danse tzigane sur cette même scène.

Adam et moi avons flâné dans le parc. Il m'a pris la main, me gardant près lui. Nous avions tellement de choses à nous dire l'un l'autre. J'ai totalement oublié les manèges et autres amusements autour de nous, passant devant sans les voir. Lorsque nous avons aperçu un banc, Adam a étalé son imperméable sur le siège et m'a proposé de m'asseoir un moment. Me tenant les mains, il m'a attirée contre lui en parlant. Habituellement, lorsque j'écoutais quelqu'un parler longtemps, mon esprit se mettait à vagabonder et je partais dans mes propres rêveries. Mais avec Adam je m'attachais à chacun de ses mots.

Nous étions si mutuellement absorbés l'un par l'autre ce jour-là que j'en avais oublié qu'Adam n'habitait pas Wrocław. Tout à coup, j'ai pris conscience qu'il allait bientôt devoir partir. Comme s'il pouvait lire mes pensées, il a rapproché son visage du mien et m'a dit tout bas : « Rachel, je n'ai personne d'autre dans ma vie. Je ne peux pas te raconter toute ma vie maintenant, mais je te dirai tout avec le temps. Je n'ai qu'une amie féminine, Wioletta. Elle vit chez sa grand-mère mais officiellement, pour les services du logement, elle habite avec moi. Il n'y a rien entre nous, mais la seule façon pour moi de garder mon appartement est de faire croire que nous sommes deux à y vivre. Je veux rester dans ce logement jusqu'au jour où, je l'espère, je serai marié et aurai besoin d'espace pour ma famille. Les familles qui s'inscrivent aujourd'hui sur les listes devront attendre des années. »

En écoutant son histoire, j'ai commencé à me sentir mal à l'aise. La mention de cette amie m'avait bizarrement affectée. Comment pouvais-je faire confiance à ce parfait inconnu? Peut-être vivaient-ils réellement ensemble. J'aurais dû savoir que les choses étaient trop belles pour être vraies. Je refusais de me remettre à espérer pour être finalement blessée à nouveau. Il ne servait à rien de l'écouter plus longtemps et de risquer d'être à nouveau malheureuse.

«Il se fait tard… et il va bientôt faire noir, m'a dit Adam, devinant une fois encore mes pensées. Je vais te raccompagner chez toi. Je dois attraper le train de dix heures pour rentrer à Varsovie. Je voyagerai ainsi toute la nuit et pourrai me rendre directement à mon travail à partir de la gare demain matin.» Il a scruté mon visage et m'a demandé d'une voix douce : «Rachel, est-ce que tu m'écriras?» Je n'ai pas répondu et nous avons pris la direction du tramway. Pendant l'heure de trajet, je craignais de me laisser aller à être heureuse. Je sentais un grand vide en moi et m'inquiétais déjà de ce qu'il allait beaucoup me manquer lorsqu'il serait reparti.

«Ce doit être une personne très intéressante, m'a dit ma mère d'un ton plein de sous-entendus, pour que tu aies passé toute la journée avec lui, surtout vu ton état de fatigue ce matin.» Adam a dîné avec nous et je suis restée silencieuse tandis que mon père et l'Oncle Shiko évoquaient avec lui sa famille et son travail. Il leur a expliqué que toute sa famille était morte pendant la guerre et qu'il était seul depuis l'âge de 11 ans. Il s'était caché dans les forêts et les villages et après la guerre avait été accueilli dans un orphelinat à Varsovie. Plus tard, alors qu'il habitait dans un foyer d'étudiants de la ville, il avait raconté son histoire à des représentants de la Commission centrale de l'histoire juive de Varsovie qui l'avaient enregistrée et placée dans leurs archives. Il nous a parlé de son seul parent encore vivant, Gedaliusz, un cousin éloigné qui avait survécu à la guerre en URSS et qui vivait désormais avec sa famille à Legnica. Il leur rendait souvent visite et c'est là qu'il avait fait la connaissance de Bucio.

En l'écoutant parler si franchement et honnêtement, j'ai regardé autour de la table et vu que ma famille était aussi touchée par Adam que je l'étais. Ce garçon avait enduré beaucoup de choses et nous pouvions tous compatir avec cela. J'ai senti mon cœur devenir plus léger. J'avais pris ma décision. Je me battrais pour Adam. Soudain, je me suis sentie très adulte.

118

Comme s'il était conscient de l'état d'esprit autour de la table, Adam a brusquement changé de sujet de conversation. Il nous a raconté ce qu'il avait accompli au cours des quelques années écoulées depuis la fin de la guerre. Il était entré dans l'armée de l'air polonaise et était devenu pilote de Yak 9, des avions de chasse. Après avoir terminé sa formation, il avait été choisi, avec seulement dix autres pilotes, pour suivre l'entraînement sur les chasseurs MIG 3. Malheureusement, il avait été brusquement exclu de sa base militaire quelques semaines avant le début de la formation, avec ordre de ne pas recontacter ses collègues. Il avait découvert par la suite que les autorités avaient enquêté sur son passé et appris qu'après la guerre il avait appartenu à l'organisation de jeunesse sioniste *Hashomer Hatzaïr*. Comme il ne le leur avait pas dit de lui-même, ils en avaient conclu qu'il avait des liens avec Israël. Pour les autorités, c'était une preuve suffisante des graves dangers qu'il représentait pour la sécurité de l'armée de l'air polonaise.

Adam a été anéanti par son renvoi, mais il a aussitôt présenté sa candidature pour travailler dans une compagnie d'aviation civile. On lui a répondu tout net qu'il ne trouverait jamais de travail en tant que pilote pour une compagnie civile après avoir été renvoyé de l'armée de l'air. Il travaillait désormais comme technicien dans une usine du gouvernement chargée de la construction de petits avions. Il prenait des cours du soir spécialisés à l'École d'ingénieurs et de technologie de Varsovie et venait d'accepter un poste comme inspecteur des composants électroniques à la Compagnie nationale polonaise de télécommunications. « Je gagne bien ma vie, nous a-t-il dit, mais je me sens très seul. »

## CHAPITRE 24

La date de notre mariage a été fixée au 24 juin 1956. Ce serait la première grande fête pour ma famille depuis longtemps et toute la maison était en effervescence. Les invitations toutes simples ont été envoyées un mois avant la cérémonie et mon père a retenu des musiciens, y compris un violoniste. L'Oncle Shiko s'est proposé comme photographe. La noce se déroulerait à la maison et nous ouvririons les portes de communication entre les deux appartements afin que la partie de Shiko et la nôtre ne fassent plus qu'une. Les meubles seraient déplacés afin de pouvoir installer des tables couvertes de nappes blanches le long des murs. La table des mariés serait installée au milieu de la pièce où se trouvait mon piano à queue et où s'installerait l'orchestre. Nous avons embauché deux femmes de la synagogue pour la préparation du repas. Pendant plusieurs semaines avant le mariage elles se sont affairées à préparer pains et gâteaux et à faire cuire des plats traditionnels juifs. Le repas du mariage commencerait par de la *hallah* et du *gefilte fish*, suivis de bouillon de poulet accompagné des vermicelles aux œufs de Boubè Yetta, de rôti de bœuf, de canard rôti, de rouleaux de chou, de pommes de terre bouillies à l'aneth frais et de *tsimmes*, ou gâteau aux carottes. En dessert, nous aurions des sorbets et le « meilleur strudel aux pommes au monde », celui de ma mère.

Deux semaines avant le mariage, j'étais à la maison en train de réviser mes cours lorsqu'une jeune femme a frappé à la porte. Elle m'a dit qu'elle s'appelait Wioletta et qu'elle habitait Varsovie. Je me suis rappelé qu'Adam avait parlé d'elle lors de sa première visite.

Lorsque je l'ai vue à la porte, j'ai tout de suite craint que quelque chose soit arrivé à Adam. Elle m'a assuré qu'il allait bien et qu'elle était venue me voir parce qu'elle devait me parler en tête à tête.

«Vous savez, a-t-elle poursuivi brusquement, que je vis avec Adam; je suis venue vous annoncer que j'étais enceinte.» Je me suis presque évanouie. Essayant de garder mon sang-froid, je me suis levée lentement et lui ai répondu : «Très bien, je ne m'interposerai pas; mon mariage est dans deux semaines, mais je l'annulerai et je vous souhaite même bonne chance à tous les deux.» Elle a semblé surprise et quelque peu désarçonnée par ma réponse. «Je ne veux pas épouser Adam! a-t-elle crié. Je veux que vous me donniez de l'argent pour un avortement.» Je l'ai regardée avec stupéfaction. «Ne pensez-vous pas que vous devriez en parler avec Adam plutôt qu'avec moi? – Adam ne veut pas m'épouser. Il vous aime, a-t-elle continué sans la moindre émotion. Il ne sait même pas que je suis ici pour demander votre aide.» Quelque chose clochait dans cette histoire invraisemblable. J'étais brusquement comme hébétée. Après avoir réfléchi un instant, je lui ai demandé de me laisser son numéro de téléphone et lui ai promis de la rappeler avant la fin de la journée.

Après son départ, mes larmes ont commencé à couler. J'ai raconté à ma mère et à Regina la visite de Wioletta et son histoire incroyable. Elles sont restées bouche bée. En voyant leur stupéfaction, quelque chose s'est brisé en moi. J'avais craint qu'un problème survienne et c'était ce qui s'était passé. Lorsque mon père et Shiko sont revenus de leur travail, nous avons tous discuté de la situation. Mon père, solide comme toujours, m'a dit : «Je suis toujours convaincu qu'Adam est quelqu'un de bien et qu'il sera un mari merveilleux pour toi. Tu dois lui parler et entendre sa version de cette histoire. Nous donnerons de l'argent à Wioletta si c'est ce qu'elle veut, mais tu dois laisser sa chance à Adam.»

J'ai appelé Wioletta et lui ai demandé combien elle voulait. En entendant la somme astronomique qu'elle exigeait, je lui ai répondu que je devrais la rappeler quelques jours plus tard. J'ai aussitôt acheté un billet d'avion pour Varsovie. J'ai pleuré pendant tout le voyage et n'étais pas sûre d'avoir la force d'affronter Adam.

À mon arrivée, pourtant inopinée, Adam était aussi chaleureux et aimant qu'à son accoutumée. Nous nous sommes assis dans sa cuisine minuscule et je lui ai raconté la visite de Wioletta. Il m'a juré qu'il n'y avait eu aucune autre femme dans sa vie depuis notre rencontre et il était furieux à l'égard de Wioletta qui avait eu le culot de me mentir à propos de sa grossesse et de lui. « Le père doit être quelqu'un qui refuse de l'aider et elle-même n'a pas d'argent pour se sortir seule de cette situation. » J'ai vu qu'il songeait à quelque chose. « Je commence enfin à comprendre, a-t-il continué. Tu sais qu'elle a la clef de mon appartement puisqu'elle réside officiellement à cette adresse. La semaine dernière, en rentrant chez moi, j'ai trouvé l'appartement totalement vide; même mes vêtements avaient disparu. J'ai pensé à un cambriolage. C'est manifestement ce qui c'est passé et c'est Wioletta qui a volé mes affaires pour les vendre. » Il arpentait la pièce de long en large, absolument furieux. « Elle a probablement lu toutes tes lettres! Si ça se trouve, elle n'est même pas enceinte! Comment ose-t-elle mettre notre bonheur en danger? C'est une voleuse et une menteuse! »

Adam s'est assis près de moi et m'a pris la main. Il était hors de lui. « Je t'en prie, je t'en prie Rachel, tu dois me croire. Je t'aime et tu es la seule femme avec qui je veux partager ma vie et mon avenir. » Son expression est soudain devenue très sévère. « Tu ne peux pas, tu ne dois pas lui donner un seul sou! » J'ai plongé mon regard dans ses yeux si chaleureux et si doux et j'ai su qu'il me disait la vérité. J'avais réellement confiance en lui.

En rentrant chez mes parents, j'ai répété à mon père ce qu'Adam avait dit et il a insisté pour donner à Wioletta l'argent qu'elle demandait. « Tu ne voudrais pas qu'elle gâche le jour de ton mariage. Elle doit disparaître de notre vie à tout jamais. »

Wioletta a reçu l'argent de mon père et nous n'avons plus jamais entendu parler d'elle.

∽

Comme le veut la coutume pour les mariages juifs orthodoxes, Adam et moi avons jeûné la veille de notre mariage et n'avons pas été autorisés à nous voir pendant les vingt-quatre heures précédant la cérémonie. Adam était hébergé chez mes parents tandis que j'étais accueillie par des cousins de ma mère, Isaac et Ewa Zweig. Le 24 juin 1956 au matin, jour du mariage, je suis revenue chez mes parents et ai trouvé l'appartement totalement transformé. La petite salle de séjour de Regina et Shiko avait devenue le salon de la mariée. Dans un coin était installé un fauteuil recouvert d'un drap blanc. Il était entouré d'un océan de fleurs et derrière lui les murs étaient décorés de miroirs. C'est là que je devais m'asseoir pour recevoir toutes les femmes à leur arrivée. J'avais le sentiment d'être une princesse. J'attendais avec une suprême impatience qu'arrive le soir.

Adam était très beau dans son costume de marié bleu marine à nœud papillon blanc. Ses cheveux noirs et souples brillaient et son merveilleux sourire illuminait tout son visage. Dans son regard chaleureux et sombre, je pouvais lire son bonheur et son amour éternel pour moi. Une joie supplémentaire était de penser que mes parents aimaient Adam et le considéraient déjà comme leur fils. Les prières d'Adam allaient être enfin satisfaites; de nouveau il allait faire partie d'une famille chaleureuse et aimante.

J'avais une robe de mariée écrue, de style princesse, avec un long voile en dentelle. Je portais un bouquet de roses blanches assorti à la couronne posée sur ma tête. J'ai traversé le drap blanc couvrant le sol pour me diriger vers mon avenir, précédée par les enfants qui jonchaient mon chemin de pétales de roses blanches. Notre appartement avait pris un air de fête et était empli de fleurs qui lui donnaient à mes yeux l'allure d'une magnifique roseraie et en faisaient un symbole approprié pour cette journée glorieuse, pleine de rires et de larmes de bonheur.

Je revois encore aujourd'hui le rabbin âgé de 82 ans qui a célébré la cérémonie. Lorsque nous avons été prêts à rompre notre jeûne, Adam et moi, on nous a offert du biscuit de Savoie et du café frais. Je ne me rappelle pas avoir mangé autre chose ce soir-là, mais je revois comme si c'était hier ma *boubè* Yetta danser vers le centre de la table des mariés, portant une *hallah* nattée d'un mètre quatre-vingts de long. Il y avait une centaine d'invités, parmi lesquels Jozef et Rozalia Beck et Bucio, notre marieur involontaire, qui était l'invité d'honneur et que nous bénirons jusqu'à la fin de notre vie.

Le seul nuage de cette radieuse journée était l'absence de Luci. Elle avec qui j'avais passé toute mon enfance – jours de bonheur et jours d'horreur compris – elle qui savait tout ce que cette journée représentait pour moi et pour ma famille, n'avait pas jugé l'événement suffisamment important pour être présente. Elle m'a confié par la suite qu'elle n'avait pu venir car elle avait fait d'autres projets avec son ami Abraham.

Les réjouissances ont duré jusqu'au petit matin. En partant, chacun des invités s'est vu offrir un napperon blanc magnifiquement plié, contenant des friandises du mariage à remporter chez eux. Les jours suivants, nous avons continué à recevoir la visite de membres de la famille et d'amis venus nous souhaiter beaucoup de bonheur. Mon père avait raison. Adam s'est révélé être pour moi non seulement le meilleur des maris, mais aussi le meilleur des amis.

## CHAPITRE 25

Pendant notre lune de miel d'un mois à Miedzyzdroje, sur la Baltique, Adam et moi avons découvert que nous aimions tous deux la nature et surtout la campagne qui nous rappelait notre petite enfance. Nous étions tous deux enfants de l'Holocauste et nous avons beaucoup parlé de la guerre et de tout ce que nous avions perdu. À la fin de notre première semaine ensemble, il ne restait plus rien que nous ne nous soyons dit.

Après de longues discussions, Adam et moi avons décidé de renoncer à son appartement de Varsovie et de vivre avec mes parents. Même si Adam avait un travail très intéressant à Varsovie, nous avions tous les deux le sentiment qu'il était important pour nous d'être ensemble pendant que je finissais ma quatrième année de médecine. Ce n'a pas été un choix facile. Adam aurait bien du mal à se faire embaucher à Wrocław : non seulement il était juif, mais il était étranger à la ville et n'appartenait pas au Parti communiste. Autant de facteurs qui lui poseraient de sérieux problèmes pour trouver du travail dans sa branche, surtout au sein d'une entreprise gouvernementale.

À l'été 1956, les Juifs commençaient à être démis des postes importants et le gouvernement polonais ouvrait les frontières à tous les Juifs dans l'espoir de s'en débarrasser. C'est vers cette époque qu'en rentrant un jour chez moi après les cours j'ai trouvé ma famille réunie, l'air grave. Nous avions reçu une lettre officielle de l'administration expliquant que tous les prénoms juifs devaient être immédiatement abandonnés au profit de prénoms polonais. De plus, tous les noms de famille devaient être modifiés selon l'orthographe polonaise. Les orthographes étrangères ne seraient plus acceptées.

Pendant plusieurs jours, mon père et Shiko ont discuté de la décision à prendre. Ils savaient très bien que nous serions en danger si nous résistions. Ils ont finalement conclu que nous allions modifier l'orthographe de notre nom de famille de Muhlbauer en Milbauer. Pour notre sécurité et notre survie, nous avons aussi dû délaisser nos prénoms juifs au profit de prénoms polonais. Devoir changer de noms a suscité en nous une telle humiliation et un tel dégoût que je ne peux me résoudre à les écrire ici. N'était-ce pas fini? Est-ce que cela allait recommencer? Nos noms étaient tout ce qui nous restait.

Adam a trouvé un travail profitable, qui consistait à acheter et vendre un nouveau produit, le « moto-rower », ou vélomoteur. Adam se rendait à Katowice, ville proche de Bytom en haute Silésie. Une fois tous les deux ans, les mineurs recevaient un coupon leur permettant de s'acheter ce vélomoteur. Adam leur rachetait leurs coupons, les présentait dans le magasin indiqué et recevait les engins sans que personne fasse la moindre difficulté. Il les expédiait à Wrocław où il pouvait les revendre plus cher à des Juifs n'ayant pas le droit à ces coupons.

Mon père et Shiko essayaient à présent d'obtenir pour nous tous l'autorisation d'émigrer en Israël. C'était le seul endroit, nous semblait-il, où nous pourrions vivre en sécurité en tant que Juifs. Ce n'était pas la première fois que nous essayions d'obtenir cette autorisation. Nous avions déjà par trois fois déposé un dossier au cours des quelques années précédentes, mais mon père a renouvelé sa demande en y ajoutant cette fois le nom d'Adam. Finalement, en 1956, nous avons appris que nous étions autorisés à quitter la Pologne pour Israël. Mon père a cependant insisté pour qu'Adam et moi restions en Pologne le temps que je finisse mes études de médecine. Je n'ai pas voulu en entendre parler. Nous n'avions jamais été séparés un seul instant de notre propre gré et je n'allais pas accepter que ce soit le cas maintenant.

Avant notre départ pour Israël, mon père est retourné à Turka. «Une dernière fois, je veux revoir les lieux où je suis né et rendre visite aux gens qui nous ont aidés.» Il a décidé d'emmener avec lui Frida, alors âgée de 11 ans, et Eli, 7 ans, pour leur montrer où nous avions vécu. J'étais bouleversée que mon père ne m'emmène pas avec lui lors de ce voyage. Moi aussi, je voulais revoir ma maison une dernière fois, me trouver de nouveau dans ces lieux qui m'étaient chers. Je n'ai jamais réellement su pourquoi il n'avait pas voulu; est-ce parce qu'il pensait que cela réveillerait des souvenirs douloureux du passé? ou parce qu'il voulait que je regarde seulement vers l'avenir et non vers le passé? Turka était alors en URSS et non en Pologne; peut-être avait-il le sentiment qu'il serait plus sûr pour lui de voyager avec de jeunes enfants. Il pourrait ainsi prétendre qu'il était en vacances, plutôt qu'inciter les garde-frontières soviétiques à le soupçonner d'avoir d'autres objectifs. Il a acheté des billets, demandé des passeports et ils sont partis pour Kolomyja.

À leur retour, mon père a rapporté avec lui des souvenirs du passé. Il nous a dit que le village de Turka n'avait pas été endommagé pendant la guerre et était toujours tel que nous l'avions connu. Le verger était toujours aussi beau que par le passé. Il avait frappé à la porte de notre ancienne maison et expliqué à la paysanne que cette ferme avait été celle de sa famille avant la guerre et qu'il avait lui-même planté les pommiers. Il lui avait demandé la permission de cueillir quelques pommes afin de goûter une dernière fois le fruit de son labeur. Elle avait accepté et, en larmes, il avait cueilli ses pommes.

Il était aussi allé voir Vasil et Maria Olehrecky, ce couple qui avait travaillé sur la ferme de mes grands-parents puis nous avait sauvé la vie pendant la guerre. Mon père a découvert que Vasil vivait toujours dans sa ferme, mais que Maria et lui avaient divorcé et s'étaient tous deux remariés. Mon père lui a donné de l'argent et des cadeaux et l'a de nouveau remercié pour tout ce qu'il avait fait pour nous. Ils se sont embrassés comme des frères en pleurant et se sont dit adieu. Mon père est ensuite allé voir Maria et lui a aussi donné des cadeaux et de l'argent. À l'un comme à l'autre il a expliqué que nous émigrions en Israël et que nous ne les reverrions plus jamais. Tous deux ont demandé à mon père de ne pas leur écrire depuis Israël, car la situation politique était telle à l'époque en URSS qu'ils craignaient d'être accusés d'entretenir des « contacts » avec Israël. Toutes ces visites ont été chargées d'émotion et très douloureuses pour toutes les personnes concernées, réveillant des souvenirs de la vie que nous avions connue et tragiquement perdue. Enfin, mon père est allé voir les parents de mon ami d'enfance Mecio. Il leur a dit que j'étudiais la médecine. Mecio, lui ont-ils répondu, était élève ingénieur.

Mon père nous a raconté que les Juifs d'Union soviétique faisaient tout leur possible pour sortir du pays. Pendant son séjour chez des Juifs de Kolomyja, nombre de leurs amis étaient venus lui parler et l'avaient supplié de les aider à sortir d'URSS. Il nous a montré la longue liste de familles juives qu'il avait promis de parrainer et d'aider à émigrer vers la Pologne, première étape avant d'émigrer vers Israël. Nous l'avons regardé avec incrédulité, mais il a été inflexible. « J'ai besoin de donner en retour, de faire pour d'autres personnes dans le besoin ce que des gens comme Vasil ou Jozef ont fait pour nous lorsque nous courions de graves dangers et étions désespérés. Je ne peux pas tourner le dos. C'est une *mitsvah*. »

Il n'y avait rien à dire. Le lendemain, nous nous sommes tous mis au travail. Nous nous sommes partagé la liste et Shiko, Regina, Adam, ma mère, mon père et moi avons commencé les demandes de papiers officiels pour «les parents» que nous parrainions afin de pouvoir être «réunis en Pologne».

Au début, j'avais des sentiments partagés à l'idée de quitter la Pologne. J'y avais grandi, j'y avais mes racines et j'aimais ce pays dont j'avais la culture, la langue, l'histoire et les traditions dans le sang. Les premières fois où mon père a parlé de demander l'autorisation d'émigrer en Israël, je me suis mise en colère. « Ma place est en Pologne, lui répondais-je. Je ne bougerai pas d'ici. » Du fait que je vivais dans un pays communiste, je n'avais jamais écouté à la radio les nouvelles de l'autre côté du « rideau de fer » et je n'étais pas en mesure de comparer ma vie en Pologne à celle d'autres pays. Je n'avais aucune idée de ce qui nous attendait en Israël. Je savais seulement qu'il y faisait très chaud. Je me rappelais le bonheur extatique de ma famille lorsqu'Israël était devenu un État indépendant en 1948, mais pour moi cette nouvelle patrie était l'inconnu.

Cependant le temps a passé et la situation des Juifs en Pologne s'est aggravée et j'ai commencé à être impatiente de partir. Adam et moi pourrions commencer une nouvelle vie en Israël et pourrions sans crainte y élever une famille juive. La perspective d'être libre et l'égale des autres citoyens m'apparaissait comme un rêve. De nouveau je pourrais utiliser le prénom hébreu qui était le mien. J'aspirais à ne plus avoir peur d'être juive.

Deux semaines avant la date de notre départ pour Israël, notre appartement a commencé à peu à peu se remplir d'immigrants soviétiques n'ayant pas d'autre endroit où aller. Nous nous y sommes finalement retrouvés si nombreux que j'ai eu l'impression de me retrouver dans le train de marchandises empli de fumée de cigarette, de matelas, de voix fortes et optimistes, qui nous avait amenés de Kolomyja en Pologne après la guerre. Ma mère passait son temps à cuisiner comme pour une armée, mais était heureuse d'aider ainsi ces gens à accéder à la liberté. Finalement, les portes du monde s'ouvriraient, non seulement pour nous, mais aussi pour eux.

Le dernier jour de notre vie en Pologne, la nostalgie et la tristesse m'ont submergée. Nous quittions le sol où nos ancêtres avaient vécu et où tant d'entre nous avaient tragiquement péri. Nous savions que nous ne reviendrions jamais. Selon son habitude, mon père a essayé de nous égayer en nous disant : « C'est notre dernière soirée à Wrocław et nous allons à l'Opéra. J'ai des places pour *Tosca* et nous avons beau avoir vu cette œuvre bien des fois déjà, je veux que cette soirée soit mémorable. » Et mémorable, elle l'a été.

# Quatrième partie :

## ISRAËL

## CHAPITRE 26

Nous sommes arrivés en Israël le 28 février 1957. Nous avons vite compris que la vie y serait très différente de celle en Europe. Le climat était chaud et humide et l'hébreu était une langue très difficile à maîtriser. À l'origine, mon père aurait voulu s'installer sur une ferme, mais à présent qu'il avançait en âge il savait que le travail y serait trop dur pour lui. L'Oncle Shiko et lui ont acheté une petite épicerie à Jaffa, dans les faubourgs de Tel-Aviv, et nous avons trouvé un logement non loin de la boutique.

Notre maison était la troisième en partant de la mer sur une petite rue, Hakovshim. Il nous a fallu un peu de temps pour nous habituer au bruit et à l'odeur de la mer à notre porte. Adam et moi avons suivi un stage de cinq mois pour apprendre l'hébreu. Une fois le stage terminé, Adam a postulé auprès d'une entreprise de construction aéronautique, *Bedek*. Embauché comme inspecteur des pièces détachées pour les avions, il y a été très heureux.

Entre-temps, mon père et moi étions allés à la faculté de Médecine à Jérusalem. Le doyen nous a expliqué que je pouvais bien sûr m'inscrire en médecine, mais que le programme n'était pas le même en Pologne et en Israël et que je devrais donc reprendre le cursus à partir de la deuxième année. Cela voulait dire que je perdais à peu près deux ans d'études. De plus, les études de médecine ne duraient pas cinq ans comme en Pologne, mais sept ans et n'existaient qu'à l'université de Jérusalem. Je ne suis toujours pas sûre d'avoir pris la bonne décision, mais j'ai refusé d'être admise dans ces conditions. Le doyen m'a alors proposé de m'accepter en pharmacie ou en bactériologie, toujours en deuxième année, mais du moins ces diplômes ne demandaient-ils que quatre ans d'études. Dépitée, j'ai accepté de m'inscrire en pharmacie. Cela voulait dire résider à Jérusalem pour mes études, tandis qu'Adam habiterait avec ma famille à Jaffa pour ne pas perdre son travail.

C'est pendant cette première année en Israël, alors que j'avais repris les cours, que je suis tombée enceinte. J'ai eu une grossesse très difficile. Il m'arrivait de m'évanouir, j'ai fait une toxémie et j'ai beaucoup grossi. Le 29 octobre 1958, j'ai donné naissance à une magnifique petite fille que nous avons nommée Batia en l'honneur de la mère d'Adam, morte pendant l'Holocauste. En anglais, nous l'appelons Barbara. Le bébé ressemblait à Adam, avec des cheveux bouclés très bruns, un teint clair et des yeux marron foncé.

Après la naissance de Barbara, j'ai fait une grave dépression. J'étais convaincue que j'étais en train de mourir d'une maladie incurable et que ma famille refusait de me le dire. Je me désintéressais totalement du bébé et j'avais peur de rester seule. J'étais retournée à Jaffa pour être avec Adam, le bébé et ma famille. Lorsqu'Adam était à son travail, ma mère s'occupait du bébé et de moi. Il m'arrivait souvent de m'évanouir dans la journée. Plusieurs fois, ma mère a dû appeler le médecin car j'étais devenue hystérique; je pleurais et criais que j'étais en train de mourir et que personne ne faisait attention à moi. À plusieurs reprises, alors que j'étais seule à la maison avec mon bébé endormi, j'ai songé à me jeter par la fenêtre. Je voulais mettre un terme à mon existence misérable et cesser d'être un fardeau pour mon entourage. Mais je ne le pouvais pas. Debout devant la fenêtre ouverte, je songeais que j'allais laisser ma petite fille toute seule et, ne supportant pas cette idée, je m'empressais de fermer la fenêtre, m'en éloignais autant que possible et courais jusqu'à mon bébé. Je n'ai jamais parlé à personne de ces incidents et j'ai continué à me battre pour retrouver la santé pendant toute une année.

Lorsqu'Adam revenait de son travail, je le suppliais : « Je t'en prie, dis-moi ce qui ne va pas. Est-ce que je vais mourir ? » Il me serrait contre lui, m'embrassait sur le front et me disait à voix basse : « Je t'assure que tu n'es pas en train de mourir. Tout ira bien. Le médecin dit que tu traverses juste une mauvaise passe et que ça ne va pas durer. » Je m'endormais dans ses bras, enfin apaisée. Il était la seule personne au monde en qui j'avais confiance.

Lorsque j'ai été prête à reprendre mes études, j'ai déposé un dossier à l'université de Tel Aviv de façon à me rapprocher de la maison. Comme il n'y avait ni faculté de Médecine ni faculté de Pharmacie, je suis entrée en troisième année de Microbiologie. Adam et moi avons bientôt emménagé dans notre propre petit appartement à Lod, près de l'aéroport, de façon à ce qu'Adam soit proche de son travail. Ma mère nous a été d'une grande aide pour le bébé, qui restait chez mes parents pendant que j'étais en cours. Ce n'était pas facile pour ma mère car elle était désormais très malade. Avant notre départ de Pologne, le Dr Nieder l'avait avertie qu'elle ne devrait jamais cesser ses piqûres d'insuline. Il lui avait expliqué que l'on trouverait bientôt des comprimés mais que dans son cas il serait très dangereux, voire fatal, d'interrompre les injections.

Je trouvais extrêmement pénible d'être séparée de mon bébé pendant que j'étudiais. Un jour, en revenant de l'université, j'ai trouvé ma fille en train de jouer avec ses amies et en me voyant approcher elle leur a dit : « Regardez, moi aussi j'ai une maman. »

J'en ai eu le cœur brisé et cela n'a fait que renforcer ma résolution de travailler dur et de terminer rapidement mes études de façon à pouvoir avoir ma fille auprès de moi.

J'ai enfin obtenu ma maîtrise de microbiologie de l'université de Tel Aviv en juin 1964, alors que Barbara avait 5 ans. Mes parents, fiers de moi, mon mari si aimant, Adam, et ma petite fille Barbara étaient tous présents lors de la cérémonie de remise des diplômes, portant de gros bouquets de roses rouges. Pour chacun d'entre nous, ce moment a été chargé d'émotion. Mon père m'a mis un magnifique collier en or autour du cou et déposé dans la main des boucles d'oreille en or et perles de culture. Je savais tout ce que cet instant représentait pour lui et j'ai toujours attaché beaucoup de prix à ces cadeaux venant de lui. Adam m'a fait la surprise d'un transistor japonais dernier cri, un Hitachi dont je rêvais. J'avais ma propre surprise pour eux : j'étais enceinte de mon second bébé.

Une fois mes études terminées, j'ai postulé à l'hôpital Kaplan de Rehovot. On m'a proposé un poste de chercheuse au sein du département de Bactériologie; je travaillais à l'identification d'organismes bactériologiques complexes, étudiais leur sensibilité aux médicaments antibactériologiques et écrivais des comptes rendus pour les médecins. J'étais soudain redevenue heureuse de vivre. J'avais du travail. Nous avions les moyens de payer une baby-sitter pour notre fille, revenue vivre avec nous. J'étais de nouveau enceinte et la grossesse se déroulait bien. Mes parents, chaque fois qu'ils venaient nous voir, étaient fiers de notre petite famille qui grandissait et de notre réussite.

De plus, je percevais un très bon salaire et notre situation financière s'était grandement améliorée. J'ai décidé que je pouvais recommencer à penser à mon piano. Pendant mes études, lorsque nous n'avions que le salaire d'Adam pour vivre, nous n'avions pas eu d'autre choix, financièrement, que de vendre mon précieux piano. Cela avait été incroyablement douloureux pour moi. Adam avait essayé de me réconforter. « Un jour, lorsque tu auras fini tes études et que nous pourrons nous le permettre, tu auras de nouveau un piano. Je te le promets. »

Ma seconde fille est née le 2 décembre 1964, à l'hôpital Kaplan où je travaillais. Nous lui avons donné le prénom de Boubè Yetta, morte quelques années auparavant. Nous avions beaucoup pleuré la perte de ma grand-mère, mais nous connaissions désormais la joie de l'arrivée d'un nouvel être dans notre vie. En anglais, nous l'appelons Iris. Pendant mon séjour à l'hôpital, Adam a fait repeindre l'appartement, a préparé la chambre du bébé et mis de jolis rideaux aux fenêtres. Notre petit logement était magnifique. Nous avons décidé que ma mère passerait une semaine avec moi à ma sortie de l'hôpital.

Ma mère était heureuse de s'affairer à cuisiner, faire du pain et des gâteaux et préparer tout ce qui pouvait me faciliter la vie avec mon nouveau bébé. Au bout d'une semaine, elle a décidé de rentrer pour voir comment mon père et ma sœur se débrouillaient sans elle. Elle prévoyait de leur préparer de quoi manger pour plusieurs jours et de revenir ensuite auprès de moi.

Mais ma mère négligeait sa santé depuis un certain temps. Refusant de tenir compte des conseils du Dr Nieder, elle avait abandonné les injections au profit de comprimés contre le diabète. Elle disait ressentir physiquement le besoin d'interrompre momentanément les piqûres, mais elle n'a pas tardé à souffrir de graves complications. Son taux de glycémie est devenu totalement incontrôlable et elle avait de telles lésions aux reins que la chirurgie était le seul recours. À l'époque, en Israël, lorsque quelqu'un devait se faire opérer, les membres de la famille devaient donner le sang dont le patient avait besoin. Adam et mon père étaient volontaires pour donner à la banque du sang à son intention, mais leur groupe sanguin n'était pas le bon. Ma mère était d'un groupe rare, AB, mon père était du groupe B et Adam

138

du type O. Ils ont dû trouver ailleurs le sang dont elle avait besoin. Une autre complication grave était que ma mère devenait aveugle. Le diabète avait attaqué ses yeux et Adam l'avait emmenée consulter de nombreux spécialistes, mais à l'époque il n'existait pas de traitement. Les ennuis de santé qu'elle avait provoqués en arrêtant les injections d'insuline allaient lui être fatals.

Le dernier jour de sa visite, ma mère a touché le visage de mon bébé et dit : « Je ne vois presque rien aujourd'hui, tout est trouble, mais je sens ses traits et elle sera magnifique. » Lorsque nous nous sommes dit au revoir, nous nous sommes serrées dans les bras et embrassées en pleurant. J'ignorais que c'était la dernière fois que je verrais ma mère. Le lendemain, elle était victime d'une crise cardiaque et mourait à l'hôpital. Elle avait 57 ans. Tante Mina et sa famille avaient déjà gagné le Canada à l'époque, mais mon père et Adam sont restés auprès d'elle jusqu'à la fin.

t

La perte de ma mère a été très difficile pour moi. J'avais le sentiment que je ne pouvais pas continuer sans elle. Chaque fois que je regardais par la fenêtre, il me semblait la voir approcher au loin. J'avais peur de rester seule à la maison. Je préparais des biberons pour mon bébé, sortais avec la poussette dès le matin et ne revenais à la maison que lorsque j'étais sûre qu'Adam serait rentré du travail. Je pleurais constamment et j'allais très mal sur le plan émotionnel. Mon bébé ne voyait jamais un sourire sur mon visage. J'étais surprise qu'Iris sache même sourire et qu'elle soit une petite fille heureuse.

Mon père se sentait très seul. Ma mère lui manquait mais il ne voulait pas vivre avec nous. Il voulait habiter la belle maison de Holon où ma mère et lui avaient emménagé quelques mois seulement avant sa mort. Nous avons donc décidé de nous rapprocher de mon père, même si cela signifiait qu'Adam et moi aurions un plus long trajet pour aller à notre travail. Nous étions heureux que mon père puisse voir grandir ses petites-filles jour après jour et nous pouvions ainsi veiller sur lui.

Après la mort de ma mère, la vie n'a plus jamais été comme avant. Ma sœur Frida s'est mariée et a quitté la maison, laissant mon père seul. Nous allions souvent rendre visite à l'Oncle Shiko et à Tante Regina. L'été, nous allions ensemble à la plage tous les week-ends. Adam faisait plusieurs fois l'aller-retour en moto pour amener tout le monde à la plage. Mes cousins Eli et Hanoch étaient des enfants heureux et nous nous amusions bien à ériger des tentes sur le sable et à pique-niquer. Nous avions toujours été une famille unie, mais la mort de ma mère nous a encore rapprochés.

En 1967, nous avons de nouveau vécu un conflit lorsque la guerre des Six Jours a éclaté en Israël. Le 5 juin au matin, Adam nous a envoyées, les enfants et moi – Barbara avait 8 ans et Iris 2 ans – rejoindre nos voisins dans l'abri souterrain de notre bâtiment. Tous les hommes ont été mobilisés. Adam et moi, qui avions déjà enduré tant de choses, allions être séparés tandis qu'il accomplissait son devoir civique au sein de l'armée. Ma sœur, qui était enceinte de son premier bébé, est venue avec moi dans l'abri pendant l'absence de son mari.

Les sirènes m'ont aussitôt ramenée à mon enfance et à la guerre. J'étais pétrifiée et tremblais constamment. Frida pleurait en disant que son bébé ne connaîtrait jamais son père et moi je pleurais en disant que mes enfants, Iris surtout, ne se rappelleraient même pas Adam. Mon propre père était dans un état d'angoisse absolue et refusait de venir dans l'abri. Il répétait indéfiniment la même phrase : «Je me suis déjà caché une fois dans ma vie et je ne recommencerai pas. Ce qui doit arriver arrivera.»

J'étais terriblement inquiète pour Adam. À la radio, j'entendais des nouvelles contradictoires de la guerre. La radio israélienne affirmait que nous étions en train de gagner la guerre et la station arabe disait de même pour son camp et qu'ils tueraient tous les Israéliens et les jetteraient dans la mer. Les femmes et les enfants de l'abri étaient anéantis, en proie à une même peur; nous étions unis par notre terreur et notre espoir.

Heureusement, la guerre n'a duré que six jours. Le mari de Frida, Moshe Palachi, est revenu chez lui peu de temps après, mais pendant soixante jours après la fin de la guerre je n'ai pas eu la moindre nouvelle d'Adam. Nombre de mes voisins avaient été informés qu'un membre de leur famille avait été tué ou blessé. Je me réconfortais en me disant «Pas de nouvelles, bonnes nouvelles».

Parallèlement, je travaillais très dur à l'hôpital, où les patients étaient en surnombre. Mes enfants, terrifiées, traumatisées, passaient la plus grande partie de leur temps à jouer dans l'abri. Mon père venait me voir tous les jours et nous partagions une même inquiétude.

Après environ deux mois d'absence et de silence de la part d'Adam, on a sonné à la porte. Sur le seuil se trouvait une femme officier. Ma seule pensée a été que mon mari était mort et je me suis aussitôt évanouie. Lorsque je suis revenue à moi, cette femme m'a assuré qu'Adam allait bien. Elle avait appartenu à la même unité militaire que lui et il lui avait demandé de m'informer qu'il serait bientôt de retour et de me transmettre tout son amour. Mon père était heureux que ses deux gendres aient survécu à la guerre mais faisait déjà des projets pour la suite.

Lorsqu'Adam est revenu à la maison, mon père a commencé à sérieusement évoquer avec nous l'idée d'émigrer au Canada. Tous les soirs, nous restions tous les trois à discuter de notre avenir. Mon père disait : «Adam, tu es jeune et tu as enduré énormément de choses pendant ton enfance. Tu es le seul membre de ta famille à avoir survécu et voilà que, Dieu merci, tu as survécu à la guerre des Six Jours. C'est un signe que ton devoir est de perpétuer ta famille et tes racines. Si tu restes ici, tu t'exposes à de nouvelles guerres et de nouveaux dangers. Ta vie est très précieuse à présent que tu es chef de famille.»

Je ne voulais pas être séparée de mon père. «Nous ne pouvons pas te laisser seul. Comment pourrais-je vivre loin de toi?» disais-je en pleurant. Mon père écoutait tout ce que j'avais à dire puis poursuivait : «J'ai le sentiment que vous devriez partir. Le meilleur endroit pour vous est le Canada. Vous y avez une tante, un oncle et une cousine. Ils pourront vous parrainer.»

Pour nous, la décision était très difficile à prendre, sachant qu'elle déterminerait notre avenir et celui de nos enfants. En un sens, je voulais quitter ce pays peu sûr et imprévisible. Je ne voulais pas que mes enfants grandissent dans un contexte de guerre, comme Adam et moi l'avions fait. D'un autre côté, je n'avais pas le cœur de quitter mon père. Il était trop précieux pour moi. Je n'étais toujours pas remise de la perte de ma mère et ne pouvais concevoir de le perdre lui aussi. Il ne voulait pas entendre parler de venir avec nous. « Ne t'inquiète pas, me disait-il, tu auras toujours un foyer ici auprès de moi. »

Comme toujours, il privilégiait la sécurité et ne voulait pas que nous brûlions tous nos vaisseaux d'un coup. Nous étions dans un état de totale incertitude, décidant un jour de partir et changeant d'avis le lendemain. Mais mon père continuait à nous pousser. « Lorsque vous serez établis au Canada, ta sœur vous rejoindra et peut-être ferai-je alors de même à mon tour. Ainsi, nous serons tous à nouveau réunis. » Le plus effrayant pour Adam et moi était de penser qu'il nous faudrait tout recommencer de zéro dans un pays totalement inconnu. Nous avions enfin réussi à maîtriser l'hébreu et il nous faudrait à présent apprendre une nouvelle langue, l'anglais. Finalement, par son insistance, mon père nous a convaincus et nous avons déposé une demande d'émigration au Canada. Tante Mina nous a envoyé de belles lettres promettant de nous parrainer et nous avons commencé à organiser notre déménagement.

Lorsque nous avons demandé nos passeports israéliens, je me suis remémoré le moment où nous avions sorti nos passeports polonais avec, en face de « nationalité », la mention « apatride ». Nous avions beau être nés en Pologne, comme nos grands-parents et bien des générations de notre famille avant eux, nous avions beau avoir enduré l'Holocauste, nous n'étions pas considérés comme des citoyens polonais parce que nous étions juifs. C'était incompréhensible pour moi. J'ai toujours nos passeports polonais et de temps en temps je les regarde avec incrédulité et un immense regret. Mais cette fois, en Israël, les choses étaient différentes. Nous appartenions à ce pays. Nous étions citoyens de l'État d'Israël.

≈

Au début 1968, alors que mon père avait 61 ans, Shiko et des amis lui ont présenté une femme. Nous étions toujours en Israël et mon père nous a emmenés faire une promenade, Adam et moi. «J'ai rencontré quelqu'un, nous a-t-il dit. Elle est veuve et a dix ans de moins que moi. Elle a deux fils mariés et des petits-enfants. Elle m'a fait très bonne impression et me rappelle votre mère. Je veux que vous la rencontriez avant que je ne m'engage à quoi que ce soit.»

Je ne pouvais lui reprocher de ne plus vouloir être seul, même si la pensée de quelqu'un prenant la place de ma mère me serrerait le cœur. Sara (curieusement, elle portait le même nom que ma mère) avait des cheveux châtains bouclés, les yeux bleus et une personnalité sympathique. J'ai eu beaucoup de mal à me faire à la présence d'une autre femme dans la vie de mon père, mais elle lui faisait du bien et je n'avais pas d'autre choix que d'accepter la réalité. « Papa, lui ai-je dit, si elle te rend heureux, cela me rendra heureuse aussi. »

Savoir qu'il avait quelqu'un auprès de lui a aussi facilité mon départ d'Israël. J'aurais trouvé difficile de vivre près de mon père et de voir une femme étrangère à ses côtés. Ce serait plus facile à supporter dans un pays éloigné. Nous avons poursuivi notre projet et mon père a commencé à organiser son mariage au mois de juin.

≈

Avant notre départ pour le Canada, j'ai décidé de vendre mon violon. Le poids de nos bagages était limité et surtout je pensais aux nombreuses difficultés qui se présenteraient dans un nouveau pays. Nous devrions trouver chacun un nouveau travail, apprendre l'anglais, faire scolariser nos filles ou les faire garder; dans ces conditions, le violon ne m'intéressait pas. La pensée de le vendre me faisait peur, mais j'avais le sentiment que je n'avais pas d'autre choix.

Je ne voulais pas en parler à mon père car je savais qu'il serait furieux. Ce violon était tout ce qui lui restait de son frère Velvel et il m'en avait fait don. Il n'avait gardé pour lui-même que le kilim tissé par Velvel qui avait servi à envelopper le violon avant de l'enterrer.

Au magasin de musique, on m'en a proposé une somme dérisoire. Je savais que cet instrument valait très cher, mais le commerçant a refusé de monter le prix. Adam, furieux et scandalisé, lui a déclaré : « Je préférerais brûler ce violon que de vous le vendre. » Il lui a arraché le violon des mains et nous avons quitté le magasin sur-le-champ. J'ai été soulagée, réalisant soudain combien j'étais heureuse d'avoir toujours le violon en ma possession. Qu'est-ce qui avait bien pu me passer par la tête pour que je veuille le vendre ?

« Laissons le violon à mon père, ai-je proposé à Adam, il pourra nous le rendre plus tard. » J'avais le sentiment que c'était le destin qui nous avait empêché de vendre cette précieuse relique de mon histoire et qu'il était écrit que je devais l'avoir. Je me suis juré de ne plus jamais perdre l'héritage que m'avait laissé Velvel. Dieu merci, mon père n'a jamais entendu parler de notre projet insensé. Il a accepté de me garder l'instrument aussi longtemps que nécessaire. Même après avoir mis le violon en sécurité chez mon père, j'ai continué à être mal à l'aise à l'idée qu'en une fraction de seconde j'aurais pu le perdre. Il avait été caché des nazis, enfoui sous terre pendant l'Holocauste, comme moi. Dans son étui, nous avions retrouvé les photos de moi bébé que Velvel voulait me transmettre. Je savais que ce violon avait une histoire à raconter.

Cinquième partie :

LE CANADA

## CHAPITRE 28

E JOUR EST ARRIVÉ OÙ NOUS AVONS
FAIT NOS ADIEUX ET PRIS LE CHEMIN DE L'INCONNU.
Nous sommes arrivés à l'aéroport international de Toronto le 7
septembre 1968. Tante Mina, l'Oncle Moses, Luci et son mari
Abraham étaient tous là pour nous accueillir avec des fleurs. Que
c'était bon de revoir ma famille! Leur foyer serait le nôtre pendant
une courte période. Peu de temps après, cependant, nous avons
loué un logement et Barbara, 9 ans, n'a pas tardé à trouver sa place
à l'école primaire tandis qu'Iris, 3 ans, allait à la maternelle.

Moins de deux semaines après notre arrivée à Toronto, j'ai
obtenu un merveilleux travail de chercheuse parmi l'équipe du
Laboratoire de santé publique du ministère de la Santé. Toutes
mes qualifications et tous mes diplômes israéliens ont été reconnus.
Au sein du département de Bactériologie, j'ai commencé à
travailler sur la blennorragie. Adam a trouvé du travail chez le
constructeur aéronautique Douglas Aircraft.

Nous nous sommes installés dans notre nouvelle existence. Nos
filles grandissaient et avaient de bons résultats scolaires, Adam était

heureux dans son travail et je connaissais la réussite dans le mien. Nombre de mes communications scientifiques ont été publiées dans des revues médicales ou scientifiques. Je correspondais avec des scientifiques du monde entier, qui me demandaient souvent des tirés à part de mon travail. Je donnais des conférences et m'apercevais que les scientifiques portaient un grand intérêt à mes découvertes et me demandaient mon avis. Je me sentais enfin pleinement épanouie. Au bout de cinq ans, nous avons acquis la nationalité canadienne. Nous en étions très fiers et très heureux. Nous avions à présent établi notre foyer de façon permanente. Le Canada était notre pays et jamais nous n'émigrerions à nouveau. C'était réellement le meilleur endroit où vivre.

En 1973, mon père est venu nous voir avec sa nouvelle épouse. Ce moment a été difficile pour moi, mais peu à peu nous sommes devenues amies. Pendant leur visite de trois mois, mes enfants ont renoué leurs relations avec leur grand-père et il prenait plaisir à être avec elles. Il était heureux de constater que nous étions bien établis dans notre nouveau foyer et que nous menions une vie riche et productive. J'étais heureuse de constater qu'il n'était plus seul et qu'il avait de la compagnie.

Pendant la semaine, comme Adam et moi travaillions, mon père s'est occupé de créer un jardin fruitier et d'ornement dans la cour située derrière la petite maison jumelée que nous venions d'acheter. J'ai été très contente de voir qu'il avait planté des pivoines, qui me rappelaient le jardin de Boubè Frida à Turka et des griottiers, les préférés de ma mère. Lorsqu'il est reparti, mon jardin était magnifique. Il l'avait planté en fonction de ses goûts et de ses choix. C'était lui le spécialiste et nous l'avons laissé faire ce qu'il souhaitait. De plus, cela nous rappelait des souvenirs de ma toute petite enfance, à mon père et à moi.

Nous passions nos week-ends dans un petit mobile-home qu'Adam et moi possédions dans un village de vacances à la campagne, près de Stouffville, non loin de Toronto. Nous aimions beaucoup être en plein air. Mon père, qui avait vécu sur une ferme, adorait ce genre de vie. Il se réveillait de bonne heure pour profiter de l'air frais, écouter les oiseaux chanter et admirer les érables. Nous allions au marché agricole de Stouffville pour acheter des produits frais, notamment du pain de campagne.

Avant son départ, mon père m'a demandé de parrainer ma sœur et sa famille. En 1975, nous avons accueilli Frida, Moshe et leurs enfants au Canada. Mon père serait volontiers venu nous rejoindre lui aussi, mais sa nouvelle épouse, Sara, ne voulait pas être séparée de ses deux fils et de ses petits-enfants, qui vivaient en Israël. Lorsque mon père a quitté le Canada, il m'a terriblement manqué. Son sourire serein me manquait, ainsi que son tempérament joyeux. J'étais désolée qu'une telle distance nous sépare.

Pendant son séjour avec nous, mon père avait beaucoup sympathisé avec notre voisin, M. Noble, qui était du même âge que lui et lui aussi originaire de Pologne. Ils avaient souvent ensemble de longues conversations qu'ils appréciaient tous deux. Un peu plus tard, M. Noble m'a dit qu'il allait en Israël et m'a demandé l'adresse de mon père. Celui-ci l'a prié de me rapporter le violon que je lui avais confié. M. Noble a commencé par refuser, puis a fini par céder à l'insistance de mon père et est venu me rendre mon violon à son retour de voyage. Le destin, une fois encore, semblait m'avoir ramené cet instrument.

∾

Tous les éléments de ma vie finissaient par être réunis. Le passé était bien loin et les années passaient. En 1977, Adam et moi avons célébré notre vingt et unième anniversaire de mariage. C'était un beau soir d'été et j'étais tout excitée car une de mes communications scientifiques venait d'être acceptée en vue de sa publication. En rentrant chez moi, épuisée après mon long trajet en voiture depuis mon travail, je songeais avec envie au bain que j'allais prendre pour me détendre. Nos deux filles avaient fait des projets pour la soirée et Adam ne tarderait pas à rentrer. Nous pourrions partager une soirée décontractée à la maison, en tête à tête. J'ai allumé la chaîne hi-fi et jeté un coup d'œil dans la salle à manger. Un magnifique bouquet de roses rouges m'y attendait sur la table. Toute la pièce était emplie de leur coloris d'un rouge profond et de leur parfum. J'ai lu et relu la carte d'Adam. À ce moment-là, j'ai pris conscience que j'étais la femme la plus chanceuse et la plus heureuse au monde. J'avais un mari merveilleux et aimant, deux filles formidables, une maison magnifique et chaleureuse, une carrière stimulante. C'était la vie dont rêvent la plupart des femmes et, à une époque, elle m'avait semblé inaccessible. Je n'imaginais pas vivre au-delà de mon dixième anniversaire, encore moins vivre et connaître une existence aussi satisfaisante et sûre.

Le cours de mes pensées a été interrompu par le téléphone. C'était notre amie Jadzia, dont nous avions fait la connaissance au Canada mais qui était elle aussi originaire de Pologne. Elle connaissait beaucoup de gens que nous avions nous-mêmes connus en Pologne et organisait une rencontre pour les anciens élèves de notre école juive de Wrocław. Elle appelait pour être sûre que nous serions présents. « Qui d'autre sera là ? » lui ai-je demandé tout excitée. D'un ton circonspect, elle m'a répondu : « Je ne te le dirai pas. – Ce sera une surprise. »

Ma curiosité était à présent tout à fait éveillée. Je suis allée me regarder dans le miroir en pied de l'entrée. C'était l'une de mes occupations favorites. Cela peut paraître vain, mais j'avais besoin de miroirs partout. Déjà dans mon enfance, j'aimais me regarder dans l'eau de notre puits. Chaque fois que je passais devant un miroir, je ne pouvais m'empêcher de m'y regarder et la plupart du temps n'en avais même pas conscience. Lorsque je me regardais dans un miroir, je me sentais vivante. Cela me confirmait que j'existais.

Je suis allée me mettre debout devant le miroir et j'ai regardé mon visage. Il était lisse, sans rides. Mes cils étaient toujours épais et longs. Mes cheveux étaient châtain clair, sans aucune trace de gris pour le moment. Je me sentais jeune. Adam avait été un mari et un père très attentionné et nous nous aimions toujours aussi profondément qu'aux débuts de notre rencontre. Nous étions sereins, sachant que j'étais son univers et qu'il était le mien. Jamais nous n'en avions assez, jamais nous ne nous lassions l'un de l'autre et nous étions toujours ensemble, partageant chaque instant avec joie et bonheur. Je me suis lentement rendue dans notre chambre et ai contemplé notre portrait de mariage accroché au-dessus du lit. Adam n'avait pas beaucoup changé au fil des années. Il était si beau à l'époque de notre mariage. Son merveilleux sourire mettait toujours en valeur ses belles lèvres et ses dents blanches et régulières. J'aimais surtout ses yeux. Aujourd'hui encore, ses sourcils restaient noirs et épais, soulignant ses grands yeux bruns. Aimants et chaleureux, ils disaient son honnêteté, sa fermeté et son amour inextinguible.

~

Lorsque le jour des retrouvailles entre anciens élèves est arrivé, j'étais très excitée. J'y avais pensé toute la journée. J'ai essayé plusieurs tenues avant de me décider pour ma robe en soie vert sapin, à jupe évasée. Je me suis dit que le vert irait bien avec mon teint bronzé et mes cheveux châtain clair relevés en chignon, avec une rose corail épinglée sur le côté. Je ne me maquillais pas beaucoup mais j'aimais beaucoup les beaux bijoux en or. J'ai choisi mon collier en or avec un pendentif en diamant et des boucles d'oreilles allant avec. Adam portait son costume bleu marine favori, avec une chemise blanche et une cravate assortie.

Lorsque nous sommes arrivés chez Jadzia, de nombreuses voitures étaient déjà garées des deux côtés de la rue et j'espérais que nous ne serions pas les derniers. Je me suis tout à coup sentie très mal à l'aise. «Peut-être devrions-nous rentrer, ai-je murmuré à Adam, sans comprendre pourquoi j'avais soudain ce sentiment. – Ne sois pas nerveuse, m'a-t-il répondu en me serrant contre lui. Tu es magnifique. Tout le monde sera jaloux de ma belle épouse.» Il a sonné à la porte et bientôt Jadzia est apparue, souriante, dans l'entrée. «Tout le monde vous attend en bas. Entrez vite.»

Je tremblais toujours un peu lorsque le bruit de la fête a atteint mes oreilles. Quand nous sommes entrés dans la pièce où avait lieu la réunion, les conversations se sont arrêtées et tout le monde nous a regardés. Je serrais fortement la main d'Adam et j'ai parcouru la pièce des yeux. Il m'a dit tout bas qu'il allait nous chercher des boissons au bar et je suis restée seule, faisant de nouveau le tour de la salle du regard, me demandant qui était l'invité surprise.

J'ai soudain remarqué un homme assez âgé, un verre à la main, qui m'observait. Lorsque nos yeux se sont croisés, il est venu vers moi en souriant. J'ai aussitôt reconnu ces yeux, mais je ne parvenais pas à y croire quand j'y ai plongé les miens. Ils ne semblaient pas aller avec les cheveux gris bouclés et les rides du visage. Je me suis sentie faible et j'ai soudain eu l'impression de manquer d'air.

«Rachel», m'a dit Peter en me mettant les bras autour du cou et en m'embrassant. Je ne pouvais faire un geste. J'étais soudain ramenée loin en arrière. Y avait-il réellement vingt-quatre ans que nous nous étions dit adieu? Adam m'a vue en train de parler avec Peter et est resté à l'écart tandis que Peter me racontait ce qui s'était vraiment passé toutes ces années auparavant. Sa mère était convaincue qu'en raison de ma petite taille je ne pourrais pas avoir d'enfants. Elle lui avait posé un ultimatum : il devait choisir entre sa mère et moi. Il avait choisi sa mère. Il m'a assuré qu'il savait qu'il avait été stupide et qu'il avait bien souffert de sa stupidité. Depuis notre rupture, il ne supportait plus d'être avec sa mère.

«Lorsque j'ai renoncé à toi, m'a-t-il dit, elle m'a de toute façon perdu.» Il était à présent marié et avait des enfants, mais il n'était pas heureux. Il rêvait toujours de moi. Je l'ai regardé avec tristesse et lui ai dit doucement : «Je suis mariée et très heureuse, nous avons deux filles et une maison très agréable. Je ne crois pas que c'était notre destinée d'être ensemble. Tu sais que je crois au destin. Parfois, nous nous privons nous-mêmes de notre propre chance. Mais je n'ai aucun regret. J'aime mon mari et je sais qu'il m'aime beaucoup.» Je refoulais mes larmes tout en parlant car il était évident que ses rêves ne s'étaient pas réalisés et qu'il avait le cœur brisé. J'étais terriblement désolée pour lui. À ce moment-là, Adam s'est approché de nous et m'a invitée à danser. La musique était entraînante; j'étais dans les bras d'Adam, exactement là où je devais être.

Ce chapitre de ma vie était clos. Je me sentais libre de poursuivre ma vie, avec ma famille et mon travail. J'avais commencé à m'intéresser à la danse du ventre et je prenais des cours. J'adorais les costumes colorés, qui me rappelaient les danses des Tziganes à Turka quand j'étais petite fille. Lorsque j'exécutais la danse du ventre, j'entrais dans un tout autre monde. J'ai appris à fabriquer mes propres costumes colorés et j'étais fière de danser pour mon mari. Nous avons commencé à fréquenter des restaurants moyen-orientaux pour observer les danseuses du ventre professionnelles. Quand j'ai commencé à faire des progrès, je faisais parfois la surprise à mes amies pour leur anniversaire. J'avais toujours ma petite radio rouge avec moi et une cassette de musique moyen-orientale. Elles n'en revenaient pas que j'aie choisi la danse du ventre comme activité de loisir. C'était si éloigné de ma profession et de ma vie. Mais, pour moi, danser était une activité de ma vie privée que je ne partageais pas avec mes collègues. Exécuter une belle danse du voile que j'avais moi-même imaginée éveillait des souvenirs de mon enfance. Je me rappelais la première paire de chaussures que mon père m'avait achetée après la guerre. Lorsqu'il m'avait demandé si elles étaient confortables, je lui avais répondu : « Je ne sais pas. Il faut que je danse avec pour pouvoir décider. » Je me rappelais que j'avais virevolté dans tout le magasin, sans me sentir le moins du monde gênée. Peut-être avais-je du sang tzigane dans les veines après tout.

## CHAPITRE 29

**Tous les ans, j'allais voir mon père en Israël.** Ces visites étaient très précieuses pour moi. J'avais le sentiment d'être redevenue la petite fille de mon papa. La distance entre mon enfance et ma vie de femme adulte s'estompait quand mon père me tenait par la main en traversant la rue, ou lorsqu'il me resservait constamment pendant les repas. Dès que je tournais la tête, il me remplissait mon assiette. Pour lui faire plaisir, je jouais la surprise et disais : «C'est bizarre, Papa, je ne me rappelais pas que j'avais tout ça dans mon assiette. Que s'est-il passé?» Il me regardait d'un air imperturbable et me répondait : «Aucune idée. Mais mange tout.» À ces moments-là, nous aurions pu être de nouveau à Turka ou à Wrocław, où mon bien-être et mon bonheur étaient d'une telle importance pour lui. Il était à mes yeux si gentil, si adorable, que j'étais incapable de me fâcher de sa profonde sollicitude à mon égard.

Nous passions de très bons moments ensemble. Nous jouions aux échecs et allions nous promener, même si nous ne pouvions pas aller loin. Dès sa jeunesse, il avait été gros fumeur et j'avais beau le supplier il refusait de renoncer à la cigarette, bien que souffrant d'emphysème. À la fin de mes visites, nous pleurions tous deux comme si ce devait être la dernière fois que nous nous voyions.

Sa santé a commencé à se détériorer très rapidement. Lorsque ma fille Barbara s'est mariée en juin 1981, mon père n'a pu être présent. En décembre, j'ai été avertie par téléphone que mon père allait très mal et avait été hospitalisé. J'ai aussitôt pris l'avion pour Israël et pendant tout le voyage j'ai tremblé et prié de le retrouver encore vivant. Je ne pouvais m'imaginer vivre sans lui. Il était d'une telle sagesse. J'avais toujours compté sur lui pour qu'il me conseille et me dise quelle voie suivre. À mon arrivée à l'hôpital, il était éminemment vivant et ses yeux bleus se sont illuminés en me voyant. Je savais que le simple fait de me voir l'aidait à se sentir mieux. J'ai passé trois semaines à l'hôpital, jour et nuit à ses côtés. Il était si beau à mes yeux. Il n'avait pas de rides et pas un seul cheveu gris. Il avait toujours fait plus jeune que son âge. Il aurait 75 ans en janvier. J'avais le cœur brisé de penser combien son existence avait été difficile et qu'à présent que sa vie était paisible le temps lui était compté. Comme j'aurais voulu pouvoir l'aider! Mais cela ne dépendait pas de moi. Lorsque mon père a été autorisé à quitter l'hôpital, je suis rentrée au Canada avec de grands espoirs de voir sa santé s'améliorer. Le 8 janvier 1982, je l'ai appelé pour lui souhaiter son anniversaire, mais il n'était pas chez lui. Il était de retour à l'hôpital et y est décédé quelques jours plus tard.

Le chagrin que j'ai éprouvé à la mort de mon père était insupportable. Seule, perdue, j'avais le sentiment d'être redevenue une petite fille. Quelle injustice que mes deux parents soient morts si jeunes. Après avoir survécu aux horreurs de l'Holocauste, ils méritaient du moins, pour compenser, une longue vie en bonne santé.

Shiko allait lui aussi très mal sur le plan émotionnel. Son frère et lui étaient très proches et ils avaient toujours été ensemble dans les bons comme dans les mauvais moments; l'un ne pouvait pas vivre sans l'autre. Or voilà que Shiko lui aussi se retrouvait seul. Il est devenu très déprimé et m'a dit mainte fois qu'il ne vivrait pas longtemps et ne tarderait pas à mourir. J'étais furieuse contre lui quand il parlait ainsi et j'essayais de lui remonter le moral.

Un jour, lors d'une conversation téléphonique, je lui ai dit : « Je t'en prie, Shiko, prends soin de toi. Tu sais qu'à présent que j'ai perdu mon père tu dois être à la fois mon oncle et mon père. » Il est resté silencieux. J'ai craint qu'il lui soit arrivé quelque chose et j'ai crié son nom dans l'appareil, mais il ne m'a pas répondu. «Que se passe-t-il? ai-je crié. Ai-je dit quelque chose de mal? Tu ne sens pas bien?» Finalement, après un long moment, il s'est lentement remis à parler. Lorsque j'ai demandé à Adam s'il pensait que j'avais eu tort de suggérer qu'il devrait être à la fois un oncle et un père pour moi, il ne voyait vraiment pas en quoi cela aurait pu l'offenser. Je n'ai jamais reparlé de cet incident à Shiko.

## CHAPITRE 30

Au cours des années qui ont suivi la mort de mon père, Adam et moi avons eu de nombreux événements à célébrer. Mes deux filles ont achevé avec succès leurs études à l'université, Barbara en chimie et biochimie, Iris en nutrition et sciences de l'alimentation. Notre fille Barbara a donné naissance à deux magnifiques jumelles, Shari, nommée en l'honneur de ma mère Sara, et Julie, en l'honneur de l'arrière-grand-mère de son père. Ces bébés sont devenus toute ma vie. Mon univers tournait autour d'elles et je croyais réentendre la voix de ma *boubè* Frida lorsque je leur disais comme elle autrefois : « Vous êtes ma vie et mon univers. » Je regrettais certes que mon père n'ait pas vécu pour voir ses arrière-petites-filles, mais je savais que sans elles je n'aurais jamais réussi à surmonter sa mort. Deux ans après le décès de mon père, Shiko a été emporté par un cancer du poumon. Il n'avait que 71 ans.

Les années ont passé et Barbara a eu une troisième magnifique petite fille, Ashley, qui a repris le nom de la grand-mère d'Adam, Esther. Iris s'est mariée et a donné naissance à deux merveilleuses petites filles à un an d'intervalle. Sophie a été nommée en l'honneur de sa grand-mère paternelle et Elisse en celui de mon père, Israel. Adam et moi étions à présent les fiers grands-parents de cinq petites filles. À présent que nos enfants étaient adultes et qu'établies dans la vie elles poursuivaient leur chemin, Adam a suggéré que nous prenions une retraite anticipée. « La vie est brève, m'a-t-il dit, nous devrions nous donner du bon temps. À présent, nous pouvons voyager, nous détendre et profiter de nos loisirs. » En 1988, j'ai pris une retraite anticipée à l'âge de 53 ans. J'ai décidé de jouir de chaque instant. Je me suis occupée de ma maison, ai consacré plus de temps à la danse du ventre et au sport. Nous avons acheté une camionnette qu'Adam a équipée d'un petit évier, d'un canapé-lit, d'une petite table et d'un banc où nous pouvions nous asseoir à deux, ou pouvant servir de lit d'appoint. Nous étions fin prêts à prendre la route. Finalement, la camionnette est devenue trop petite et nous avons décidé de traîner notre caravane de plus de neuf mètres derrière nous. Nous avions à présent de la place pour tout le monde. Le temps a commencé à filer à toute vitesse et les années ont passé sans que nous en ayons conscience.

En 1993, alors que j'avais 58 ans, j'ai atteint un tournant dans mon existence; et pourtant, tout a commencé de façon accidentelle.

∾

Notre fille Iris avait invité Barbara, Frida et leurs familles respectives pour un dîner d'adieu avant notre voyage annuel en Floride. La soirée avait été merveilleuse; au moment du dessert et du café, Sarit, la fille de ma sœur Frida, a lancé une discussion intéressante. Elle parlait de la couleur des yeux d'Iris et la comparait à la couleur de ceux de ses enfants. «Comment se fait-il qu'Elisse a les yeux bleus alors que ton mari et toi avez les yeux bruns?» a-t-elle demandé à Iris.

Iris lui a expliqué que les enfants de parents aux yeux bruns peuvent avoir les yeux de n'importe quelle couleur car le brun est une couleur dominante; mais les enfants de parents aux yeux bleus ne peuvent pas avoir des enfants aux yeux bruns, car les yeux bleus sont un caractère récessif. Sarit a regardé les yeux de sa mère, puis les miens, et a dit avec surprise : «Mais nos grands-parents avaient les yeux bleus et les yeux verts et ma mère a les yeux verts, tandis que ta mère a les yeux bruns. Comment est-ce possible?» Iris l'a regardée et a répondu sur le ton de la plaisanterie : «C'est parce que ma mère n'est pas leur véritable fille.» Tout le monde autour de la table a ri. Sa réponse, conçue comme une boutade, m'avait prise au dépourvu.

Mon esprit a commencé à vagabonder et ma vie a défilé devant mes yeux. Abasourdie, j'ai pensé à mes parents, à Frida, à moi. Nous étions une famille. Comment pouvait-il en être autrement ? Malheureuse, je n'ai pas pu dormir cette nuit-là tellement mon esprit était agité par les implications de cette innocente conversation.

Le lendemain matin, j'ai commencé à chercher des preuves. J'ai ouvert mon livre d'immunologie et de sérologie et j'ai vérifié les différents groupes sanguins. Je savais que celui de ma mère était AB, que mon père était du groupe B et moi du groupe O. Noir sur blanc, la vérité m'a sauté aux yeux. «Une mère de groupe AB ne peut pas avoir un enfant de groupe O.» J'avais beau avoir étudié la médecine et connaître tout cela par cœur, je ne l'avais jamais appliqué à mon propre cas. Pourquoi aurais-je douté de mes origines ?

Pendant ces quelques instants où je suis restée seule avec mon livre de science, c'était comme si je m'étais perdue. Qui étais-je ? Je n'arrivais pas à croire qu'en autant d'années on soit parvenu à me garder ignorante d'un tel secret. J'avais 58 ans, mes deux parents étaient décédés et je me retrouvais confrontée aux questions d'une vie entière sans personne pour y répondre.

Je suis aussitôt allée voir le médecin pour faire vérifier mon groupe sanguin. Mes soupçons ont été confirmés. Mes parents n'étaient pas mes parents biologiques. Comment pouvais-je vivre avec cette soudaine réalité ? Mon univers s'est effondré. Je n'avais plus de racines. Pourquoi, au cours de toutes ces années, aucun membre de ma famille n'avait-il été honnête avec moi et ne m'avait-il révélé mes véritables origines ? Je les aimais tous tellement, comment cela pouvait-il m'arriver ? J'avais été si riche, ayant le bonheur de posséder des parents merveilleux, une famille aimante et chaleureuse. Je me retrouvais à présent seule comme une pierre; véritablement l'égale d'Adam, qui avait perdu ses parents et sa famille pendant la guerre et avait été si seul jusqu'à notre mariage. Mais il y avait une différence entre nous. Il se souvenait de ses parents. De leur visage, de leur nom. Il savait où et de qui il était né. Moi, je ne savais rien de ma véritable histoire. J'étais une enfant perdue. Désormais, je pleurerais deux couples de parents : ceux que je connaissais et aimais et ceux qui, n'ayant pas de visage, restaient pour moi un mystère.

Je n'arrivais plus à vivre avec moi-même et suis tombée dans une profonde dépression. J'ai suivi une thérapie. Je ne prenais plus aucun intérêt à ma vie et à ce qui m'entourait; je ne me préoccupais plus que d'essayer de trouver des réponses concernant ma nouvelle iden- tité. Adam a essayé de toutes ses forces de me tirer de mon isole- ment. Je n'arrivais pas à dormir et appréhendais chaque nouvelle journée, qui ne semblait déboucher que sur de nouvelles questions. C'était une blessure que je ne pouvais pas supporter; je pensais que je ne la surmonterais jamais. Je ne pouvais compter que sur Adam, qui ne me quittait jamais et sur mes enfants. Comment pouvais-je pardonner à mes parents, non pas de ne pas être mes parents bio- logiques, mais de ne m'avoir pas dit la vérité?

Ma vie entière avait été un mensonge. Après des semaines passées à me tourmenter, j'ai décidé de me tourner vers les quelques membres de ma famille encore vivants pour obtenir des réponses. À tous je leur ai demandé : « Qui étaient mes parents biologiques? » Ils m'ont écoutée poliment et ont secoué la tête. Je me suis tournée vers Tante Mina. « Une mère qui t'a élevée n'est peut-être pas ta mère? » m'a répondu la sœur de ma mère d'un ton accusateur. Lorsque j'ai essayé de lui expliquer ce que j'avais découvert, elle a continué à refuser d'admettre quoi que ce soit. J'étais convaincue qu'elle avait juré de se taire et, qu'en me disant la vérité, elle aurait rompu un pacte avec ma mère. Mes raisonnements et mes prières n'ont servi à rien. Elle est restée silencieuse. Lorsque je suis allée voir une autre personne de la famille, elle s'est fâchée et m'a répondu avec colère : « Pourquoi fais-tu toutes ces histoires? Quelle différence cela peut-il bien faire, de savoir qui était ta mère biologique?»

Je me sentais profondément blessée et trahie, mais j'ai continué à questionner. Un autre membre de la famille m'a fait la même réponse. « Je ne sais rien, mais même si ce n'était pas le cas je ne te dirais rien. » Je l'ai supplié : « Je t'en prie, dis-moi la vérité. Tu sais que j'aimais mes parents, mais j'ai le droit de savoir d'où je viens. » Mon cœur me faisait mal et j'étais désolée. Toutes les portes m'étaient claquées au nez. Pour la première fois de ma vie, j'avais le sentiment de n'avoir ni famille ni amis. En dernier recours, il me restait une personne à aller voir. Je lui ai ouvert mon cœur et lui ai dit tout ce que je ressentais. Elle m'a traitée encore plus durement que les autres. « Ta mère qui a tant souffert pour toi lorsque tu étais malade ne serait pas ta mère? Tu devrais avoir honte. Va sur la tombe de tes parents et demande-leur à tous deux pardon. » Puis elle a ajouté : « Et ne reparle plus jamais de cela. »

Éconduite par tous les membres de ma famille, j'étais néanmoins convaincue à ce stade que j'avais découvert la vérité. Tout au long de leur vie, mes parents avaient parlé de la personne la plus chère à leurs yeux, Velvel, et de sa bien-aimée Nelly. Ils ne voulaient pas que je l'oublie, ni lui ni ce qu'il m'avait légué. Mais ils ne m'avaient pas tout dit. J'étais sûre que le violon était la clef de ce mystère, que lui seul détenait la vérité. Mon précieux violon serait mon meilleur ami et la source des réponses dont j'avais si désespérément besoin.

J'ai cessé d'aborder le sujet avec ma famille et commencé ma propre enquête. Je me suis rendu compte que toutes les pièces du puzzle de ma vie étaient entre mes mains. Toujours bouleversée et dans le plus profond désarroi, j'ai entrepris avec Adam notre voyage annuel en Floride. Distraite, souffrante, je cherchais un signe dans les ténèbres; n'importe quoi qui pût m'aider dans ma quête. À un moment, sur l'autoroute, nous avons fait une pause sur une aire de service. Il était très tard le soir et, tandis qu'Adam entrait dans le bâtiment pour se chercher un café, je suis restée dehors pour marcher un peu et me dégourdir les jambes. En approchant du bâtiment, j'ai remarqué quelque chose par terre qui brillait. Je me suis penchée pour mieux voir et me suis aperçue que c'était une chaîne et un pendentif en or, en forme de *Khaï* (le symbole traditionnel juif de la vie). Je me suis d'abord sentie mal à l'aise à l'idée de le ramasser puis j'ai décidé que si je ne le prenais pas quelqu'un d'autre le ferait. Lorsqu'Adam est ressorti, je lui ai montré ma trouvaille. De retour dans la caravane, je l'ai lavée à l'eau savonneuse et ai déclaré à Adam : « Ce sera mon porte-bonheur. Je ne m'en séparerai jamais car il symbolisera le nom hébreu qui m'a été donné à ma naissance, *Khaï Rachel*. »

Toutes les pièces du puzzle ont défilé à toute vitesse dans mon esprit. Peut-être Velvel était-il mon père biologique. Je lui ressemblais. Mes parents avaient tellement veillé à garder son souvenir vivant en moi pendant toute ma jeunesse. C'est à moi que son violon avait été donné et moi seule devais en jouer. Dans l'étui, il avait déposé des photos de moi bébé, des photos de lui-même et une photo de sa cousine Minka avec une amie. Mais qui était cette amie? Un agrandissement de la photo de Velvel était accroché au-dessus du piano à queue dans notre salle de séjour à Wrocław et une photo de moi-même à côté. Mes parents avaient souvent parlé de Velvel et de sa relation amoureuse avec Nelly. Je passais et repassais tous ces indices dans mon esprit. Velvel devait être mon père biologique. Nelly devait être ma mère biologique.

Je me suis souvenue d'une lettre écrite par ma mère à Nelly après la guerre, lui annonçant qu'ils avaient tous survécu à la guerre, y compris la petite. Je n'y avais guère prêté attention à l'époque, mais aujourd'hui elle me semblait si importante. Ma mère avait écrit à Nelly, la jeune fille de Varsovie dont Velvel avait été épris avant la guerre. Elle lui avait écrit qu'elle-même, Sara, Israel et la petite étaient en vie et avaient survécu à la guerre. Velvel, avait-elle ajouté, n'avait pas survécu. Elle demandait à Nelly de lui répondre et de l'informer de ce qu'elle devenait.

Ma mère m'avait dit que Nelly était très belle et avait une personnalité très agréable. Qu'elle aimait beaucoup Nelly et qu'elles avaient été d'excellentes amies. Elle m'avait raconté que Nelly avait été le grand amour de Velvel et qu'elle se rappelait combien Velvel avait été anéanti lorsque Zeydè Eli avait refusé de consentir à leur mariage. Mon *zeydè* avait promis la main de Velvel en mariage à Sala, fille de son frère Mendel, et les règles du judaïsme orthodoxe interdisaient de rompre un tel engagement.

À l'époque, je m'étais demandé pourquoi ma mère me racontait cette histoire. Après tout, Velvel était mort et je ne voyais pas pourquoi parler de lui et de ses histoires de cœur. Peu de temps après l'envoi de sa lettre, ma mère a reçu un télégramme de Varsovie, de la part de la sœur de Nelly. «Nelly est vivante, disait-elle, mais comme morte.» Nous n'avons jamais su ce qu'elle entendait exactement par là.

Tout était si clair pour moi à présent. Pourquoi aurait-elle écrit à une ancienne petite amie de son beau-frère décédé? Pourquoi cette jeune femme se serait-elle souciée de savoir si nous avions survécu? Je me rappelais que Boubè Yetta me traitait souvent d'idiote. À l'époque, je ne comprenais pas et cela me faisait beaucoup de chagrin. Jamais elle ne traitait Luci d'idiote. À présent je comprenais. Bien sûr que j'étais idiote. Je n'avais pas la moindre idée de qui j'étais et de qui étaient mes parents biologiques. Luci était sa petite-fille; moi, non.

J'ai repensé à toutes les fois où mon père avait évoqué le sujet des enfants adoptés. Il me demandait souvent si je pensais que les enfants adoptés avaient parfois le sentiment que quelque chose n'allait pas. Sans doute voulait-il tester mes réactions. Jamais je ne m'étais doutée de ce qu'il voulait dire. Pas étonnant qu'il ait insisté avec tant de force pour que l'on ne coupe pas mes longues tresses. Aujourd'hui, lorsque je regarde la photographie de la jolie jeune fille aux longues tresses blond foncé, sur le cliché déposé par Velvel dans son étui à violon, elle correspond point par point à la description que me faisait ma mère de Nelly. Je comprends tout à fait que Velvel ait voulu que je connaisse la vérité et, de désespoir, sachant que le temps était compté, ait enfermé tous les indices possibles dans l'étui à violon.

Ma conversation avec l'Oncle Shiko m'est revenue avec une netteté saisissante; quel choc il avait eu lorsque je lui avais dit qu'il était désormais mon oncle et mon père. Je comprenais maintenant parfaitement. Il avait dû être tellement désarçonné par mes paroles qu'il n'avait plus su quoi dire. Il avait dû se demander qui m'avait confié ce secret. Tout cela me faisait l'effet d'une telle conspiration à présent! Comment tous ces gens, des gens que j'aimais et en qui j'avais confiance, avaient-ils pu ainsi me cacher la vérité? Personne ne m'avait jugée digne de savoir. Désormais, je pleurerais mes quatre parents.

## CHAPITRE 31

Une fois toutes les pièces de ma vie assemblées, une fois réconciliée avec la vérité, j'ai enfin retrouvé la paix. Je prends à présent grand soin de mon précieux violon. Il m'a aidée à découvrir qui je suis et à être fière de mon ascendance. S'il pouvait parler, il me dirait tous ses secrets.

Parfois, mes enfants et moi faisons de la musique ensemble. Barbara joue du piano, Iris de la flûte et moi du violon. Nous jouons toujours la chanson que Velvel m'a apprise, *Toum-Ba-La-Laïka*; j'ai appris cette chanson en yiddish à mes petites-filles et j'espère qu'ainsi mon héritage se perpétuera. Le kilim qui protégeait le violon à mon intention est désormais aussi en ma possession et, tissé de la main de Velvel, c'est un symbole de ce qu'il a fait pour moi. Il voulait que je sache la vérité sur ma naissance et a utilisé sa plus précieuse possession, son violon, pour y parvenir.

À 58 ans, après une découverte aussi traumatisante, j'avais besoin d'un exutoire pour mes émotions. Je ressentais profondément le besoin de partager ma découverte avec d'autres. Au début, j'ai parlé de mon passé à mes petites-filles. J'étais résolue à leur apprendre ce qu'avait été l'Holocauste et à leur parler de ma propre enfance. Elles ont été très intéressées par mes histoires et m'ont demandé d'écrire un livre sur ma vie. L'idée de ressusciter ces souvenirs du passé m'effrayait. Avais-je le courage de revivre les cauchemars de mon enfance, les expériences horribles de l'Holocauste? Je portais une telle rage en moi. Je ne pouvais oublier la destruction de mon enfance heureuse, l'assassinat des êtres que j'aimais et le déracinement répété de ma famille.

En 1996, lorsque Steven Spielberg a commencé à enregistrer en vidéo les témoignages des survivants à l'Holocauste, j'ai décidé que c'était le moment ou jamais; je raconterais mon histoire. J'ai eu le plus grand mal à convaincre Adam qu'il devrait lui aussi raconter son histoire si particulière, lui qui était le seul survivant de sa famille. Je voulais que nos enfants et nos petits-enfants se souviennent et que le monde sache.

Nous avons eu la très grande chance d'avoir une intervieweuse formidable, exceptionnelle : Myrna Riback. Elle nous a écoutés avec la plus grande compréhension et compassion. C'est grâce à ses encouragements que j'ai décidé d'aller plus loin et d'écrire mon histoire. Il y avait des moments où j'avais envie de renoncer, mais Myrna, avec son visage souriant et son soutien constant, ne voulait pas renoncer à moi. Une fois l'écriture de mon histoire commencée, je ne pouvais plus revenir en arrière. J'ai été stupéfaite de constater que je me rappelais si bien le monde que j'avais si fortement et si longtemps essayé d'oublier. Les détails, les gens, les conversations, les lieux, tout était réel et revivait de manière saisissante dans mon esprit.

Au plus profond de mon cœur, je savais que mon père était fier de moi. Je suis sûre qu'il est heureux que j'aie résolu le problème sans l'aide de personne. Je le vois qui sourit. Il a toujours aimé les bonnes histoires policières.

Lorsque j'étais jeune fille en Pologne après la guerre, mon père allait souvent au tribunal écouter les affaires intéressantes, surtout les histoires de paternité. Essayer de prédire l'issue d'une affaire complexe était devenu en quelque sorte son passe-temps favori. Il aimait résoudre les problèmes compliqués. Bien des fois il m'a emmenée avec lui pour lui tenir compagnie. Peut-être m'aurait-il dit la vérité si ma découverte n'était pas survenue si tard.

# Epilogue

J'ai dû m'habituer à de si nombreux changements dans ma vie et aux effets que ces changements avaient sur moi. Penser que j'ai su m'adapter aux changements qui m'étaient imposés, ainsi qu'à ceux que j'ai moi-même choisis, restaure le sentiment de mon identité. Déménager en Israël puis au Canada, repartir de zéro pour nous faire à une nouvelle existence, si différente de l'univers que nous avions laissé derrière nous : tout cela était à ma portée et ne m'a rendue que plus forte. J'ai préservé les choses de mon passé qui m'étaient chères et j'ai atteint les objectifs que je m'étais fixés. J'ai l'intention de jouir pleinement de chaque instant qui me reste dans la vie. Je ne prendrai rien pour acquis. Je sais ce qu'il en est.

Je suis parvenue à la découverte remarquable de l'identité de mes parents biologiques non pas grâce à l'aide d'inconnus mais grâce à l'amour et à la sagesse de mon mari. Il m'a aidée à faire face aux événements de mon existence et à résoudre le mystère. Et tout au long de cette période, c'est le violon qui détenait la clef. Découvrir mes origines exactes n'a fait qu'intensifier mon sentiment d'appartenance à ma famille adorée, celle des Milbauer. Je me sens des liens profonds et pleins de respect avec Velvel et les indices qu'il a laissés pour moi dans son étui à violon. Velvel et Nelly m'ont placée entre de très bonnes mains. Ils savaient que ma famille biologique ne m'abandonnerait pas.

Je suis profondément reconnaissante d'avoir eu une relation véritablement magnifique avec mon père, qui était en réalité mon oncle. Il a mené à bien tout ce dont Velvel l'avait chargé. Il m'a toujours montré un grand amour, une grande sollicitude et une grande dévotion et n'a pas un seul instant dévié de la promesse qu'il avait faite à son frère.

Aujourd'hui, quand je joue de mon violon, j'ai véritablement le sentiment d'être digne des larmes de souffrance et de déchirement, des rêves non réalisés dont il est le dépositaire.

174

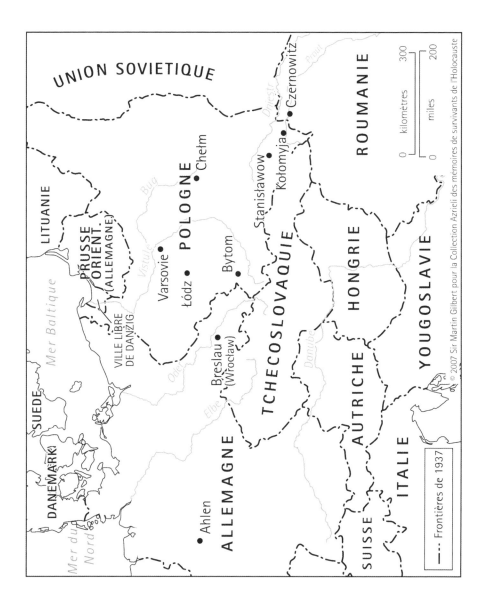

UNION SOVIETIQUE

LITUANIE

PRUSSE ORIENT. (ALLEMAGNE)

Mer Baltique

SUEDE

DANEMARK

Mer du Nord

VILLE LIBRE DE DANZIG

POLOGNE

Chełm

Varsovie

Łódz

Bug

Vistule

Oder

Elbe

Bytom

Breslau (Wrocław)

Ahlen

ALLEMAGNE

TCHECOSLOVAQUIE

Danube

AUTRICHE

SUISSE

ITALIE

Stanisławow

Kołomyja

Czernowitz

Dniestr

Prut

ROUMANIE

HONGRIE

YOUGOSLAVIE

© 2007 Sir Martin Gilbert pour la Collection Azrieli des mémoires de survivants de l'Holocauste

kilomètres
0          300

miles
0          200

Frontières de 1937

Sara et Israel Milbauer en 1929.

Rachel, 1936 (photo trouvée
dans l'étui du violon).

Velvel portant la chemise
ukrainienne brodée qu'il avait pour
habitude de mettre lors de ses
concerts (date inconnue, photo
trouvée dans l'étui du violon).

Le Violon • Rachel Shtibel — Témoignage d'un enfant • Adam Shtibel

Rachel avec Sara Milbauer,1935
(photo trouvée dans l'étui du violon).

Rachel à 5 ans (derrière au centre)
avec sa tante Mina Blaufeld (à droite)
et des cousines de celle-ci (photo
trouvée dans l'étui du violon).

Nelly (à gauche) avec la cousine de
Velvel, Minka (date inconnue). C'est la
seule photo que Rachel possède de Nelly.
(photo trouvée dans l'étui du violon).

Rachel et sa grand-mère, Judith Blaufeld (Boubè Yetta), au jardin à Turka (date inconnue, photo trouvée dans l'étui du violon).

Rachel parmi les ruines de Wrocław, 1951.

Une photo récente du violon de Velvel, posé sur le *kilim* qu'il avait confectionné lui-même. L'instrument et le tapis ont survécu à la guerre enterrés dans le jardin de la ferme familiale à Turka.

178

Rachel jouant du violon et du piano, 1949.

Rachel (au dernier rang, à gauche) avec un groupe de violonistes de Wrocław, 1948.

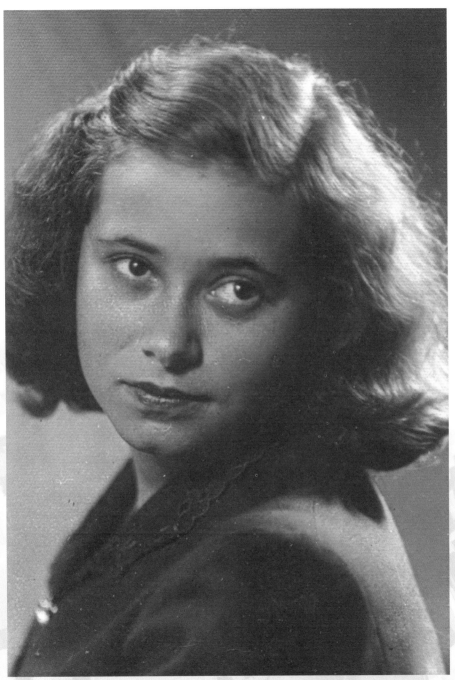

Rachel, 1955.

180

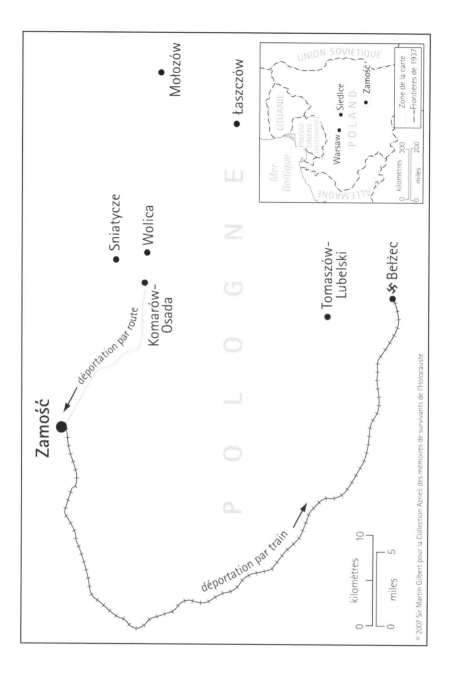

Zamość

déportation par route

Sniatycze

• Wolica

Komarów-
Osada

Mołozów

• Łaszczów

Tomaszów-
Lubelski

Bełżec

déportation par train

kilomètres

miles

0          5          10

UNION SOVIETIQUE

LITUANIE

PRUSSE
ORIENT.
(ALLEMAGNE)

Mer
Baltique

ALLEMAGNE

Warsaw • Siedlce

POLAND

• Zamość

Zone de la carte
Frontières de 1937

kilomètres  300
miles  200

© 2007 Sir Martin Gilbert pour la Collection Azrieli des mémoires de survivants de l'Holocauste

Les parents d'Adam, Chaim et Simcha Sztybel et sa grand-mère
Esther (assise), avant la guerre.

182

Adam (à droite) à l'orphelinat
de Varsovie, 1948.

Adam, dans l'armée de l'air
polonaise, à Deblin, 1950.

Adam, dans l'armée de l'air
polonaise, 1952.

Adam, 1955.

Rachel, à son mariage en 1956, entre Rosalia et Jozef Beck, le couple polonais qui a sauvé sa famille.

Photo du mariage de Rachel et d'Adam, 1956.

Adam, dans l'armée israélienne, 1967.

Rachel, dans son laboratoire de
Rehovot en Israël (date inconnue).

Adam et Rachel en Israël, 1967.

Rachel et Adam pour leurs 50 ans
de mariage, 2006.

# Témoignage d'un enfant

Témoignage d'Adam Shtibel
(Abram Sztybel) donné le 3 mars 1948

*Traduit en anglais par Henia et Nochem Reinhartz*
*Traduction de Florence Buathier*

Au lendemain de la Seconde Guerre mondiale, la Commission centrale de l'histoire juive (CCHJ) de Varsovie a recueilli des milliers de témoignages d'enfants juifs ayant survécu aux horreurs de l'Holocauste. Adam Shtibel – à l'époque, Abram Sztybel – était l'un de ces enfants[1]. À l'époque de son témoignage, le 3 mars 1948, Adam avait 19 ans et vivait en internat à Varsovie. Aucun de ses parents n'ayant survécu, incertain sur son propre avenir, Adam se souvient qu'il avait hésité à fournir ce témoignage et avait ressenti une profonde angoisse à l'idée de parler à haute voix de son expérience.

Adam a été interviewé par Genia Silkes, un membre de la CCHJ. La déposition d'Adam, tout comme l'ensemble des témoignages recueillis par la CCHJ pendant cette période, a été faite en suivant une méthodologie spécialement créée pour les enfants survivants. À l'aide d'un questionnaire conçu par la commission, l'interrogateur posait des questions et prenait des notes détaillées au fur et à mesure du témoignage. À l'issue de l'entretien, l'interrogateur devait rédiger la déposition à la première personne. Ce texte était ensuite lu et révisé par le témoin et, une fois approuvé, signé comme étant une transcription fidèle de son expérience[2].

---

1  Abram a changé son nom en «Adam» en 1948, peu après son témoignage. Toujours inquiet et peu sûr de lui, il trouvait que la consonance juive d'Abram était trop évidente. Adam a modifié l'orthographe de son nom de la forme polonaise «Sztybel» vers une forme anglaise «Shtibel» lorsqu'il est arrivé au Canada en 1968.

2  Boaz Cohen, « The Children's Voice: Postwar Collection of Testimonies from Child Survivors of the Holocaust. » In *Holocaust and Genocide Studies* volume 21, n°1 (2007), pp. 73-95. La commission centrale de l'histoire juive était l'une des organisations qui recueillaient les témoignages au sortir de la guerre (Cohen, pp. 73-74).

Même à l'époque, les membres de la CCHJ étaient conscients des limites de leur méthodologie. Comme l'interrogateur se devait de reformuler, voire d'abréger, le témoignage reçu, «certaines caractéristiques uniques et personnelles de style et de langage seraient perdues». Les interruptions fréquentes dans les témoignages – nécessaires pour fournir à l'interrogateur le temps de prendre des notes précises – pouvaient casser ou modifier le rythme de la narration et donc influencer la manière dont les témoignages étaient transcrits[3]. La méthode développée par la CCHJ était cependant suivie parce qu'elle était l'une des seules manières de permettre aux enfants de donner un témoignage détaillé. À une époque où les magnétophones n'étaient pas courants, chaque témoignage devait être transcrit à la main. Mais la plupart des enfants survivants étaient peu – parfois pas du tout – allés à l'école et ne pouvaient s'exprimer correctement par écrit. La méthode employée par la CCHJ leur donnait l'occasion d'exprimer verbalement ce dont ils se souvenaient à une époque où leur mémoire restait vive et de créer une référence pour les générations futures, alors qu'aucune trace n'aurait subsisté autrement[4].

La transcription originale en langue polonaise de la déposition d'Adam Shtibel se trouve aux archives de la CCHJ, maintenant situées dans les locaux de l'Institut d'histoire juive à Varsovie[5]. Comme pour les autres témoignages recueillis par la CCHJ entre 1945 et 1948, le document original est précédé d'un formulaire rempli par l'interrogateur et reprenant les informations de base sur la personne se soumettant au témoignage. Par exemple, dans le formulaire attaché à la déposition d'Adam, l'interrogateur

---

3 Rachel Auerbach, « Mekorot u'drachim hadashim l'geviyat eduyot » (nouvelles méthodes et procédés pour la transcription de témoignages), *Yediot Yad Vashem*, n°2, 29 juillet 1954, cité dans Ibid., p. 77.

4 Ibid.

5 Archives de l'Institut d'histoire juive, Varsovie, Collection 301 : *Témoignages de survivants*. Fichier n°3683. Une copie de tous les documents de la Collection 301 est aussi disponible aux archives de Yad Vashem à Jérusalem, division M49e.

mentionne qu'il est né le 1ᵉʳ décembre 1930 à Komarów dans le district de Zamość. Il est intéressant de noter qu'Adam n'avait aucune idée de sa véritable date de naissance à cette époque et avait essayé de déduire une date approximative à la fin de la guerre. Il pensait avoir environ huit ans quand la guerre a commencé. En 1984, Adam et Rachel ont contacté l'hôtel de ville de Komarów et ont découvert que sa véritable date de naissance était le 21 octobre 1928. Ils ont aussi découvert le nom de jeune fille de sa mère, Rotberg. Les parents d'Adam étaient enregistrés sous les noms de Chaim et Basia Sztybel. Le formulaire faisait aussi la liste de l'ensemble des lieux où Adam avait séjourné avant et pendant la guerre : Komarów, le village de Wolice, la forêt de Zamość, Siedlce et le village de Borki, situé dans la commune rurale de Wodynie, dans le district de Siedlce. Dans la rubrique « camp de concentration », l'interrogateur note qu'Adam avait été interné à Zamość. Cependant, le témoignage d'Adam indique clairement qu'il ne s'agissait pas d'un camp de concentration, mais d'un camp pour personnes déplacées à l'intérieur de la Pologne. L'interrogateur a noté qu'Adam était allé jusqu'en deuxième année d'études avant la guerre, mais n'avait reçu aucune scolarité pendant la guerre et aussi qu'il était capable de lire et d'écrire le polonais. À l'époque de l'interview, Adam était inscrit dans une école publique de formation pour adultes.

Dans les pages qui suivent, la déposition qu'a faite Adam est présentée intégralement dans une traduction française de Florence Buathier, sur la base de la traduction anglaise de Henia et Nochem Reinhartz de 2007. Le ton et le rythme des phrases d'Adam sont ceux d'un témoignage sous forme d'interview. Bien qu'il s'agisse d'un témoignage direct, il lui manque donc certaines explications et remises dans le contexte de l'époque. Les mots d'Adam sont ceux d'un adolescent qui a eu beaucoup de peine à se livrer et qui retrace des événements qui lui sont arrivés entre les âges de 10 ans et 16 ans. À cet âge, il n'est pas surprenant de constater que s'il se remémore les faits distinctement, il n'est pas capable de les dater. Et bien qu'il ait été conscient que toute autorité allemande avait sur lui le droit de vie ou de mort, il n'était pas capable de discerner ces personnes comme membres de la Gestapo, de l'armée ou de la police allemandes. Ces points peuvent rendre la lecture d'un tel témoignage plus ardue que celle de mémoires écrits. Un soin particulier a été pris, en préparant les versions anglaise et française du texte en vue de leur publication, de maintenir l'intégrité de la transcription originale du témoignage recueilli par la CCHJ.

Plusieurs décisions éditoriales ont été prises pour respecter l'approche que nous avons adoptée dans le traitement de ce témoignage comme un document historique et non comme un récit. Dans un premier temps, le texte a été très légèrement modifié sur des points de grammaire et de syntaxe, mais jamais pour des questions de style ou de choix de langage. Lorsqu'un nom de lieu ou de personne est donné de manière inexacte, le mot est laissé tel qu'il apparaît dans la transcription originale et une note est insérée avec l'explication et la correction. Ensuite, lorsqu'il est apparu que des phrases ou des mots nécessitaient une clarification pour le lecteur, ces clarifications ont été insérées directement dans le texte entre crochets [ ]. Le texte original contenait déjà certaines portions entre parenthèses ( ) et celles-ci ont été conservées telles quelles dans la version française. Troisièmement, lorsque l'éditeur a pensé que le lecteur gagnerait à avoir des informations contextuelles ou historiques plus approfondies, des notes de l'éditeur ont également été insérées. Il n'y avait aucune note de bas de page dans le texte original en polonais.

Enfin ce texte contient des notes qui ont été ajoutées à la de-mande d'Adam Shtibel. À la fin des années 1990, quand Adam Shtibel a remis les yeux sur le texte polonais pour la première fois depuis 1948, il s'est rendu compte qu'il avait oublié de mentionner certaines expériences et certaines personnes au moment de sa déposition. Se les remémorant plus d'un demi-siècle plus tard, il a jugé que ces points devraient être inclus dans la trace écrite qu'il laissait. Afin de bien différentier le texte original de 1948 de ses souvenirs postérieurs, ces souvenirs ont été inclus sous forme de notes.

*Naomi Azrieli*
*Août 2007*
*Toronto*

Témoignage d'un enfant

VANT LA GUERRE, LA PETITE VILLE DE KOMARÓW ÉTAIT PRINCIPALEMENT PEUPLÉE DE JUIFS. Il n'y avait que peu de familles polonaises. La ville se composait principalement d'une place centrale avec le marché et environ une quinzaine de rues tout autour. Il y avait une foire tous les lundis sur la place du marché. Les Juifs étaient des commerçants, dont certains étaient propriétaires de boutiques et d'ateliers. La ville comptait environ 4 000 âmes[1].

On trouvait deux écoles à Komarów : une école publique qui allait jusqu'à la 7e année et une *kheyder* [école élémentaire hébraïque][2] où l'on apprenait à dire les prières et à parler hébreu et yiddish.

Tout allait plutôt bien, avant la guerre. Mon père faisait de la couture pour les fermiers et ma mère vendait des fichus et du tissu pour les robes dans les villages alentours. Nous étions quatre et nous vivions dans une maison de bois très simple, mais nous vivions bien.

Quand la guerre est arrivée, j'avais huit ans[3], j'allais à l'école et je jouais avec les autres enfants. La guerre ne nous affectait

---

1   Komarów est située dans le district de Zamość, à 100 km au sud-est de Lublin.

2   Tous les textes figurant entre crochets [ ] ont été insérés par l'éditeur et ne figurent donc pas dans la transcription originale du témoignage fait par Adam en 1948.

3   Comme il est précisé dans la note de l'éditeur, Adam n'a pas su avant 1984 qu'il avait en fait dix ans au début de la Deuxième Guerre mondiale.

pas. L'armée russe est entrée chez nous[4]. Elle a immédiatement désarmé les soldats polonais et le commandant des forces polonaises s'est alors suicidé. Les Russes ne sont restés que deux semaines. Après, ils se sont retirés et les Allemands sont arrivés[5]. Les Russes avaient été accueillis avec des applaudissements et des fleurs, aussi la ville était triste quand ils se sont préparés à partir. Ils ont amené des camions et ils ont dit aux gens que ceux qui voulaient pouvaient partir en Russie avec eux.

Nous voulions partir, mais malheureusement c'était un samedi, *Shabbat* et ma mère était religieuse. Aussi, nous sommes restés. Le lendemain, c'était déjà trop tard, les Allemands arrivaient et tout avait changé. Ils ont commencé à battre les Juifs, sans aucune raison. Ils ont confisqué des choses dans les boutiques et ont pillé les maisons. Ils ont pris des Juifs pour faire le sale travail. Les Allemands ont ordonné aux Juifs de s'enregistrer pour le travail pendant *Rosh Hashanah* [le Nouvel An juif], aussi beaucoup ne l'ont pas fait à cause du congé[6]. Ceux qui ne se sont pas enregistrés ont été pris par les Allemands et envoyés dans un camp à Laszczów. C'était un

---

4 Le 28 septembre 1939.

5 Selon les termes du Pacte de non-agression germano-soviétique signé en août 1939, la Pologne a été divisée entre l'Allemagne et l'URSS. La ville de Komarów était située près de la nouvelle ligne de démarcation et elle a été tour à tour occupée par les Allemands et les Soviétiques dans les premières semaines de la guerre. Le 13 septembre 1939, Komarów était donc occupée par l'armée allemande. Le 28 septembre 1939, les Allemands se sont retirés et ont été remplacés par l'Armée Rouge. Les unités soviétiques sont restées à Komarów deux semaines, en attendant les résultats des négociations germano-soviétiques sur la division finale des territoires polonais. Le 10 octobre 1939, les Allemands sont revenus et, à partir de ce moment, Komarów et ses environs sont restés sous le plein contrôle des Allemands jusqu'au milieu de l'année 1944. *Pinkas hakehillot Polin (Encyclopaedia of the Jewish Communities of Poland)*, dir. Abraham Wein, volume VII - Lublin and Kielce districts, (Jérusalem : Yad Vashem, 1999), pp. 467-468.

6 La première occupation allemande de Komarów a eu lieu la veille du Nouvel An juif, le 13 septembre 1939. La conscription pour le travail obligatoire décrite ici par Adam s'est déroulée peu de temps après la seconde occupation allemande, qui a débuté le 10 octobre 1939. Ibid. p. 467.

camp de travail[7]. Mon frère y a été envoyé. Les Allemands sont venus chez nous et lui ont ordonné de s'habiller en dix minutes. Après deux mois passés au camp, il a attrapé le typhus et a été renvoyé à la maison. On a appelé le docteur pour qu'il s'occupe de lui. Mon frère est resté à la maison et il a commencé à apprendre le métier de tailleur avec un voisin.

Nous n'avions pas la permission d'être dehors après huit heures du soir. Les Juifs ne pouvaient plus aller faire du commerce dans les villages [aux alentours de Komarów]. Nous devions porter un brassard blanc avec l'étoile de David. Nous étions punis pour la moindre chose. Une fois, notre voisin est allé à la synagogue sans son brassard et les Allemands l'ont tué sur place. Il y avait un homme de la Gestapo appelé Ne[8]. C'était un tueur, toujours à la recherche d'une opportunité pour torturer des juifs. La ville avait un *shoykhet*[9], un vieil homme qui tuait les oies et les poulets. Quand les Allemands ont entendu parler de lui, ils sont allés le chercher et l'ont emmené

---

7    Les autorités allemandes avaient mis en place un système élaboré de camps à travers toute la Pologne occupée, camps qui étaient spécifiquement dédiés à des populations et des usages particuliers – tels les prisonniers de guerre, les Juifs, les Polonais – ou dans le but d'organiser les transferts de populations, le travail obligatoire ou le génocide. Dieter Pohl, «War, Occupation, and the Holocaust in Poland.» In *The Historiography of the Holocaust*, dir. Dan Stone, (New York : Palgrave, 2004), pp. 96-97. Laszczów est situé à environ 25 km au sud-est de Komarów.

8    Les autorités allemandes ont déployé beaucoup de forces de police et de sécurité différentes pour occuper la Pologne, y compris la police militaire, la *Gestapo* (la police secrète d'État sous l'Allemagne nazie), la police régulière (police allemande en uniforme régulier) et d'autres encore. Adam, qui avait onze ans à cette époque, savait que *Ne* était un officier de police de haut rang, mais il ne savait pas quelle sorte de police, si l'on en juge par son témoignage de 1948 dans lequel il parle de Ne comme «un homme de la Gestapo» (ici) et comme «un policier allemand» (p. 208).

9    Les Juifs religieux se conforment à un système de règles connues sous le nom d'interdits alimentaires : le *kashrout* (adjectif : *kasher*). Ces règles déterminent ce que les Juifs religieux peuvent manger, comment la nourriture doit être préparée et comment les animaux doivent être abattus. Un *shoykhet* est un homme versé dans les enseignements religieux pertinents, qui est qualifié pour abattre les animaux sans douleur et pour contrôler la viande afin de s'assurer qu'elle répond aux différents critères du *kashrout*. Anita Diamant, *Living a Jewish Life*, (New York : Harper Collins, 1991), pp. 95-97.

en ville. Ils l'ont sauvagement battu, le tirant par la barbe, lui donnant des coups de pieds et [finalement] ils l'ont mis dans la prison de Zamość[10]. Ils ont aussi arrêté les familles qui possédaient les oies et les poulets que le *shoykhet* avait abattus. En prison, il a été torturé et affamé à tel point qu'il en est mort, laissant sa famille derrière lui.

Bientôt, les Allemands nous ont défendu de porter de la fourrure, des manteaux en peau de mouton et des cols de fourrure. Tout devait être apporté sur la place et les Allemands s'en sont emparés. Nous, nous n'avons pas donné nos manteaux de mouton, nous avons préféré les enterrer dans un réduit sous la maison. Personne ne s'en est aperçu. Plus tard, on nous a menacés de mort si nous portions de la fourrure. Une femme, qui était nouvelle en ville, a traversé la rue avec un col de fourrure et les Allemands l'ont tuée. La peur s'est installée partout.

La ville avait un Comité formé des Juifs les plus riches[11]. Chaque mois, nous recevions des cartes de rationnement pour le sucre, le sel, la farine et d'autres produits – une demi-livre par personne. Mon père travaillait à son commerce et ma mère faisait du marché noir. Mon frère aussi travaillait comme tailleur.

Les Juifs des alentours ont été transférés à Komarów[12]. C'était

10  Zamość était la ville la plus importante et le centre administratif du district. Avant la guerre, la population s'élevait à environ 24 000 personnes dont 10 000 auraient été juives. Zamość avait une longue histoire comme centre de la vie juive. *Pinkas hakehillot Polin*, op. cit., pp. 203-212. Zamość est situé à environ 20 km de Komarów.

11  Des comités comme celui décrit ici existaient dans la plupart des communautés juives de Pologne après l'occupation allemande. Ces comités, qui étaient formés de leaders juifs locaux nommés par les Allemands, étaient chargés de communiquer et de faire exécuter les décrets et les règlements allemands et avaient aussi la charge des Juifs déplacés et destitués. Doris L. Bergen, *War and Genocide: A Concise History of the Holocaust*, (Toronto : Rowman & Littlefield, 2003), p. 114. À propos du comité de Komarów, *Pinkas Hakehillot Polin*, op. cit., p. 467.

12  Peu après avoir complètement achevé l'occupation de la Pologne, les autorités allemandes ont adopté une politique de réinstallation forcée des Juifs dans les villes et les zones urbaines. Cette politique a conduit à l'établissement de ghettos, où une section de la ville était fermée et de sévères restrictions sur les déplacements et les communications en dehors de la zone étaient imposées. Comme le prouve le témoignage direct d'Adam, avant l'établissement officiel du ghetto, Komarów a connu des afflux importants de populations, y compris l'arrivée massive de 700 Juifs venant de régions éloignées telle que la Tchécoslovaquie, au printemps 1941. Doris L. Bergen, ibid., p. 111; *Pinkas Hakehillot Polin*, ibid.

des gens terriblement pauvres, ils n'avaient rien à manger et aucun endroit où loger. Au début, ils ont dormi dans les synagogues et le Comité prenait soin d'eux. Petit à petit, on les a logés chez des gens : chaque Juif devait accueillir une famille de déportés. Le Comité a organisé une soupe populaire pour eux, où ils pouvaient manger tous les jours. Pour les enfants, il n'y avait pas de garderie ni de soupe populaire. La nourriture des enfants venait de la soupe populaire des adultes.

Les jeunes hommes et les adultes ont signé pour travailler pour les Allemands. Tous les matins, un camion les emmenait à Zamość et les ramenait le soir. Plus tard, les Allemands ont commencé à regrouper les Juifs pour les faire travailler en les envoyant dans un camp à Zamość.

J'allais à la *kheyder*, ce qui était illégal et il n'y avait qu'une vingtaine d'enfants. On étudiait toute la journée mais seulement jusqu'à midi le vendredi. Le rabbin avait deux fils, un de quinze ans et un autre de seize. Ils devaient aider leurs parents en vendant des cigarettes et des allumettes. Nous étions à l'école jusqu'à cinq heures. Seuls les enfants des Juifs riches allaient à la *kheyder*, ceux dont les parents pouvaient payer.

Au début, je ne savais pas que les Allemands étaient mauvais. J'avais juste entendu des gens parler. Je l'ai seulement appris quand les Allemands ont occupé notre ville[13].

Il n'y avait pas d'orphelinat dans notre petite ville. Les enfants pauvres mendiaient ou faisaient des petits boulots. Ils apportaient du savon, des allumettes, des cigarettes et d'autres choses, aux fermiers [en dehors de la ville] qui les payaient avec de la nourriture : des pommes de terre, de la farine, des céréales et du lard.

---

13  Dans un paragraphe situé à la fin de sa déposition de 1948, Adam note : «Quand j'étais encore au *kheyder*, nous jouions à un jeu qui consistait à faire semblant d'être des Allemands. Nous prenions des pelles du rabbin, des bâtons et des tisonniers et nous courions tout autour de la cour en hurlant en allemand (et en faisant semblant d'en être) pour chasser les Juifs : «*Heraus! verfluchter Hund! Jude!*» [«Allez-vous en! Sales chiens! Juifs!»]. Les voisins nous criaient que nous ressemblions à des fous et nous leur répondions en allemand.»

Les gens plus vieux ne pouvaient pas faire de commerce parce que les Allemands ne le permettaient pas. Les petits enfants, eux, pouvaient plus facilement trouver des passages. La police polonaise et la police militaire allemande patrouillaient sur les routes et dans les villages [autour de Komarów] et s'ils prenaient un enfant juif, ils le battaient et lui enlevaient sa marchandise. Les enfants devaient alors rentrer à la maison sans rien. Les enfants polonais les traitaient souvent de « Juifs galeux », se moquaient d'eux et les harcelaient.

Il n'y avait pas de livres à lire. Quand on rentrait de l'école, on jouait avec des traîneaux, on patinait… Les autres membres de notre famille vivaient à Komarów et à Tomaszów[14]. Ils ne nous aidaient pas et nous ne les aidions pas non plus. Mon frère et moi, nous aimions bien écouter les conversations des adultes au sujet de la guerre, comment elle allait bientôt finir, ainsi que d'autres nouvelles et aussi les événements qui arrivaient en ville. Nous aimions écouter les conversations sur le sort des Juifs. J'étais tracassé par ce que j'entendais. Mon frère et moi, avec nos amis, nous nous demandions quoi faire. En rentrant de l'école, mes camarades et moi, nous discutions de ce que les grandes personnes disaient et nous nous faisions du souci à propos des mauvaises choses qui allaient nous arriver.

Beaucoup d'enfants de Komarów ont quitté [leurs maisons] et ont travaillé comme bergers pour des fermiers [dans les villages alentours]. Chez nous, nous avions faim, mais dans les fermes des villages, il y avait toujours quelque chose à manger. Et même, quelquefois, on pouvait rapporter de la nourriture à la maison. Beaucoup d'enfants juifs travaillaient pour des fermiers. En ce temps-là, les fermiers aimaient bien embaucher des enfants juifs parce qu'ils travaillaient dur et ne demandaient pas grand-chose.

L'été de 1941 a été très chaud. Les Allemands avaient désigné un quartier où les Juifs pouvaient vivre – toutes les rues à droite de

14  Tomaszów était une ville de la taille de Komarów, située à environ 30 km au sud de celle-ci.

la place du marché[15]. Nous n'avions pas le droit de quitter la ville. La police polonaise patrouillait sur les routes. Si quelqu'un était surpris en train de quitter le ghetto, il risquait l'emprisonnement. Il y avait de moins en moins de nourriture et un grand nombre d'affamés. [Le ghetto] était surpeuplé car tout le monde était obligé de vivre dans ces quelques rues. Beaucoup de familles devaient habiter [ensemble] dans la même maison. Chez nous, il y avait trois étrangers en plus de la famille.

Le typhus s'était étendu dans notre petite ville et presque chaque maison était infectée. La police juive[16] les vérifiait toutes pour trouver les malades, qui étaient emmenés sur un chariot à l'hôpital communautaire juif. Mon père a attrapé la maladie et ils l'ont emmené à l'hôpital. Nous n'avions pas la permission de rendre visite aux malades; nous pouvions seulement aller à la porte. Les soins médicaux étaient très pauvres et la nourriture aussi. Ils donnaient aux malades du pain noir et du café, même s'ils avaient plus de 40° de fièvre et ne pouvaient pas manger. Les maisons qui avaient abrité un malade étaient désinfectées : tout était sorti dans la cour arrière et on répandait une poudre jaune dans la maison.

15  Le Ghetto de Komarów a été établi en juin 1941. *Pinkas Hakehillot Polin*, op. cit., p. 467. Il fut l'ultime étape du processus d'isolation et de concentration qui avait commencé en automne 1939 avec la réinstallation forcée en ville de Juifs venant d'ailleurs.

16  Une fois un ghetto établi, les Allemands nommaient un Conseil juif (*Judenrat*) pour administrer la population juive et faire appliquer les ordres allemands. Afin de remplir leur rôle de leaders de la communauté et pour faire respecter l'ordre dans le ghetto, les Conseils étaient appuyés par une force de police juive. Les Conseils semblaient être des entités autonomes, mais, en réalité, ils étaient totalement soumis au contrôle des Allemands. Il y a eu de nombreux débats et controverses autour du rôle de la police et des Conseils juifs dans la déportation et même le meurtre de Juifs incarcérés dans les ghettos. Alors que beaucoup d'individus, principalement dans la police juive, ont fait l'objet de critiques sévères, des recherches récentes ont montré que beaucoup de membres des Conseils juifs ont tenté d'aider leurs coreligionnaires dans des circonstances incroyablement difficiles et arbitraires. Doris L. Bergen, op. cit., p. 114; Tim Cole, « Ghettoization, » in *The Historiography of the Holocaust*, op. cit., pp. 70-72; Michael Marrus, *The Holocaust in History*, (New York : Penguin, 1993), pp. 113-120.

L'odeur était tellement forte, après, qu'on ne pouvait pas rentrer à l'intérieur. Mon père est resté à l'hôpital trois semaines. Ils nous disaient tout le temps que son état s'améliorait, mais ils nous mentaient car plus tard, ils nous ont dit qu'il était mort. L'enterrement a été vraiment triste. Il y avait très peu de monde parce que les Allemands ne l'avaient pas permis – ils n'autorisaient aucun rassemblement. À la maison, c'était lugubre et pénible.

Au fur et à mesure que le typhus se répandait, nous souffrions de plus en plus de la faim car les fermiers avaient peur de venir en ville, où chaque porte affichait le signe « Typhus ». Les livraisons alimentaires avaient presque complètement disparu. Chez nous, c'était difficile et mon frère a signé pour travailler pour les Allemands. Il recevait 300 zlotys par mois et de la soupe. La soupe était infecte, mais ce peu de liquide chaud calmait quand même la faim. Il avait aussi reçu une carte d'identité. Nous réussissions à survivre en vendant nos affaires, le manteau et le costume de mon père et les vêtements de ma mère. Nous n'avions pas beaucoup de réserves parce que nous avions toujours vécu au jour le jour. Ma mère était très religieuse et elle ne voulait pas accepter d'aide de ses voisins. Elle ne vivait presque que de pain sec. Elle avait même peur de manger de la soupe car elle n'était pas sûre qu'elle soit *kasher*[17].

Ma mère m'a envoyé chez un fermier, Józef Rymniak [Rycuniak][18], qui vivait dans le village de Wolice, à environ 3 km de Komarów. Elle avait l'habitude de faire du commerce avec lui et elle voulait que je travaille comme berger. Le fermier m'a pris. Ma mère m'a prévenu de ne pas manger de viande ni de lard et m'a dit de boire

---

17  Voir le glossaire.

18  En 2007, Adam Shtibel a confirmé que le nom du fermier pour lequel il avait travaillé pendant l'été 1941 était Józef Rycuniak. À l'exception de ce passage, dans lequel une erreur de transcription paraît s'être glissée, il fait correctement référence à « Rycuniak » dans le reste du document en polonais qui contient la transcription du témoignage de 1948 d'Adam.

seulement du lait et de manger du pain. Elle m'a aussi donné le livre de prières de mon père et m'a dit de prier chaque jour.

J'ai quitté la maison avant midi. Les vaches étaient au pré [quand je suis arrivé]. Edek, le fils du propriétaire, les surveillait. Ils avaient aussi un aide polonais, Józek. Il faisait tout le travail des champs. Moi, je ne m'occupais que des vaches. La famille était composée de la femme du propriétaire Marina, de Józef le propriétaire, de son fils Edek qui allait à l'école publique du village et de sa fille Basia qui aidait aux soins du ménage. Le travail [de la ferme] était laissé à Józek et à moi.

Tout le monde me traitait bien et Józek était un bon gars. Nous dormions tous les deux dans le foin, dans la grange. Nous étions bons amis. Je l'aidais à broyer le grain et en retour, il me coupait de grandes tranches de pain. La femme du fermier était très rusée et elle ne m'aurait coupé que de petits morceaux. [Moi,] j'étais timide et je ne voulais pas me trouver près du pain, mais Józek faisait attention, il voulait couper lui-même le pain et il m'en donnait.

J'ai toujours gardé le livre de prières avec moi. Un jour, Józek et moi, nous dormions dans le foin et je m'étais couvert avec ma veste. Je n'avais pas remarqué que le livre de prières avait glissé de ma poche et était tombé dans le foin. Józek l'a trouvé et m'a demandé ce que c'était. Je lui ai dit que c'était mon livre de prières. Une [autre] fois, Edek a aussi trouvé mon livre et il s'est moqué de moi.

Je ne pouvais pas dire mes prières dans les champs, parce que j'étais toujours en compagnie des bergers et qu'ils pouvaient rire de moi. Aussi, je devais attendre jusqu'à *Shabbat*, le vendredi soir, où j'allais chez ma mère. La femme du fermier me donnait toujours de la nourriture – des pommes de terre, un chou, des pois, du pain et du lait – pour emporter à la maison et je remettais tout cela à ma mère. Quand je rentrais à la maison, je me joignais à un *minyan* [groupe de prière] chez le rabbin. Ma mère faisait le *cholent* [le ragoût traditionnel]. Les Allemands avaient confisqué nos bougeoirs, aussi ma mère posait directement les bougies [de

*Shabbat*] sur la table. Ce n'était plus le *Shabbat* que nous connaissions du temps où mon père vivait encore. À cette époque, c'était la fête à la maison. La table était recouverte d'une nappe blanche et la maison sentait bon le propre. Il y avait du poisson et des gâteaux et mon père faisait *kidoush* [la bénédiction du vin]. Maintenant, chez nous, c'était un pauvre et pitoyable *Shabbat*. Le dimanche matin, j'étais déjà de retour à la ferme. Ces jours-là, Józek rejoignait ses amis pour passer un peu de bon temps et moi, je me couchais dans le foin et je dormais.

Il est devenu de plus en plus difficile de rentrer [à Komarów] pour *Shabbat* à cause du danger sur les routes, où il y avait beaucoup d'Allemands. Les gens se sauvaient quand ils voyaient des Allemands, aussi j'avais peur de faire le voyage, à cause des sorties dont j'avais déjà fait les frais. Au village, les gens disaient que les choses allaient empirer pour les Juifs.

Un jour, j'étais à la maison pour *Shabbat* et je devais rentrer au village le dimanche, mais tôt le [samedi] matin, les Allemands ont encerclé la ville. Je voulais m'échapper pour rentrer à la ferme, mais ils étaient cachés le long des routes. Il y en avait beaucoup et j'ai dû retourner à la maison. Un voisin avait fait une cache dans notre maison. Il avait soulevé plusieurs lames de plancher pour creuser un trou et posé le lit par-dessus pour camoufler les fissures dans le sol. Je voulais que ma mère se cache là. Cependant, comme il n'y avait pas de place pour nous deux, ma mère a voulu que je m'y mette. Elle devait aller sur la place, où les Juifs étaient rassemblés pour être déportés. Je ne voulais pas qu'elle y aille, aussi je l'ai forcée à se cacher et je suis resté dans la maison avec mon frère[19].

La rue résonnait de cris et de hurlements. Les Allemands passaient de maison en maison, mettant tous les habitants dehors. Ils battaient les gens, les enfants comme les vieillards ou les malades,

---

19 La déportation des Juifs de Komarów a commencé le matin du samedi 23 mai 1942. *Pinkas Hakehillot Polin.* op. cit. p. 468.

tout le monde. Ils sont entrés dans notre maison et mon frère leur a montré sa carte d'identité. Ils l'ont tout de suite laissé. Mais moi, j'ai été jeté dehors et traîné vers la place où tous les Juifs étaient entassés. Nous avons été séparés en groupes de quatre. Il y avait des hurlements et des gémissements. Les Allemands nous encadraient avec des fusils, personne ne pouvait s'échapper. On nous a dit de prendre nos affaires car nous allions être réinstallés dans une autre ville. J'ai vu un Allemand frapper un Juif bossu qui ne se tenait sans doute pas assez droit dans son rang. Il le cognait sans relâche sur la tête et le visage avec un épais tuyau de caoutchouc, jusqu'à ce que l'invalide n'eût plus la force de se plaindre ni de gémir. J'avais des frissons – c'était la première fois de ma vie que je voyais quelqu'un être battu aussi sauvagement – et j'avais peur.

J'ai remarqué un garçon qui quittait la place où les Juifs étaient rassemblés. Quand il a été arrêté par les Allemands, il leur a fait comprendre qu'il allait chercher de l'eau pour boire. Aussi, j'ai fait de même. Un Allemand m'a barré le chemin et je lui ai dit que j'allais boire. Il m'a ordonné de retourner, mais j'ai fait semblant de ne pas l'entendre et j'ai continué. Je me suis glissé hors de la place. La ville était presque vide. Personne ne m'a arrêté et j'ai continué à marcher. Il y avait beaucoup de morts dans la rue. Les Allemands avaient abattu ceux qui essayaient de fuir. J'ai quitté la ville et je me suis caché dans un champ. J'ai vu qu'on emmenait les Juifs dans des charrettes dirigées par des Allemands. J'ai attendu dans le champ la tombée du jour. Dès qu'il a fait nuit, je me suis aventuré dans les rues jusqu'à notre maison. Partout, c'était le silence. On pouvait entendre chaque pas et chaque mouvement. Les gens qui s'étaient cachés dans leurs maisons et leurs sous-sols commençaient à sortir. Ma mère et notre voisin avaient quitté leur réduit et étaient déjà dans la maison. Ils ont été heureux de me voir vivant et vraiment étonnés d'entendre par quel miracle j'avais été sauvé. J'ai passé la nuit à la maison et le lendemain, ma mère m'a dit de retourner chez le fermier, au village. La route, aussi bien en ville qu'au-delà, était tranquille. Je n'ai rencontré personne. Mon employeur ne savait pas que j'étais vivant. Ils m'ont tous très bien reçu car ils étaient contents que je revienne travailler pour eux.

Seuls ceux qui travaillaient et avaient des cartes d'identité ou ceux qui s'étaient cachés pendant la campagne de déportation étaient restés dans le Ghetto. Le Conseil juif était encore là[20]. La tristesse avait tout envahi. Tous les Juifs vivaient dans la terreur qu'à un moment ou à un autre, les Allemands ne viennent et ne les prennent. Je rentrais à la maison de temps en temps, mais pas aussi souvent qu'auparavant.

Il y avait un policier juif, Jamcie, qui voulait plaire aux Allemands en battant et en torturant les Juifs. C'était un copain du policier allemand Ne. De nouveaux policiers allemands sont arrivés [à Komarów] et ils l'ont tué [Jamcie][21]. À ce moment-là, j'étais au village [Wolice], mais des gens me l'ont raconté.

Environ deux semaines après la première déportation, la police militaire allemande est arrivée[22]. Elle a réuni tous les Juifs dans le cimetière juif, y compris le président du Conseil et elle les a tués sur place. Certains n'ont pas été touchés. J'ai appris ces événements quand je suis rentré à la maison pour *Shabbat*. Les Juifs qui travaillaient pour les Allemands et avaient une carte d'identité et ceux qui s'étaient cachés sont restés dans le Ghetto. Après un certain temps, environ deux semaines après la liquidation du [reste du] Conseil juif – c'était juste avant Noël [1942] – les Allemands sont revenus et ont déporté ceux qui restaient[23].

---

20 Les Allemands différaient souvent la déportation et le meurtre des membres du Conseil juif jusqu'à ce que la plupart de la population du ghetto soit partie.

21 Bien que la police juive ait exercé un pouvoir considérable dans le ghetto, ces policiers n'étaient «que» des Juifs pour les Allemands et donc voués au même sort.

22 Au début de juin 1942.

23 Le Ghetto de Komarów a été liquidé en novembre 1942. Les Juifs qui s'y trouvaient encore ont soit été tués sur place ou aux alentours de la ville, soit déportés et tués au camp de Belzec. Belzec était un camp de la mort où plus de 600 000 Juifs et plusieurs milliers de Tziganes ont été tués entre mars et décembre 1942. *Pinkas Hakehillot Polin*, op. cit., p. 468; Doris L. Bergen, op. cit., p. 178.

J'étais au village à ce moment. Depuis le petit matin, on pouvait entendre des coups de feu venant de la direction de Komarów. Les gens disaient qu'on était en train d'en finir avec les derniers Juifs. L'opération a duré toute la journée. Le soir, tous les Juifs avaient été déportés de Komarów à Zamość. De là, ils ont été emmenés par train vers une destination inconnue[24]. Un de nos voisins, Shmul, a échappé à cet enfer. Il s'est enfui du train et a erré à travers routes et champs. Je l'ai rencontré ce même jour et il m'a raconté ce qui s'était passé dans le Ghetto. Je lui ai demandé des nouvelles de ma mère et de mon frère, mais il ne les avait pas vus. Ce n'est que le lendemain que nous avons appris ce qui était arrivé. On disait que les malades, les personnes âgées et les enfants avaient été emmenés au cimetière et fusillés et que les autres avaient été déportés. Les garçons des villages entraient dans les maisons des déportés, les pillaient et recherchaient les Juifs qu'ils auraient pu dénoncer aux Allemands. Quand la police polonaise prenait des Juifs, elle les mettait en prison à Komarów, dans une place forte non loin du poste de police.

Notre situation a empiré. Le lendemain [de la liquidation du ghetto], le *soltys* [le président du Conseil du village de Wolice] a été averti qu'aucun Juif n'était autorisé à rester au village. Ils devaient tous être remis à la police. Le *soltys* a convoqué tous les fermiers à une réunion et les en a informés. Certains fermiers ont craint de garder des Juifs et ils ont fait ce que le *soltys* leur avait demandé. Dans certains cas, ils ont dit à leurs valets de ferme [juifs] de s'en aller et ne les ont pas remis à la police.

La femme du fermier m'a appelé et elle m'a dit: «Tu sais, Abram, j'ai vu ta mère et elle m'a dit que tu pouvais rentrer à la maison. Je vais te donner du pain et tu vas y aller». Je lui ai répondu que ça ne pouvait pas être vrai, qu'elle n'était pas allée en ville. Alors, elle m'a

---

24  Quand Adam a livré son témoignage en mars 1948, il ne savait pas que les déportés avaient été conduits au camp de Belzec.

dit la vérité au sujet de l'ordre de ne pas héberger des Juifs et elle m'a confirmé que je devais quitter la ferme. Le fermier s'est approché et m'a dit que j'étais un bon garçon et qu'il aimerait bien me garder si les choses s'arrangeaient dans quelques semaines. Il n'était pas question de me garder indéfiniment car la situation se détériorait – aucun Juif ne devait survivre. Il m'a donné un peu de pain et m'a dit d'aller où bon me semblerait. Il m'a dit aussi que si j'étais dans les environs et que je m'assurais de ne pas être vu, je pouvais venir prendre de la nourriture.

J'étais dans une situation difficile. Je ne savais où aller ni à qui demander conseil. Je me suis dit : « Advienne que pourra!! » Je ne suis pas parti en direction de la ville, mais plutôt vers les champs qui s'étendaient devant moi. Je n'ai pas pris la route, j'ai marché à travers les prés et les clairières. Je marchais encore quand la nuit est tombée. Il y avait une meule de foin dans un champ. J'avais froid, j'étais gelé, aussi je me suis glissé dans le foin et je me suis endormi. J'ai dormi toute la nuit. Je me suis réveillé à l'aube, j'ai mangé le pain que j'avais et je suis parti vers la forêt, où j'ai rencontré un groupe de garçons et de filles juifs de notre ville, Komarów. Comme moi, ils avaient dû quitter leurs fermes et ils erraient dans les bois. Cela m'a quelque peu soulagé [de les rencontrer] et je me suis senti mieux. Je leur ai demandé s'ils avaient des nouvelles de ma mère et de mon frère, mais personne ne savait quoi que ce soit. Nous nous sommes dit que les chats et les chiens avaient une meilleure vie que nous : le chat avait son creux, le chien sa niche mais nous, nous étions chassés d'un endroit à l'autre comme des lapins. Pour l'instant, nous nous serrions les uns contre les autres. Nous étions huit ou dix garçons et deux filles, tous des enfants. Le plus vieux avait peut-être dix-sept ans et la plus jeune environ huit ans. Nous nous entendions bien ensemble et nous partagions notre pain. Nous étions tristes et nous pleurions. Je me faisais du souci car je ne savais pas ce qui était arrivé à ma mère. Je ne savais pas si elle avait été prise ou si elle s'était cachée. Nous dormions sur les feuilles dans la forêt. Je me suis fait un ami d'un garçon nommé Yosel, que je connaissais du village. Il gardait les vaches non loin de là où je me trouvais. Nous sommes restés ensemble, nous avons dormi et marché ensemble.

Un jour où nous étions réunis autour d'un feu pour nous réchauffer, dans les bois, nous avons parlé de la nécessité de nous séparer en petits groupes car les bergers pouvaient nous remarquer et nous dénoncer. Nous avons aussi décidé d'aller demander du pain dans les fermes. Ainsi, nous nous sommes séparés. Je suis parti avec Yosel. Il avait l'air moins juif que moi. Nous parlions Yiddish entre nous parce que nous ne connaissions pas bien le polonais.

Il faisait déjà un peu froid, à cause des vents forts. Nous ne pouvions plus dormir à la belle étoile, aussi nous nous faufilions dans les granges des villages et nous cachions dans le foin pour que personne ne nous voie. Nous restions dans ces granges plusieurs jours. Le soir, nous sortions pour mendier, quelquefois ensemble, quelquefois séparément afin de ramener plus de nourriture. Au début, nous ne savions pas quel fermier était bon et lequel était mauvais. Les pires étaient les fermes où il y avait des enfants. Ils nous insultaient, nous criant : «Allez-vous en, sales Juifs, on va appeler les Allemands!!» Ils nous jetaient des pierres et nous chassaient. Nous ne retournions pas dans ces fermes. Nous essayions seulement les endroits où vivaient des personnes âgées qui ne nous chasseraient pas. Dans certaines fermes, nous rencontrions de la sympathie. Ils nous donnaient à manger de la soupe chaude et du pain. Ils nous disaient de manger vite et de partir. Quand les gens nous demandaient où nous vivions et dormions, nous répondions toujours vaguement «dans la forêt», sans donner de détails.

Nous avons vécu comme ça environ une semaine. Nous savions plus ou moins de quelle façon nous allions être reçus dans certaines fermes. Un jour, nous sommes entrés dans une grange et, apparemment, la maîtresse de maison nous a aperçus. Nous nous sommes enfouis dans le foin et nous y sommes restés cachés. Après pas mal de temps, nous avons entendu des pas et des voix dans la grange. Nous avons pensé que le fermier était venu chercher quelque chose. Les pas se sont rapprochés et c'est à ce moment que nous avons remarqué les policiers. Quelqu'un m'a marché dessus et ils ont commencé à enlever le foin. Nous nous sommes retrouvés, Yosel et moi, face à des policiers polonais en armes. La maîtresse de maison se tenait sur le pas de la porte. Les policiers nous ont crié : « Levez-vous et sortez d'ici!! » Ils nous ont poussés devant eux, nous frappant et nous brusquant. J'ai commencé à pleurer et à les supplier de nous laisser partir, mais ils ont dit qu'ils allaient nous emmener au poste de police de Komarów. Ils ne nous ont rien fait, mais ils nous ont prévenus : « Cette balle – ils montraient leurs fusils – vous tuera ». Ils nous ont poussé avec le canon de leur fusil. Nous les avons suppliés de nous laisser partir, mais ils ont ri et se sont moqués de nous. C'était de jeunes policiers. Nous étions déjà loin de l'endroit où ils nous avaient trouvés. Nous avons continué à pleurer et à les supplier, leur demandant ce qu'ils gagneraient à nous tuer. Yosel a pris un porte-monnaie dans lequel il avait un peu d'argent (il ne m'en avait jamais parlé ni dit combien il avait) et il l'a tendu à un des policiers. Ce dernier a commencé à compter l'argent et avant d'avoir fini, il nous a dit qu'il nous donnait une seconde pour nous sauver en courant!! Ils sont restés à nous regarder et nous nous sommes enfuis à toute allure. Tout en courant, nous nous retournions sans cesse pour vérifier qu'ils ne nous suivaient pas. Nous avons vu qu'ils partaient dans une autre direction. Nous nous sommes dirigés vers une petite forêt où nous nous sommes reposés un peu. Nous étions soulagés que les policiers nous aient laissé partir car des rumeurs couraient disant que quand ils attrapaient un Juif, ils ne se contentaient pas de le tuer, ils le torturaient et le tuaient ensuite d'une horrible façon. J'avais très peur de la torture et j'ai été heureux que Yosel et moi puissions nous enfuir.

Nous avons convenu que Dieu nous avait sauvés ensemble et que nous devions rester ensemble. Nous avons donc continué tous les deux, plus proches encore qu'avant, comme deux vrais frères. Nous étions très craintifs. Quand le vent remuait les feuilles, nous pensions que c'était quelqu'un qui venait pour nous prendre. Mais la forêt était froide et humide et nous avons recommencé à aller de maison en maison pour mendier de la nourriture. Bien sûr, nous avons évité la grange où nous avions été pris. Nous devions calculer nos allées et venues afin de ne pas être remarqués par la même femme. Nous recherchions toujours de nouveaux endroits pour dormir. Nous avions les yeux fixés sur une grange qui était ouverte la plupart du temps, ce qui nous permettait d'y entrer et de nous y cacher facilement. Nous y avons passé la plupart des nuits.

Nous étions en piteux état – toujours affamés, toujours sales. Je n'avais qu'une chemise et elle était couverte de poux. Mon pull de laine aussi était plein de poux et j'ai dû m'en débarrasser. Mes chaussures étaient dans un état encore pire, elles tombaient en lambeaux. Mais un malheur bien plus grand m'attendait.

Un jour que Yosel et moi marchions sur la route, nous avons rencontré un des amis avec qui il avait gardé les vaches – ils se connaissaient bien tous les deux. Ce garçon était plus âgé que moi, il avait la peau claire, les yeux bleus et les cheveux blonds. Il ne ressemblait pas à un Juif et parlait bien l'ukrainien (il avait travaillé pour un fermier du coin qui était ukrainien). Yosel était brun mais il ne paraissait pas juif. J'étais celui qui faisait le plus sémite. Tout de suite, ils ont comploté pour rester ensemble et se débarrasser de moi. Yosel m'a dit que nous ne pouvions pas toujours être réunis et que nous devions nous séparer. Je l'ai imploré de ne pas partir mais en vain. Je ne voulais pas les laisser et rester tout seul. J'ai pleuré, mais mes larmes ne les ont pas émus et ils ont commencé à partir. Je leur ai demandé où ils allaient, mais ils n'ont pas voulu me le dire. J'ai marché à leur suite, mais ils m'ont empêché de les suivre. Le garçon m'a frappé et ils sont partis en courant. Je n'ai pas pu les atteindre et je suis resté tout seul. J'étais triste. J'ai continué à mendier de la nourriture et à trouver abri dans différentes granges où je passais. Ma situation empirait car personne ne voulait m'aider. J'étais sale, couvert de poux, affamé et sans espoir. Je parcourais les forêts et les champs, tout seul.

J'ai décidé de retourner chez mon ancien employeur, Józef Rycuniak et je suis parti dans l'après-midi. J'ai marché tout droit à travers les forêts et les champs jusqu'à ce que j'arrive au village [de Wolice]. La route était tranquille. Quand je suis arrivé près du village, j'ai remarqué un homme qui marchait à ma rencontre. J'ai fait volte-face en direction de la forêt. L'homme s'est dépêché pour me rattraper. J'ai commencé à courir et l'homme m'a suivi. Je ne pouvais pas aller très vite à cause de mes chaussures. J'ai dû les enlever et courir pieds nus. L'homme qui me suivait n'a pas pu me rattraper et il est retourné au village.

Je me suis étendu sur le sol et j'ai décidé d'attendre jusqu'au soir. Mes pieds étaient gelés et me faisaient souffrir, mais je ne pouvais pas rester là longtemps. Je me suis levé et j'ai commencé à marcher lentement dans le noir vers le village. L'homme n'était plus là. Il devait s'être lassé de m'attendre tout ce temps. Le village était tranquille, les gens dormaient probablement. Comme j'approchais des premières granges, une demi-douzaine de personnes m'ont sauté subitement dessus en criant : «Stop!! Stop! Arrêtez!» J'ai essayé de m'enfuir rapidement, mais ils étaient derrière moi. Mes chaussures étaient dans un tel état qu'elles me ralentissaient encore plus [qu'avant]. Ils m'ont attrapé. L'un d'eux m'a reconnu et a dit : «C'est le petit Abram, qui travaillait pour Rycuniak». Ces fermiers étaient les gardes du village. Je leur ai demandé de me laisser aller. Je tremblais, mais il m'ont emmené chez le *soltys* [le président du Conseil du village] et m'ont dit de m'asseoir.

Le *soltys* n'était pas chez lui à ce moment-là. Sa femme était plutôt polie avec moi. Elle m'a demandé où j'étais allé jusqu'à maintenant et ce que j'avais fait. Je lui ai raconté que je n'avais nulle part [où aller], que j'errais dans les champs et les bois. De toute façon, mon allure indiquait clairement que j'étais sans abri et que je traînais à droite et à gauche. Le *soltys* est revenu. Ils ont parlé entre eux, je ne sais pas de quoi mais apparemment, ils ont décidé de me remettre aux Allemands. Le lendemain, ils m'ont conduit dans une baraque vide, où personne ne vivait. Ils m'ont enfermé à clé et ils sont partis. Pendant que j'étais dans cette cabane, il m'est apparu que c'était la fin pour moi. Quand le village est devenu calme, je me suis approché de la fenêtre et j'ai remarqué qu'elle était basse et pas hermétiquement close. Quelques heures plus tard, quand le village a été endormi, j'ai ouvert le crochet de la fenêtre et j'ai doucement repoussé les volets. J'ai laissé la fenêtre ouverte. Je me suis glissé dans le jardin et je me suis accroupi dans l'herbe. J'ai marché tranquillement autour des granges jusqu'à ce que je trouve celle de mon fermier. Elle était fermée mais pas verrouillée. J'ai rampé dans le foin et je me suis immédiatement endormi.

Le lendemain matin, le fermier est venu prendre du foin. Je suis allé tout de suite vers lui et lui ai tout raconté, comment je m'étais échappé et ce qui m'était arrivé. Le fermier était content et il m'a dit que j'étais un garçon courageux. Il m'a envoyé sa femme avec de la nourriture. Elle est arrivée avec du pain, du lait, des pommes de terre, des beignets cuits au four et enveloppés dans un sac (nous devions être dimanche, parce que je me rappelle que nous ne mangions des beignets que le dimanche). J'ai mangé jusqu'à n'en plus pouvoir et j'ai passé toute la journée dans le foin. Après tant de jours passés à errer et à souffrir de la faim, j'éprouvais enfin une impression de bien-être. Je ne voulais penser à rien. Je voulais profiter de ce moment de paix et de tranquillité.

Le soir, ils m'ont fait entrer dans la maison pour manger et me réchauffer. Tout le monde s'est assis autour de moi. Les enfants m'ont encerclé et m'ont posé des questions, me demandant où j'étais allé et où je vivais. Je leur ai tout dit et ils m'ont écouté attentivement. Ils avaient pitié de moi, mais malheureusement, ils ne pouvaient pas m'aider. Le fermier m'a dit que j'avais un bon manteau chaud pour l'hiver et que je pourrais survivre. Mais je n'avais pas de chaussures et c'était grave. Ils m'ont donné des lacets pour attacher mes [vieilles] chaussures. Je suis resté avec eux deux jours de plus. Le fermier n'avait pas le courage de me demander de partir. Il a envoyé sa femme me dire qu'elle avait peur de me garder plus longtemps et que je devais m'en aller. Ils m'ont donné de la nourriture pour la route, du pain et du lait. Ils m'ont fait manger de la soupe et des beignets, tout ce qu'ils avaient dans la maison. Je leur ai dit au revoir. Le fermier était triste. Il voulait m'aider mais il m'a dit qu'il ne pouvait pas. Il m'a déclaré très clairement que si ma situation devenait trop mauvaise, je pourrais revenir quelques jours pour me réchauffer et manger. Je devais m'assurer que personne du village ne me voie. J'étais triste de leur dire au revoir mais je les ai quittés le soir-même.

Encore une fois, j'étais malheureux. Encore une fois, je ne savais pas où aller. J'ai marché presque toute la nuit. J'avais peur. Chaque froissement dans la forêt m'effrayait. Je ne craignais pas les fantômes mais les gens. Quand un lapin détalait, je croyais voir un homme. Je voulais retourner vers les endroits où j'avais l'habitude de passer la nuit, mais comme par malchance, je ne parvenais pas à les retrouver. J'ai continué à marcher. J'ai rencontré une autre grange et je suis entré dedans, me suis enfoui dans la paille et je suis resté là toute la journée. J'entendais les gens marcher mais je n'osais pas bouger. Pour l'instant, j'avais de la nourriture. Le pire, c'était que j'étais couvert de montagnes de poux. Les poux erraient partout sur moi et la paille dans laquelle j'avais dormi était infestée de ces bestioles. Je devais être économe avec la nourriture. J'ai essayé de manger le moins possible afin qu'elle dure plus longtemps. Mais finalement, j'ai tout mangé et j'ai dû m'en aller. Je suis parti à la nuit tombante.

De loin, j'ai vu une vieille petite maison. Je cherchais toujours les pauvres gens âgés. C'était une maison où de tels gens vivaient. Ils m'ont donné de la soupe et du pain. Ils m'ont questionné sur ma famille. Je leur ai dit la vérité. Ils ont eu pitié de moi, mais ils ne pouvaient pas m'aider. Les villageois se plaignaient que les choses étaient difficiles pour eux – ils étaient aussi des déportés[25]. Quelques-uns ne me laissaient même pas passer le seuil de la porte tellement ils avaient peur. D'autres me donnaient un peu de nourriture, mais me défendaient de revenir les voir.

Un jour, je marchais en cherchant un endroit où me cacher. Il était tard et il faisait noir. J'ai trouvé une cave de rangement sous une maison. Je m'y suis glissé et je me suis étendu sous une pile de bois. Soudain, une femme est venue prendre du bois. J'ai dû l'effrayer en bougeant. Elle a commencé à hurler, a lâché le bois et m'a crié en me chassant : « Sale Juif, va au diable ! » J'ai tout juste pu m'en tirer vivant ! J'ai erré toute la nuit. Finalement, au matin, je me suis caché dans une autre grange.

J'étais de nouveau sur la route, passant d'une maison et d'une grange à l'autre. Un soir, je suis entré dans une grange. Le lendemain matin, quand je me suis levé, j'ai entendu des cris, des gens qui parlaient et des grincements de charrettes. C'était des voix d'Allemands. Toute la journée, j'ai écouté les cris et les bruits de charrettes. Ce n'est que le soir que le tapage s'est calmé. Le silence s'est alors installé. J'avais peur de bouger et je n'aurais pas quitté la grange si je

---

25 Au printemps 1943, comme la quasi totalité des Juifs avaient été déportés, les plans allemands pour le district de Zamość (où Adam errait et se cachait) ont de plus en plus visé la déportation et une réinstallation forcée des Polonais d'origine. Ces actions faisaient partie des plans nazis de grande envergure pour « germaniser » la Pologne par des transferts massifs de population. Le but était de vider de larges zones au centre et à l'ouest du pays en déplaçant les Polonais et les autres Slaves vers l'est et en réinstallant des Allemands d'origine, appelés *Volksdeutsche*, dans les territoires ainsi libérés. Pendant cette période, de jeunes Polonais, majoritairement des hommes, ont été aussi enrôlés de force pour aller travailler en Allemagne. Dieter Pohl, op. cit., p. 95; Doris L. Bergen, op. cit., pp. 107-108, 121.

n'avais pas eu si faim. C'était une torture et je devais sortir. Je suis allé dans différentes maisons, mais personne n'y était, il n'y avait pas âme qui vive, même pas de chevaux ou de bétail. J'ai subitement réalisé que tous les habitants du village avaient été expulsés[26].

J'ai marché d'une maison vide à l'autre, en quête de nourriture. Dans l'une, j'ai trouvé du pain et des peaux de lait dans la cuisine et j'ai mangé tout mon content. Des chiens erraient autour des maisons et dans les cours. J'étais debout près de la cuisinière quand j'ai tout à coup entendu des pas et des cognements. Je me suis caché derrière, mais ils m'ont trouvé. J'ai vu devant moi cinq personnes vêtues de noir, avec des fusils, qui parlaient allemand. Ils m'ont ordonné de sortir.

Ils m'ont demandé ce que je faisais là, en braquant leurs torches sur mon visage. Je leur ai dit que ma tante vivait ici et que j'étais venu de Wolice pour la voir mais que je n'avais trouvé personne. Je ne savais pas que tout le monde était parti, on ne me l'avait pas dit aussi je la cherchais. Ils m'ont demandé où j'habitais et je leur ai répondu que c'était très loin d'ici, que j'avais beaucoup marché et que j'avais faim. Ils me parlaient en allemand et je leur répondais dans la même langue. Je ne réalisais même pas que je parlais allemand avec tant de facilité. Ils ont déclaré que mon allemand était si correct que je devais être juif. Je leur ai dit que j'étais polonais. Ils m'ont demandé

26  En juin et juillet 1943, les Allemands ont intensifié leur campagne de déportation et de réinstallation forcée des populations d'origine polonaise dans le district de Zamość. Leur but était de réinstaller 60 000 personnes d'origine allemande à Zamość et dans les environs avant la fin de 1943. Adam s'est retrouvé au cœur d'une opération connue sous le nom de «*Wehrwolf Action I et II*», au cours de laquelle plus de 100 000 Polonais ont été expulsés de presque 300 villages. Cette opération est considérée par beaucoup comme la plus violente déportation de non-Juifs pendant la guerre. Durant l'expulsion, de nombreux Polonais ont été déportés vers les camps de la mort d'Auschwitz et de Majdanek. Dieter Pohl, op. cit., p. 95; Doris L. Bergen, op. cit., pp. 107-109, 122-123; Jozef Garlinski, «The Polish Underground State, 1939-1945,» in *The Journal of Contemporary History*, 1975, volume 10, p. 229; Gotz Aly, *"Final Solution": Nazi Population Policy and the Murder of the European Jews*, traduit en anglais par Belinda Cooper et Allison Brown, (London et New York : Arnold, 1999).

comment il se faisait que je connaisse si bien l'allemand. Ils m'ont poussé devant eux avec leurs fusils et j'ai commencé à pleurer – je croyais qu'ils allaient me tuer.

Ils m'ont emmené vers les belles maisons [du village], qui étaient occupées par les Allemands depuis que les Polonais avaient été expulsés[27]. Ils m'ont fait entrer dans une maison où vivait une famille allemande. Un des hommes en noir leur a dit qu'ils avaient trouvé un garçon qui parlait très bien allemand. Je leur ai expliqué qu'il y avait des Allemands qui vivaient dans mon village. Je nettoyais leurs chaussures et je leur apportais de l'eau et c'est pourquoi je parlais aussi bien. Ils m'ont cru et m'ont donné de la nourriture. J'ai mangé tout mon soûl et ils m'ont laissé partir. Je leur ai dit que je rentrais à Wolice.

Je suis allé dans la forêt, pas très loin des maisons. Il faisait très froid. [Le lendemain], j'ai erré tout le jour. À la nuit tombée, je me suis rapproché des maisons et je suis entré dans l'une d'elles qui était vide – les nouveaux occupants n'étaient pas encore arrivés. J'ai mangé ce que j'ai trouvé et j'ai mis les restes dans un sac pour la route. Les Allemands sont encore arrivés, probablement les mêmes que précédemment parce qu'ils m'ont reconnu immédiatement. Ils ont tout de suite commencé à hurler que j'étais un fourbe et un filou, que j'avais volé de la nourriture et que je leur avais menti. Je n'ai rien dit, j'ai compris que c'était la fin pour moi. Ils m'ont fait sortir. Je voulais prendre mon petit sac, mais ils m'ont crié de tout laisser. Ils m'ont fait marcher devant eux en me suivant avec leurs fusils, sur un tronçon de la route jusqu'au poste de garde du village. Ils m'ont demandé de vider mes poches. J'avais un peu de tabac desséché et je leur ai donné, mais ils n'en ont pas voulu. Ils

---

27  Pour soutenir leur effort de « germanisation » de la Pologne, les autorités allemandes ont «remplacé» les populations de Polonais déportés par des Allemands d'origine qui ont pris possession des fermes et des maisons laissées vides. Le phénomène avait commencé à la fin de 1941, mais l'expulsion et la réinstallation forcées des Polonais se sont intensifiées durant le printemps et l'été 1943.

voulaient seulement des armes et je leur ai déclaré que je n'en avais pas. Ils m'ont fouillé mais n'ont rien trouvé. Ils ont ordonné à l'un d'eux de me conduire à la cave. Je courais devant et il me suivait avec son fusil. La cave était noire, il m'a poussé dedans et a refermé à clé. J'ai avancé et j'ai réalisé qu'il y avait d'autres gens. Je croyais entendre parler yiddish. J'ai pensé qu'ils étaient juifs, aussi j'ai répondu en yiddish. J'ai entendu d'autres voix. Quelqu'un m'a demandé : « Es-tu juif? » J'ai dit oui. Ils m'ont demandé d'où j'étais et comment j'avais été pris. Je leur ai tout expliqué. Je leur ai demandé qui ils étaient. Ils étaient polonais, c'était ceux qui avaient été expulsés du village. Ils s'étaient enfuis [au moment de la déportation], mais ils avaient été attrapés et enfermés ici.

Quand le jour s'est levé, j'ai pu voir leurs visages. C'était de jeunes garçons du village. Nous sommes restés dans la cave trois jours. La seule chose dont nous avons parlé, c'était de quelle façon en sortir. Comme j'étais le plus petit, ils voulaient que je passe par une petite fenêtre et que j'ouvre la porte de la cave pour qu'ils puissent s'échapper.

Ils discutaient entre eux pour savoir s'ils devaient me dénoncer aux Allemands comme étant juif. L'un d'entre eux a dit qu'ils ne devaient pas le faire. Je les ai suppliés de ne rien dire, car si les Allemands ne s'étaient pas rendu compte [que j'étais juif] quand ils m'avaient arrêté, ils ne me reconnaîtraient plus maintenant. J'ai décidé de ne plus en parler. Pendant ces trois jours dans la cave, personne ne s'est montré, personne ne nous a donné à manger. Après trois jours, la porte s'est ouverte et un policier en noir est apparu et nous a dit de sortir. [Les Allemands] nous ont fait grimper dans une charrette gardée par trois des leurs. Ensuite, ils nous ont emmenés à Zamość, dans un camp réservé aux Polonais déplacés[28].

28  Ce camp pour Polonais déplacés ou rapatriés avait été établi à Zamość par les Allemands fin novembre 1942 et il était utilisé comme point de transit pour faciliter la mise en application de leur politique de transfert de populations. Il a existé jusqu'en janvier 1944. Czeslaw Pilichowski, dir., *Obozy hitlerowskie na ziemiach polskich 1939-1945* (Varsovie : Panstwowe Wydawnictwo Naukowe, 1979), p. 583.

La route a été difficile. Les Allemands ont fait marcher les trois garçons tout le long, mais comme j'étais le plus petit, ils m'ont laissé dans la charrette. Ils nous ont débarqués derrière les fils de fer barbelés [entourant] le camp. Il y avait déjà beaucoup de monde. Nous avons dû nous enregistrer dans un bureau où chacun devait donner des renseignements personnels. Pour une quelconque raison, les garçons n'ont pas voulu que je reste avec eux. Ils voulaient se débarrasser de moi et se mélanger aux autres gens. Mais j'ai essayé de rester et comme ils persistaient à m'éviter, je les ai finalement perdus de vue.

J'ai rejoint la foule et j'ai fait la queue pour l'enregistrement[29]. Je ne savais pas quoi dire, je n'avais aucune idée. Comme nom, j'ai décidé d'employer celui de Józef Rycuniak. Je me suis rappelé [et j'ai utilisé] le nom du fermier chez qui j'avais travaillé au village de Wolice, commune de Swiatyce, district de Zamość. Je leur ai dit que j'avais douze ans[30]. Pour le nom de mon père, j'ai donné celui de Stanislaw Jan Rycuniak, [qui avait été] un voisin. Ils m'ont ordonné de me mettre de côté. Là, ils ont immédiatement séparé les jeunes des vieux et des enfants. Ils assignaient une personne âgée pour quatre enfants, comme gardien. Mes gardiens étaient un vieux couple et j'avais avec moi deux frères et une fille, qui étaient sans doute aussi orphelins. Les jeunes ont été envoyés en Prusse pour travailler.

Mes gardiens étaient de bonnes gens. Quand je leur ai dit que je ne savais pas dire mes prières ni comment faire le signe de croix, ils ont compris que j'étais juif. Je leur ai dit que mes parents étaient morts quand j'avais deux ans et que je n'avais eu personne pour m'enseigner [ces choses]. Ils ont commencé à me donner de petites portions de pain.

29  Quand Adam a atteint le camp pour personnes déplacées de Zamość, cela faisait environ six mois qu'il errait dans les forêts et les villages du district, c'est-à-dire depuis qu'il avait dû quitter la ferme de Rycuniak après la liquidation du Ghetto de Komarów (fin novembre 1942) jusqu'à ce qu'il soit pris et envoyé à Zamość à la suite d'une des expulsions des «Wehrwolf Actions» (juin ou juillet 1943).
30  En été 1943, Adam avait en fait quatorze ans.

En règle générale, les gens avaient leurs propres problèmes et me laissaient tranquille. Il n'y avait qu'un garçon, un orphelin, qui me criait que j'étais juif. Personne n'avait le temps de faire attention à moi. La seule préoccupation de mes gardiens était que j'aie une chemise propre et de la nourriture. Ils me préféraient aux autres enfants parce que j'étais tranquille, obéissant et que je ne leur causais que peu d'embarras. Les autres étaient malicieux, je ne jouais pas avec eux parce qu'ils étaient négligés. J'étais seul[31].

Ma principale préoccupation [au camp de Zamość] était de m'épouiller. J'ai beaucoup travaillé sur mes vêtements. Quand j'errais en mendiant de la nourriture, un étranger me donnait quelquefois une

31 50 ans plus tard, en relisant son témoignage, Adam s'est souvenu ainsi d'un événement qui lui était arrivé au camp de Zamość, qu'il n'avait pas relatée en 1948 : « Un après-midi, on avait servi de la soupe chaude. Les gens faisaient la queue en tenant leur écuelle. Je n'avais pas de gamelle. J'ai regardé autour de moi et j'ai vu une bouteille de verre vide sur le sol, dans un coin. Je l'ai tout de suite ramassée. J'ai attaché une ficelle autour, je l'ai trempée dans du pétrole qui se trouvait là et je l'ai enflammée avec une allumette. Quand la bouteille a été chaude, j'ai fait sauter le goulot avec un morceau de bois. J'étais heureux, j'avais une gamelle pour la soupe! Ensuite, j'ai fait la queue et quand mon tour est arrivé, l'homme qui servait a refusé de remplir ma bouteille en disant que du verre pouvait tomber dans la grande marmite de soupe et que je devais revenir quand il aurait servi tout le monde. Quand il n'est plus resté personne, je suis retourné et il m'a donné de la soupe très épaisse du fond de la marmite. Un peu plus tard, l'homme a appelé : « Qui veut encore de la soupe? ». Je me suis précipité et il a rempli ma bouteille avec la soupe épaisse. Je n'ai pas tout mangé, bien que j'aie eu encore faim, car je voulais la garder pour mon petit-déjeuner du lendemain matin.

J'ai dormi près de la porte de la baraque. Les murs tremblaient à cause des gens qui tapaient la porte en entrant et en sortant pour aller ou revenir des toilettes. Pendant que je dormais sur le dos, la bouteille, que j'avais laissée sur l'étroit rebord de la fenêtre au-dessus de ma tête, a commencé à glisser jusqu'à ce qu'elle me tombe dessus, remplie de soupe. Une douleur fulgurante m'a réveillé : mon nez était entaillé à moitié. Mon visage était couvert de sang et les gens autour de moi criaient : « Oh! Mon Dieu! ». Ils se lamentaient pour moi et ils m'ont conseillé d'aller d'urgence voir le médecin du camp. Comme j'étais juif, je savais que je ne pouvais pas me montrer à un docteur qui travaillait pour les nazis. Au lieu de ça, j'ai essayé de me nettoyer le visage. Comme une partie de mon nez pendait, je l'ai raccommodé avec une ficelle que j'ai enroulée autour de mon nez et de ma tête. Ma blessure n'a pas guéri très vite car je ne prenais pas de médicaments ni ne suivais de traitement. J'ai souffert très longtemps. »

croûte de pain rassis. Les baraques étaient sombres, sales et bondées de petits enfants et de vieillards. Les gens mouraient. Malgré le froid, je préférais ça à la forêt. Je suis resté là durant trois semaines. Mes chaussures n'étaient bonnes à rien. Il y avait un vieil homme malade et j'attendais sa mort car il avait une bonne paire de sabots et je les voulais. Mais une fille les voulait aussi. Comme on soupçonnait que j'étais juif, quand le vieil homme est mort, la fille s'est ruée sur les sabots et je suis resté encore une fois sans chaussures.

Après trois semaines, les vieux et les enfants ont été envoyés [en train] à Siedlce[32]. Ils nous ont embarqués le soir et nous sommes arrivés le matin. Un garçon qui a essayé de s'échapper du train a été tué par les Allemands. Ils nous surveillaient de près tout le temps.

À Siedlce, ils nous ont remis à la Croix-Rouge[33]. Peu après, beaucoup de gens de la ville sont venus avec de la nourriture et de vieux vêtements. Ils nous ont demandé d'où nous étions et ils voulaient prendre soin de nous. Les personnes âgées qui avaient des connaissances ou de la famille sont allées avec elles à l'église. Les Allemands sont retournés [à Zamość] et nous avons été libres de nous déplacer dans la ville de Siedlce. Les petits enfants ont tout de suite été placés dans des maisons privées, mais moi, je n'avais nulle part où aller. J'avais des cheveux noirs affreusement longs et j'avais peur qu'on me reconnaisse [comme juif]. J'ai demandé à plusieurs garçons de mon âge de m'accompagner chez le barbier de la ville, car je ne savais pas où il était. Une femme m'a donné un peu d'argent et j'ai promis de les payer s'ils m'emmenaient. Dès que nous sommes entrés dans la boutique [du barbier], il a commencé à crier que nous étions juifs et que nous

---

32  Siedlce est une petite ville au nord de Lublin et à l'est de Varsovie, à environ 200 km de Zamość.

33  La Croix-Rouge était l'une des rares institutions polonaises auxquelles les Allemands avaient permis de continuer leur travail dans la Pologne occupée. La Croix-Rouge aidait au rapatriement et à la relocalisation des Polonais déplacés dans les zones approuvées par les Allemands. Dieter Pohl, op. cit., p. 102.

devions partir tout de suite. Il a refusé de me couper les cheveux. Nous sommes partis et cinq gamins, de petits garçons, nous ont immédiatement entourés et ont commencé à nous chasser en criant très fort : « Juifs! Juifs! » Ils ont harcelé un de mes amis en l'appelant « Icek » et ils ont dit qu'ils le connaissaient[34]. Ils m'ont moins harcelé mais j'avais peur. Je leur ai dit de nous suivre pour voir par eux-mêmes où nous allions[35]. Tout le long du chemin, j'étais effrayé car ils ne cessaient de crier très fort « Juifs! Juifs! ». Il y avait des Allemands tout autour de nous et nous aurions pu être arrêtés. Quand nous sommes arrivés à la porte de la Croix-Rouge, les gamins ont filé et nous ont laissés en paix.

Je ne suis pas retourné en ville. J'étais tranquille et je ne voulais plus passer de temps avec les garçons. Au moins, je n'avais plus faim. Une femme m'a donné des gants et des chaussures et je me suis senti mieux. Des gens sont venus à la Croix-Rouge pour choisir des enfants, mais personne ne voulait de moi – ils disaient que j'étais un Tzigane[36]. Une jeune femme s'est approchée et m'a demandé si j'aimerais venir avec elle. J'ai dit oui. Il était plus de sept heures du soir et les gardes [allemands] n'ont pas voulu nous laisser passer. La jeune femme parlait bien allemand et elle les a convaincus de nous laisser. Elle m'a emmené dans une jolie maison où elle m'a donné une fine tranche de pain avec une épaisse tranche de lard et un couteau. Je ne savais pas comment manger ça, aussi j'ai coupé le pain et mordu dans le lard. Ils m'ont regardé avec surprise. Je me souviens que j'étais gêné et malheureux, bien que la nourriture ait été bonne. J'aurais préféré qu'on ne me donne

---

34  « Icek » est un diminutif de Yitzhak [Isaac] et est aisément reconnaissable comme nom juif.

35  Comme seuls les non-Juifs étaient hébergés par la Croix-Rouge, le fait que ces garçons y vivent était une «preuve» qu'ils n'étaient pas juifs.

36  Être identifié comme étant un Tzigane pouvait être aussi dangereux que de l'être comme Juif : les Tziganes, sous l'occupation allemande, étaient regroupés dans des ghettos et tués aux côtés des Juifs. Bergen, op. cit., p. 180.

rien à manger plutôt que d'être observé de cette façon. Pour la première fois depuis très longtemps, je suis allé me regarder dans une glace et j'ai été effrayé par mon apparence. J'étais très sale et j'avais une imposante chevelure.

La jeune femme m'a emmené à la gare. Nous devions aller chez elle, près de Varsovie. Comme nous attendions [à la gare de Siedlce], la jeune femme a rencontré une connaissance. Elle lui a raconté qu'elle était allée me chercher à la Croix-Rouge pour que je travaille [pour elle]. L'homme m'a regardé, m'observant attentivement pendant un petit moment. Puis, tous les deux se sont éloignés pour discuter. Elle m'a demandé de l'attendre là, me disant qu'elle allait revenir bientôt. J'ai attendu une heure, puis deux, mais la femme n'est pas revenue. J'avais froid et sommeil, aussi je suis entré dans la salle d'attente où beaucoup de gens étaient assis et dormaient. Je me suis couché sur le sol, roulé en boule et je me suis endormi jusqu'au matin. Quand je me suis réveillé, tout le monde était monté dans les trains. J'étais le seul à ne pas savoir où aller, ni quelle direction prendre pour quitter la gare. Je suis juste resté là. Le cocher d'un fiacre est entré et il m'a demandé : «Qu'est-ce que tu fais là, petit?»[37] Je lui ai tout raconté : qu'une jeune femme m'avait pris à la Croix-Rouge, que je l'avais perdue à la gare et que maintenant je ne savais pas où aller. Le cocher m'a dit de monter dans son fiacre. Il m'a déposé à proximité de la Croix-Rouge et m'a montré comment m'y rendre. Les gardes ne voulaient pas me faire entrer, mais je leur ai expliqué ce qui m'était arrivé et ils m'ont laissé passer. Je me sentais comme au Paradis. Je suis allé voir mon gardien et je lui ai tout raconté. Il m'a donné à manger et je me suis calmé.

Quelques jours après, un fermier est venu. Mon gardien lui a fait mon éloge et le fermier m'a emmené chez un médecin pour vérifier ma

---

37 Il s'agissait du conducteur d'une charrette tirée par un cheval, disponible pour la location ou les livraisons.

santé. J'étais couvert de poux et le médecin n'osait pas me toucher. J'étais à peine habillé, mais il n'a même pas voulu me regarder. Il a dit que j'étais en bonne santé et il m'a congédié. Les poux m'ont sauvé! Comme le médecin ne m'a pas examiné de près, il n'a pas su que j'étais juif[38]. Le fermier m'a emmené dans la rue et m'a tranquillement déclaré : «Écoute, tu es juif, avoue-le. Si tu ne l'es pas, viens [avec moi] chez un médecin allemand». Il a discuté avec moi et il a ajouté : «Si tu es juif, il vaut mieux ne pas aller voir un médecin allemand». J'ai répondu fermement : «Si vous voulez, vous pouvez m'emmener, sinon quelqu'un d'autre le fera. Je ne suis pas juif.» Il est parti et m'a laissé. Je suis retourné à la Croix-Rouge. J'étais ennuyé de revoir mon gardien, mais je ne m'en suis pas soucié (je ne me souviens plus de ce que je lui ai dit).

Il y avait de moins en moins d'enfants à la Croix-Rouge. Les gens étaient venus les chercher. Il ne restait que les malades et les démunis et j'étais parmi ceux-là.

Au bout de quelques jours, le cocher du fiacre [de la gare de Siedlce] et sa femme sont venus à la Croix-Rouge. Ils se sont approchés de moi et m'ont demandé si je voulais venir avec eux. Encore une fois, mon gardien a fait mon éloge, disant quel bon garçon j'étais. Ils m'ont dit de prendre tout ce que je possédais et ils m'ont emmené. Le fiacre était sur la place du marché. Il m'ont fait monter et m'ont conduit dans leur maison, pas très loin de Siedlce. C'était une maison toute simple. Ils avaient un cheval, des porcelets, un pré et un jardin et rien d'autre. Ils m'ont permis de me laver et m'ont donné des vêtements propres, une chemise et un pantalon nets. Ils ont fait bouillir tous mes [vieux] vêtements et ont porté mon manteau dans la grange pour l'aérer. Ils m'ont dit que je serais berger.

Ils m'ont posé des questions sur tout. Je leur ai raconté que mes parents étaient morts quand j'avais trois ans et que j'avais été élevé par mon oncle dans un village. Quand les Polonais avaient été expul-

---

38  Les garçons juifs sont traditionnellement circoncis peu après la naissance. Comme cette pratique n'avait pas cours en Pologne parmi les non-Juifs, un examen physique aurait révélé qu'Adam était juif.

sés, ils avaient envoyé mon oncle en Prusse. Ses enfants avaient [déjà] été pris par la Croix-Rouge et ainsi de suite... Le soir, les voisins sont venus avec leurs enfants, des garçons et ils m'ont interrogé. J'ai encore et encore dû mentir. Ce n'était pas facile car je devais trouver une réponse sur le champ et je devais me rappeler ce que j'avais déjà dit – souvent, je ne savais plus. Cela m'épuisait.

Ils m'ont demandé de dire une prière avant d'aller me coucher et je ne savais pas comment faire le signe de croix. J'ai dit : « Mon oncle ne s'est pas occupé de ça et je ne sais pas ». Ils m'ont cru et la maîtresse de maison m'a appris comment faire le signe de croix et prier. Petit à petit, je me suis initié. Plus tard, j'ai joué avec les enfants des voisins. Ils m'aimaient bien et ne voulaient aller nulle part sans moi. Les gens étaient gentils avec moi. Ils me nourrissaient bien. L'hôtesse me donnait même des morceaux de couenne grillée qu'elle gardait pour moi. Elle me traitait comme son propre fils. Mais j'ai surpris les voisins qui nous avaient rendu visite en train de clamer que j'étais juif, encore et encore... Une semaine plus tard, ils ont commencé à marmonner de plus en plus souvent que j'étais juif. Mes hôtes ont aussi commencé à me regarder différemment. Ils m'ont questionné, mais je ne l'ai pas avoué.

Un jour où le mari était en ville, sa femme est venue vers moi, m'a examiné de près et a découvert que j'étais juif. Elle a ri : « Ainsi, tu es un petit Juif! » Je lui ai dit que j'étais converti, mais elle ne m'a pas cru. Quand son mari est rentré, elle lui a dit qu'elle avait découvert que j'étais juif. Ils m'ont parlé gentiment. Ils m'ont dit que quand la guerre serait finie, je pourrais revenir et ouvrir une boutique et qu'ils me convertiraient. Comme j'avais dit que j'étais [déjà] converti, l'homme voulait me garder, mais sa femme ne voulait pas – elle avait peur des voisins. Le lendemain matin, elle m'a donné un repas copieux. Elle ne m'a pas repris ce qu'elle m'avait offert. J'ai emballé mes vêtements qui avaient été bouillis. Elle a mis mon manteau plein de poux dans un sac et m'a emmené à la Croix-Rouge, déclarant qu'elle me ramenait.

Encore une fois, j'étais abandonné à moi-même. Heureusement pour moi, j'étais absent quand ils ont désinfecté l'endroit et fait laver les gens. J'y avais échappé parce que j'étais chez mes hôtes. Il y avait eu beaucoup de changements à la Croix-Rouge. Il y avait moins de monde et c'était propre. J'ai laissé le sac avec mon manteau dans l'entrée car je ne voulais pas le prendre avec moi. Mes gardiens [de Zamość] n'étaient plus là.

Quelques jours après, on a annoncé que ceux qui voulaient aller dans un village [pour travailler] le pouvaient. La Croix-Rouge procurerait des cartes et placerait les gens dans différents villages. J'ai été assigné au village de Borki[39], avec une famille qui avait une petite fille. Nous devions changer nos cartes dans chaque commune. Ils nous ont emmenés à Borki. Le *soltys* [président du Conseil du village de Borki] a affecté des maisons aux personnes déplacées. La famille avec laquelle j'étais venu a eu une maison pour elle. Le *soltys* a dit à sa femme : «Voilà un petit brun qui a l'air d'un bon garçon; si personne ne veut s'en charger, il restera avec nous». J'ai passé la nuit à la maison du *soltys* et ils m'ont donné à manger.

Le lendemain, le *soltys* m'a donné une carte et m'a envoyé avec un messager chez le fermier Janek Szelag[40]. Le fermier était au moulin et sa femme m'a dit d'attendre. Il est rentré couvert de farine. Il a dit: «On peut dire qu'il est poli. S'il reste, il pourra garder le troupeau de vaches». Ils m'ont dit de rester. C'était des gens jeunes mais ils n'avaient pas d'enfant. La femme était malade et restait au lit.

Le lendemain, un garçon du village est venu m'apporter une note du *soltys* me disant de m'enregistrer auprès de lui. Je ne connaissais pas le chemin [pour retourner au village]. Le fermier m'a dit de prendre un cheval, mais je ne savais pas monter à cheval. Je suis tombé plusieurs fois, mais j'ai fini par arriver. Un voisin, Wozniak, m'a reconnu et m'a demandé où j'allais. Je ne me souvenais pas de la façon dont prononcer le mot *soltys*. Aussi, je lui ai répondu: «Là où j'étais hier».

39  Borki est un village à peu près à 35 km au sud-ouest de Siedlce.
40  Voir note page suivante.

Il m'a dit : « C'est ici, chez le *soltys* ». Je suis donc entré et j'ai vu deux policiers [polonais] assis, qui m'ont demandé mon nom. Quand je leur ai dit que je venais de « gmina Swiatyce » [la commune rurale de Swiatyce], j'ai mal prononcé le mot « *gmina* ». Ma prononciation leur a révélé que j'étais juif. Ils ont commencé à me tourmenter, me demandant si je savais mes prières. Je leur ai dit que je priais du matin au soir. Ils m'ont tourné en ridicule et m'ont demandé de me signer et de dire les prières. Je me suis souvenu du temps où la femme du cocher m'avait enseigné comment prier et j'ai commencé à réciter. Ils m'ont interrompu. Un des policiers m'a tapé sur l'épaule en disant que

40  Adam s'est souvenu plus tard d'un épisode important qu'il avait omis de raconter quand il avait fait sa déposition en 1948. Avant d'aller travailler pour Janek Szelag, il avait travaillé pour un autre fermier : « Après être arrivé à Borki, le *soltys* m'a donné un morceau de papier et il m'a fait emmener par son fils chez un fermier nommé Jozef Maciejak. J'y ai été reçu par une petite famille : le mari, sa femme et deux jeunes enfants. Le fermier m'a expliqué que je travaillerais comme berger. Il ne possédait qu'une vache et un très petit champ. Il m'a dit de faire paître la vache dans le pâturage du voisin, ce que j'ai fait. Un jour qu'il pleuvait, j'étais sûr que personne ne passerait par là, aussi j'ai emmené la vache dans le pré du voisin. Soudain, un fermier est arrivé à cheval et il m'a battu avec sa badine, sur le corps et sur la tête en me criant : « Si je te reprends encore dans mon pâturage, je te brise le cou ! » Je suis parti avec la vache et je l'ai ramenée à l'étable. J'ai expliqué au fermier ce qui était arrivé, mais il s'est contenté de me dire : « La prochaine fois, emmène la vache chez l'autre voisin ». Il était vraiment méchant et ne se sentait pas désolé pour moi. Bien que j'aie été tout mouillé par la pluie et blessé par les coups de badine, il m'a dit d'aller couper du bois dehors.

Jozef Maciejak était un client assidu de la taverne du village et il rentrait souvent saoul à la maison. Sa femme était très gentille. Elle lui faisait un bon dîner, mais il se contentait de regarder la table bien dressée, jetait tout par terre et lui criait au visage : « Quelle pâtée pour chien as-tu fait là ? » Ensuite, il l'acculait dans un coin et commençait à la frapper au visage. Elle criait et pleurait. Ses deux jeunes enfants et moi nous jetions sous le lit par peur d'être les suivants. Ces événements étaient très fréquents. Je n'avais pas le droit de prendre du pain sans demander la permission au préalable. Je devais manger seul, pas avec la famille et je dormais tout seul dans la grange. Bien que j'aie été assez maltraité, j'étais plus heureux qu'au camp ou dans la forêt. Le fermier m'a utilisé tout l'été et il m'a renvoyé chez le *soltys* à l'automne. C'était en 1943. Je craignais que personne ne veuille me prendre comme berger en hiver. Sur le chemin qui me ramenait chez le *soltys*, qui était à une demi-heure de marche, j'étais submergé par les soucis. Quand je suis arrivé, j'ai tout raconté au *soltys*. Il m'a dit : « Je vais t'envoyer chez un autre fermier et s'il ne veut pas te prendre, je te garderai dans ma famille ». Je suis resté pour la nuit et le lendemain il m'a envoyé chez un fermier nommé Janek Szelag. »

j'étais juif. J'ai discuté avec lui. Le *soltys* a déclaré que j'étais venu officiellement de Siedlce et que j'étais très certainement polonais. Il m'a enregistré et m'a dit de retourner chez le fermier. Je ne connaissais pas la route du retour et j'ai laissé le cheval me guider. J'ai dit au fermier que j'avais été enregistré.

Je n'avais pas grand-chose à faire. Je me promenais autour de la ferme. De temps en temps, le fermier me demandait de faire la litière des vaches, de nourrir le cheval et d'apporter du bois. Je devais constamment répondre aux questions des voisins. Cela me fatiguait car je devais répondre rapidement sans avoir le temps de penser trop longtemps et je devais me souvenir de tous les petits détails dont j'avais parlé la veille ou l'avant-veille. Une autre difficulté venait de la nourriture. J'avais honte d'avouer que je ne savais pas comment manger de la façon dont ils le faisaient au village. Tout le monde mangeait dans le même bol. Le fermier me disait de me dépêcher. Je ne sais pas comment, mais je prenais petit à petit. Je n'étais pas un bon travailleur. Je ne savais même pas comment faire les travaux les plus faciles, mais si je n'avais pas travaillé, je serais devenu complètement fou.

Les gens disaient souvent que je ressemblais à un Juif. Je niais toujours. Quand des voisins venaient à la maison, ils reconnaissaient immédiatement que j'étais juif et ils le disaient calmement aux fermiers chez qui j'étais. Mais ces derniers essayaient toujours de me protéger des questions. Ils parlaient pour moi, fournissant des explications, ce qui m'aidait beaucoup. Quand il n'y avait personne, ils attiraient mon attention sur ma prononciation et corrigeaient mes fautes. Ils faisaient l'effort de ne pas m'envoyer au magasin ou chez les voisins. J'étais la plupart du temps à la maison. Je n'allais même pas à l'église. Les fermiers voulaient que j'y aille avec eux, mais je trouvais des excuses, prétextant que je n'avais pas de vêtements convenables ou de chaussures et que je préférais rester à la maison. Ils n'insistaient pas et c'est ainsi que j'y échappais.

La femme de Siedlce, que le fermier avait rencontrée par hasard, m'a fait beaucoup de mal. Apparemment, elle a dit au fermier que j'étais juif. Elle lui a raconté ce qui m'était arrivé à Siedlce et comment des fermiers m'avaient pris à la Croix-Rouge plusieurs fois, pour seulement m'y ramener peu après. Mon fermier m'a avoué en cachette qu'il savait tout cela. Il était très bon avec moi.

Comme j'étais assez timide et gêné, je ne voulais pas me couper moi-même mon pain. Le fermier me disait que je devais le faire et qu'il ne me le reprocherait pas car il ne pouvait pas savoir quand j'avais faim et voulais manger. Petit à petit, je suis devenu moins timide et j'ai commencé à me couper du pain. Bien sûr, je ne savais pas comment faire et je me coupais le doigt à la place du pain. Les gens se moquaient de moi parce que j'étais tellement maladroit. [Ils disaient :] « Il s'est coupé la main ! ».

Un matin où je voulais, comme d'habitude, me couper une tranche de pain, la femme du fermier m'a dit : « Nous, les Polonais, nous ne mangeons pas aujourd'hui. C'est veille de fête, aussi nous jeûnons.[41] » Je l'ai regardée avec surprise et je lui ai demandé ce que ça voulait dire. Elle me l'a expliqué. J'ai dit : « Je ne mangerai pas ». J'ai repoussé le lait et le pain. La femme du fermier a dit : « Mange, puisque tu as déjà commencé ». Aussi, j'ai dû finir. Plus tard, quand Pâques est arrivé, je ne savais rien à ce sujet, ni comment me comporter, ni ce qu'il fallait faire. Les fermiers ont nettoyé la maison très soigneusement. Ils ont préparé beaucoup de nourriture. Je me sentais comme un étranger et je ne savais pas quoi faire. Ils m'ont coupé les cheveux et m'ont dit de me laver. Ils m'ont donné une chemise et un pantalon neufs. Toutes ces coutumes me paraissaient étranges, mais les fermiers étaient bons pour moi et ils n'ont pas ri de mon ignorance. Ils m'ont appris et

---

41  Janek Szelag et sa femme étaient catholiques et observaient le premier jour du carême, le mercredi des cendres, en jeûnant. Cet incident s'est produit le 23 février 1944, environ six mois après qu'Adam est arrivé pour travailler pour eux.

m'ont montré mes erreurs. [Le matin de Pâques], ils ne m'ont pas réveillé très tôt. Le fermier a harnaché lui-même le cheval et ils sont allés à l'église. Ils m'ont laissé des crêpes et du gâteau et m'ont dit de manger. Je me suis levé et suis allé chez les parents des fermiers pour faire boire les vaches. Plus tard, quand ils sont revenus de l'église, ça a été l'heure du repas de midi. C'était bon de manger quelque chose.

D'habitude, les voisins venaient nous rendre visite et ils me posaient toujours trop de questions. La femme du fermier m'envoyait dehors pour aller chercher du bois ou de l'eau, afin que je n'entende que le strict minimum des conversations des voisins. J'étais heureux d'avoir trouvé de telles bonnes gens et de ne plus errer à travers les forêts, dans la boue, affamé et frigorifié.

Un jour, la femme du fermier m'a envoyé au magasin du village pour acheter du pétrole et des allumettes. Le magasin était dans une auberge pleine de monde. Dès que je suis entré, ils m'ont tous regardé, déclarant tranquillement que j'étais juif. En demandant mes deux paquets d'allumettes, j'ai fait une faute grammaticale et le propriétaire du magasin m'a corrigé. Tout le monde a ri et dit que j'étais juif. J'étais mort de honte de la façon dont ils parlaient des Juifs. J'étais rouge, ce qui me trahissait, mais je ne pouvais m'en empêcher.

Quand les Allemands venaient chercher leur quote-part de provisions, le fermier me disait de sortir les vaches, pour que je ne sois pas dans la maison[42]. Une fois, j'ai eu très peur : comme je conduisais les vaches plus loin, j'ai subitement vu des Allemands devant moi. Que faire ? J'ai tiré mon chapeau sur mes yeux et fait semblant de courir après une vache sur le bas-côté. J'ai [ainsi] évité les Allemands.

Je gardais le troupeau avec d'autres bergers qui sont devenus des amis. Ils m'ont invité à venir au village le dimanche. Comme j'étais seul ce jour-là, j'ai décidé d'y aller. C'était une décision stupide. Sur la route, il y avait

---

42 Les fermiers, sous peine d'emprisonnement, devaient fournir aux autorités allemandes des biens et des produits. Dieter Pohl, op. cit., p 97.

des groupes de garçons et d'adultes qui discutaient. Quand ils m'ont vu, ils ont commencé à me tourmenter : «*Mojsze wi goistu*?» [ce qui voulait dire en mauvais yiddish : «Moshe, où vas-tu?»]. Je n'ai rien répondu, faisant semblant de croire que cela ne me concernait pas. Je ne suis pas allé voir mes amis, mais je suis plutôt rentré immédiatement à la maison en passant par les champs au lieu de suivre la route.

Au fur et à mesure que le temps passait, les choses ne s'arrangeaient pas. Les gens parlaient et faisaient courir la rumeur que j'étais juif, que je n'allais pas à l'église, que je ne communiais pas ni ne me confessais et que je ressemblais à un Juif. Il y avait toujours des bruits disant que les Allemands recherchaient des armes et des partisans, qu'ils attrapaient les Juifs et qu'ils avaient pris un groupe d'enfants qui avaient l'habitude de mendier aux alentours de la forêt, ainsi que d'autres histoires terribles. Tout le village a fait pression sur mes fermiers pour qu'ils se débarrassent de moi, prétextant que tout le monde écoperait parce ce qu'ils hébergeaient un Juif. Ces rumeurs s'étendaient aux autres villages alentours. Il y avait près de chez nous le village de Strachanin [Strachomin][43]. Là-bas, on racontait que Szeląg gardait un Juif. Le fermier disait que ce n'était pas vrai. Il ne m'a jamais montré qu'il était au courant. Il m'a toujours dit de me cacher dans le champ de seigle quand les Allemands arrivaient au village, afin qu'ils ne me prennent pas pour me faire travailler. Ensuite, le fermier s'est efforcé de me garder à la maison[44].

Le [premier] automne est arrivé et j'étais conscient que le travail de gardien de troupeau tirait à sa fin. Si le fermier me chassait, qu'est-ce que j'allais faire? Où irais-je? Le fermier a remarqué que j'étais contrarié et m'a demandé si j'avais mal au ventre. Je lui ai dit que j'étais tout le temps comme cela. Il a compris et m'a proposé de rester pour l'hiver et ainsi je serais prêt

---

43  Il y a apparemment eu une erreur de transcription dans le texte de 1948. Le nom du village voisin est Strachomin.

44  Les jeunes Polonais robustes étaient emmenés de force pour le travail obligatoire en Allemagne et dans les industries allemandes tout au long des années 1943 et 1944. Dieter Pohl, op. cit., p. 93.

à sortir les vaches au printemps. J'ai accepté en manifestant ma joie. Ils s'étaient habitués à moi et ils m'aimaient bien.

Des partisans passaient souvent par chez nous. Un jour où je dormais dans la grange, la porte s'est ouverte et le fermier est entré avec un groupe de gens. Il m'a demandé de les aider à trouver une place pour dormir. Il avait une lampe de poche et leur a montré le foin. Le lendemain, un des partisans a dit : « Vous savez, ce Józef qui est avec vous, il ressemble à un Juif, c'en est certainement un ». Le fermier lui a dit que je venais [du camp] de Zamość et que j'étais un déplacé. Le soir, les partisans se sont levés et sont partis[45].

Le fermier faisait de l'alcool de contrebande. Quand des hôtes venaient, il m'invitait à la table et je mangeais et buvais avec eux. Une fois, je suis allé avec un voisin et il m'a saoulé. J'étais tellement ivre que je ne savais pas ce qui m'arrivait. Il semblerait que j'aie dit n'importe quoi, me plaignant de mon patron parce qu'il disait que j'étais juif. J'ai développé un goût pour la vodka et j'aimais boire, mais j'ai regretté d'avoir parlé comme cela.

C'était une époque très mouvementée. Un matin, les Allemands ont débarqué chez le *soltys* et ils sont allés ensemble chez les gens qui avaient été sélectionnés pour travailler en Prusse. Cela a créé une grande commotion au village et les jeunes se sont cachés. Le fermier m'a dit de me dissimuler dans le champ de maïs. Je me souviens que je portais un pantalon neuf en lin à ce moment-là. Je ne voulais pas l'abîmer, mais je n'avais pas d'autre choix que de me coucher par terre sur le sol dur et d'attendre que les Allemands quittent le village. Le nouveau *soltys*, Bronek Wysocki, était un vieux renard qui manipulait les gens pour le compte des Allemands. Ces derniers

---

45  Les partisans, membres de groupes de résistance polonais, dépendaient de la coopération des fermiers pour se nourrir et s'abriter. Il y avait plusieurs mouvements de résistance polonais, souvent farouchement opposés les uns aux autres sur le plan idéologique. L'un de ces groupes au moins, les *Forces armées nationales*, était violemment antisémite. Dieter Pohl, op. cit., p. 104. Le fait qu'ils combattaient contre les occupants allemands ne voulait pas dire qu'un Juif tel qu'Adam pouvait se sentir en sécurité avec eux.

avaient exigé dix garçons pour le travail obligatoire en Prusse. Les fermiers se sont réunis. Un garçon, Bronek, contestait le choix des noms cités pour partir. Il voulait que mon fermier m'y envoie [à la place]. Il prétendait qu'on avait besoin des garçons pour le travail du village, où il y avait beaucoup à faire, tandis que moi, je ne faisais rien, aussi j'étais libre d'aller en Prusse.

Plus tard, alors qu'un fils de fermier avait été sélectionné, le *soltys* a accepté un substantiel pot-de-vin de son père et il m'a mis sur la liste en remplacement du fils. J'ai reçu une carte mais je ne me suis pas déclaré aux autorités. Le fermier m'a donné des vêtements neufs et m'a dit que si les gens me demandaient où j'allais, je devais dire que je m'en allais [travailler en Prusse]. Ensuite, quand le moment est venu de m'enregistrer [pour travailler en Prusse], mon fermier m'a emmené chez un confrère dans un autre village; il a dit que je m'étais enfui. Le lendemain, je suis allé aux champs avec les enfants et j'y suis resté jusqu'au soir, où je suis rentré à la maison et c'est ainsi que le temps est passé. Par la suite, j'ai dormi la nuit dans d'autres maisons. Les parents de mon fermier se sont plaints qu'ils ne voulaient pas me laisser partir en Prusse ni me donner à d'autres. Une fois que les choses se sont calmées et que personne ne m'a plus recherché, je suis retourné à la maison [à Borki].

J'ai appris par la suite que les partisans qui avaient l'habitude de venir chez le fermier me gardaient à l'œil et voulaient se débarrasser de moi. C'est un voisin, Kózicka, qui me l'a répété. C'est seulement grâce à mon fermier qu'ils m'ont laissé tranquille.

Les gens ont commencé à dire que les Russes étaient sur le point d'arriver[46]. Ils occupaient déjà quelques villages et les Allemands s'étaient retirés. Un commerçant qui passait par notre ferme a dit que, quand les Russes arriveraient, les Juifs deviendraient les maîtres – il l'a dit à mon intention. À ce moment-là, même les Polonais avaient peur de quitter leurs fermes, à cause des Alle-

46 Été 1944.

mands. Ils faisaient courir le bruit qu'ils brûlaient les villages en s'en allant. C'était une mauvaise période pour tout le monde. On prétendait que les Russes étaient déjà à Siedlce. J'espérais vivre assez longtemps pour les voir[47].

Le lendemain, on disait que les Russes étaient déjà au village [de Borki]. Le fermier et moi sommes allés voir à quoi ils ressemblaient. Sur la route, nous avons croisé des camions pleins de soldats russes. Tout de suite, les conversations ont été joyeuses. Les Russes nous accueillaient avec des «Bonjour, camarades!» et ils nous offraient des cigarettes et des bonbons.

Tout d'un coup, des avions allemands sont apparus. À Starachomine [Strachomin][48], il y a eu des tirs et les Allemands ont tué un cheval et mis le feu à plusieurs bâtiments. Ensuite, les avions russes sont venus. Les soldats russes [au sol] nous ont avertis que c'était leurs avions et les gens se sont calmés et ont commencé à faire la fête avec les Russes. Ces derniers ont été répartis dans les fermes et les gens les ont reçus avec joie et allégresse[49].

Un soir de 1944, des officiers russes sont arrivés en visite. Ils m'ont demandé si j'étais le fils du fermier. Un commandant a aussitôt déclaré que j'étais juif. Le fermier a dit que non, que j'étais un déplacé. Les garçons du village étaient toujours collés aux Russes, mais moi, je restais à l'écart, ne sachant que faire et ayant encore peur d'avouer que j'étais juif.

Un commandant russe vivait chez nous. Un jour, il a invité un ami, un commandant d'un autre village, qui était juif. Il m'a immé-

---

47  L'Armée Rouge a pris Siedlce le 31 juillet 1944.

48  Erreur de transcription.

49  Borki se trouvait dans la région située derrière la ligne de front de l'offensive soviétique qui a eu lieu durant l'été et l'automne 1944, connue sous le nom de l'offensive Lublin-Brest (-Litovsk). Cela a été l'offensive la plus importante de l'Armée Rouge pour libérer le centre et l'est de la Pologne et Varsovie. Dans la seconde moitié de 1944, Borki et les villes et villages environnants sont devenus des refuges pour de nombreux soldats et officiers russes. David Glantz, «The Red Army's Lublin-Brest Offensive and Advance on Warsaw (18 July-30 September 1944): An Overview and Documentary Survey.» In *The Journal of Slavic Military Studies*, volume 19 n°2, juin 2006, pp. 401-441.

diatement reconnu comme juif. Le fermier a maintenu que je ne l'étais pas. Un charpentier du village, Zbig, m'a dit d'admettre que je l'étais, mais je n'ai pas voulu. J'ai décidé de laisser les choses comme elles étaient, parce que j'avais entendu dire qu'il ne restait plus de Juifs dans le monde. Plus tard, les gens ont essayé de convaincre mon fermier de me convertir. Sa femme m'a donné un petit livre pour que j'apprenne bien les prières et ils ont essayé de me persuader, mais comme je n'ai rien dit, ils ont compris que je ne voulais pas et ils m'ont laissé tranquille. Tout est resté comme avant.

Je me disais qu'une fois la guerre finie, j'irais travailler dans une usine en ville. Pour l'instant, les choses étaient comme elles étaient. J'ai décidé de rester et d'attendre. Des gens du village ont essayé de me convaincre de quitter mon fermier pour aller travailler pour eux. [Ils me disaient qu'à la ferme], je travaillais pour rien et que je ferais mieux d'aller chez eux. Mais je savais ce qu'ils avaient en tête et je leur ai dit que j'étais satisfait comme cela et que je n'avais pas l'intention de quitter mon fermier. J'ai continué à travailler. J'étais maintenant très occupé avec le cheval, les champs, le foin et le temps est passé très vite[50].

Quand j'étais arrivé à la ferme, je m'étais attaché à un petit cheval qui occupait tout mon temps et me donnait beaucoup de joie. C'était mon ami – la créature que j'aimais le plus. Je l'appelais Siwek [« le gris »]. En retour, il m'aimait et ne voulait venir qu'avec moi. Je gardais le meilleur du pain et de la nourriture pour Siwek. C'était le plus rapide du village. Il sautait par-dessus les fossés et courait à travers champs. Je l'entraînais pour qu'il soit premier dans

50 Adam est resté avec Janek Szelag et sa femme à Borki plus de deux ans après la fin de la guerre, ne leur avouant jamais qu'il était juif. En 2007, il s'est souvenu des pensées et des suppositions qui l'avaient fait rester là : « Je croyais que j'étais le seul Juif à avoir survécu. Je ne me sentais toujours pas en sécurité. Je n'avais nulle part où aller. Tous les gens que j'avais connus avant étaient morts. J'étais certain qu'il était encore risqué pour moi d'admettre que j'étais juif. Après la guerre, la situation restait incertaine et tendue. Où iraient toutes les personnes déplacées? Je sentais qu'il valait mieux rester tranquille, avec des gens qui avaient été bons pour moi, plutôt que de prendre des risques. »

les courses. J'étais si attaché à Siwek que, quand un propriétaire [des environs] est venu pour l'acheter et que le fermier s'est montré disposé à le vendre, je suis devenu très triste et je l'ai supplié de ne pas le faire. Une nuit, j'ai rêvé que Siwek respirait difficilement et qu'il était malade. Je me suis levé et au lieu d'entrer dans la maison pour me laver, je suis allé directement à l'écurie pour voir Siwek. J'ai été heureux de constater qu'il allait bien. Une autre fois, le gestionnaire du domaine a voulu acheter Siwek. J'ai pleuré et j'ai dit qu'il n'y aurait plus de raison pour moi d'aller à l'écurie ni de rester ici. Le fermier n'a pas vendu Siwek et j'étais rempli de joie de garder mon ami tant aimé.

Chaque fois que quelqu'un suggérait que j'étais juif, je me mettais en colère et je devenais irritable. Mon fermier l'avait remarqué et il pensait que je ne voulais pas quitter le village pour retourner avec les autres Juifs, aussi il n'en a pas reparlé. Puis, notre voisin m'a dit : «Tu sais, Józef, il ne reste plus aucun Juif nulle part. Tu as maintenant l'habitude des chevaux et des champs, alors reste avec nous. Nous allons te convertir et tu seras heureux ici. Personne ne te fera de mal.» Je n'ai rien dit, mais j'ai pensé à le faire. Ensuite, je me suis repris et j'ai décidé que non.

Mon meilleur ami était un garçon du village, Kostek Walentow. Nous gardions les vaches ensemble dans la forêt. [Après la fin de la guerre], il est allé rendre visite à sa sœur dans l'ouest du pays. Quand il est rentré, je suis allé lui parler. Je lui ai demandé ce qui se passait dans les trains et si on vérifiait les papiers. Quelles étaient les possibilités d'emploi dans l'ouest? Il se demandait pourquoi je lui posais toutes ces questions. Est-ce que j'avais l'intention d'aller quelque part? Je lui ai dit que j'aimerais aller à Varsovie. Les gens ne cessaient de me dire que je devrais aller travailler dans une usine de l'ouest,

51 À la fin de la Deuxième Guerre mondiale, la population allemande qui vivait dans l'ouest de la Pologne a fui ou a été expropriée. Par voie de conséquence, des opportunités de travail se sont présentées pour les Polonais venant de l'est du pays. Doris L. Bergen, op. cit., pp. 224-225.

comme les autres garçons[51]. J'ai demandé à mon ami comment je pourrais obtenir des papiers. Il m'a conseillé de me convertir et d'obtenir un certificat de naissance et il m'a dit qu'ainsi, je pourrais aller n'importe où. Je suis resté avec lui tard dans la nuit et je lui ai tout raconté. J'ai reconnu que j'étais juif, mais je lui ai demandé de ne rien révéler.

Une semaine plus tard, il a reçu une lettre de sa sœur lui demandant de venir dans l'ouest. Il a donc écrit à sa famille [au village] qu'il avait trouvé un emploi dans l'ouest et qu'il ne rentrerait pas. J'ai déclaré à la femme du fermier que si des gens aussi simples que Kostek et Ganiek pouvaient trouver du travail dans l'ouest et décider de ne pas rentrer, moi aussi je pourrais faire la même chose si j'avais des papiers. La femme du fermier m'a demandé si je connaissais quelqu'un dans l'ouest. Quand j'ai dit que non, elle m'a dit qu'aller là-bas à l'aveuglette n'en valait pas la peine. Elle m'a dit que le fermier verrait le *wójt* [le gouverneur d'un groupe de villages] et s'arrangerait pour m'avoir des papiers. Quand le fermier est rentré, nous en avons parlé. Il m'a conseillé d'attendre jusqu'au dimanche, où il verrait le *wójt* à l'église. Il lui parlerait et pourrait arranger quelque chose. Il a tenu sa promesse. Il a demandé au *wójt* des conseils pour obtenir un certificat de naissance. Il lui a précisé que ce serait difficile car j'avais été déplacé de Zamość et que, bien certainement, j'étais juif. Où obtenir un certificat de naissance pour les Juifs maintenant? Le *wójt* a dit qu'il allait se renseigner et nous le ferait savoir.

À peu près à la même époque, le fermier est allé à la foire de La-towicze, où il a entendu dire que les Juifs pouvaient réclamer leurs maisons, mais seulement jusqu'au premier janvier (c'était en 1947). Le fermier m'a conduit dans une autre pièce et m'a raconté ça, me demandant si mes parents ou mes oncles avaient laissé une maison. Je lui ai dit que oui. Nous avons parlé longtemps et pour la première fois, je lui ai avoué que j'étais juif. Mon cœur a bondi de joie, maintenant qu'il semblait que je pourrais rencontrer des Juifs et redevenir moi-même. Nous avons décidé que les fermiers m'emmèneraient à Varsovie. Ils se sont préparés pour la route et m'ont confectionné un nouveau manteau et un nouveau pull-over[52].

Un dimanche de la mi-décembre 1947, le fermier a harnaché le cheval et nous a emmenés à Mrozów où nous avons passé la nuit chez des amis. Il leur a dit que nous allions à Zamość pour chercher un certificat de naissance. J'étais tellement agité que je n'ai pas pu dormir de la nuit. Le matin, nous avons pris le train pour Varsovie. Là, la femme du fermier s'est enquise de l'adresse du Comité [central] juif et nous y sommes allés[53]. J'étais très excité et étonné que ces gens parlent « allemand ». J'avais complètement oublié le yiddish et je croyais qu'ils parlaient allemand! Ils nous ont reçus très gentiment et nous ont offert du thé[54].

---

52  Adam s'est souvenu plus tard de la façon dont il avait finalement su que d'autres Juifs avaient survécu et comment il avait été mis au courant de l'existence d'organisations juives et finalement décidé d'aller à Varsovie : «À l'automne 1947, deux commerçants sont venus voir le fermier pour acheter un porc. Je les ai aidés à l'attraper et à l'attacher. Après l'avoir mis dans la charrette à cheval, nous sommes rentrés dans la maison. Le fermier a mis une bouteille de vodka, du pain et du lard sur la table, afin de fêter le marché. Il m'a dit de m'asseoir et de prendre un verre, ce que j'ai fait. Les hommes ont commencé à me poser des questions et à dire : «Est-ce que tu es juif? Tu en as l'air.» J'avais peur de l'avouer, aussi j'ai répondu que non. Ils n'étaient pas convaincus et se sont tournés vers le fermier : «S'il est juif, vous pouvez avoir beaucoup d'argent du Comité central juif de Varsovie». Ils ont laissé l'adresse. C'était la première fois que j'entendais parler du Comité juif, ou d'une quelconque organisation juive, depuis le début de la guerre. Je n'étais toujours pas certain que l'information soit véridique, mais maintenant que j'avais compris qu'il existait d'autres Juifs rescapés, je voulais affirmer mon identité et essayer d'aller à Varsovie.»

53  Le Comité central des Juifs de Pologne a été créé en 1944, comme la plus haute administration juive polonaise officiellement reconnue. Le Comité central cherchait à reconstruire la vie juive en Pologne. Il avait reçu des fonds du gouvernement polonais ainsi que de l'*American Jewish Joint Distribution Committee*, avec lesquels il finançait son travail de prise en charge des Juifs polonais rescapés. David Engel, «The Reconstruction of Jewish Communal Institutions in Postwar Poland: The Origins of the Central Committee of Polish Jews, 1944-1950.» In *East European Politics and Societies*, volume 10 n°1, 1996, pp. 87-88.

54  Voir note page suivante.

Ils se sont intéressés à moi et ont immédiatement décidé de m'envoyer à la maison pour enfants de Zatrzebia. J'étais très troublé, je ne savais pas quoi faire ni que penser. J'ai fait ce qu'ils m'ont dit de faire. C'était la première fois de ma vie que je voyais une grande ville. Quand j'ai pris le tram, j'ai été surpris d'y voir autant de monde et effrayé à la pensée que j'allais tomber. J'avais complètement oublié mon petit cheval. La femme du fermier m'a convaincu de rester là et de lui écrire et elle a promis qu'elle viendrait me rendre visite. Je l'ai écoutée.

Au début, j'étais étonné de constater que je n'avais pas peur de dire ouvertement que j'étais juif. Il me semblait que j'étais dans un autre monde, complètement nouveau. Petit à petit, ils m'ont initié à une nouvelle vie et m'ont expliqué différentes choses. J'ai appris qu'il restait encore des Juifs, dont beaucoup étaient revenus de Russie et certains avaient survécu ici. Je n'étais pas complètement seul. Malheureusement, je n'ai pu retrouver aucun membre de ma famille.

Après quelques temps, notre maison [d'enfants] a déménagé dans la rue Jagielonska au dortoir d'étudiants où je vis maintenant. Je suis les cours d'une école pour jeunes et adultes et j'étudie en 4e et 5e année. Un nouveau monde s'est ouvert à moi. J'ai beaucoup appris, des choses que j'ignorais et qui m'avaient été cachées.

54 Plus tard, Adam s'est souvenu de détails complémentaires au sujet de sa première rencontre avec des Juifs après la guerre, aux bureaux du Comité central : «En approchant de la porte, j'ai remarqué un garde avec une longue barbe qui sortait des toilettes. À ce moment-là, j'étais sûr qu'il était juif. J'étais ravi car je n'étais pas encore convaincu que je n'étais pas le seul Juif rescapé. Il m'a dit où aller pour trouver le directeur, mais je n'ai fait confiance qu'à lui et je n'ai pas voulu y aller seul. Il n'a pas eu d'autre choix que de m'emmener dans le bureau. Quand il a voulu s'en aller, je ne l'ai pas laissé partir. Comme le directeur n'avait pas de barbe, je n'avais pas confiance en lui. Dans la ville où j'avais vécu, tous les hommes juifs portaient la barbe, y compris mon père. Alors, le directeur m'a expliqué que tout le bâtiment était rempli de Juifs et que je ne devais plus avoir peur. Il m'a dit que les Juifs étaient libres maintenant.

La femme du fermier a reçu de l'argent, mais pas beaucoup car, comme le directeur l'a expliqué, la guerre étant finie depuis presque deux ans et demi, ils n'avaient pratiquement plus de fonds.»

Je ne veux pas retourner au village, mais je reste très attaché à mes fermiers et je voudrais les aider autant que je peux. Je les considère comme mes parents car ils m'ont sauvé la vie dans les pires moments. Maintenant, je leur écris et j'aimerais aller leur rendre visite pendant les vacances. Ils m'envoient des lettres chaleureuses me disant qu'ils se sentent seuls sans moi[55].

J'aimerais entrer dans une école d'enseignement professionnel pour apprendre un métier. Je voudrais être mécanicien et aller en Palestine. Il y a beaucoup de Juifs là-bas et je n'aurais pas peur d'en être un.

J'ai vécu une vie entière de douleur et de peur. Quand je repense aux détails, chacun d'eux me semble plus effrayant que le suivant. Mon souvenir le plus horrible est celui de la déportation des Juifs de Komarów, quand j'ai été séparé de ma mère, que je me suis enfui de la place pleine d'Allemands où tous les Juifs étaient entassés et que je me suis caché dans les champs, m'attendant à mourir à chaque instant.

J'ai eu plusieurs fois des cauchemars affreux. Je rêve toujours que les Allemands arrivent, qu'ils me trouvent et qu'ils me poursuivent et me tuent. Un jour, j'ai rêvé que mon frère était mort mais que ma mère avait survécu.

Maintenant, je pense sans arrêt au passé. Ma vie est triste car j'ai perdu toute ma famille. Au foyer d'étudiants, je suis le plus malheureux. Tous les enfants ont quelqu'un, l'un un oncle, l'autre une tante et même s'ils n'ont plus de parents [proches], ils ont de la famille. Moi, je n'en ai pas. Je n'ai même pas un parent qui pourrait m'envoyer une lettre! Je suis absolument seul. Je souffre de ne pas être avec des personnes du même âge dans mes études. Ils sont tous en *gimnazjum* [au secondaire], mais moi, je suis encore en 4ᵉ année. Je ne pourrai certainement pas accomplir grand-chose. En règle générale, ma vie n'est pas ce que j'avais imaginée qu'elle serait.

---

55 Adam est resté en contact avec Jan Szelag et sa femme de nombreuses années. Ceux-ci ont assisté à son mariage avec Rachel Milbauer à Wrocław en 1956. Voir Rachel Shtibel, *Le Violon*, p. 119 de ce livre.

Mon plus grand rêve est de retrouver quelqu'un de ma famille, un parent ou même un étranger qui pourrait me donner des conseils, me dire quoi faire, comment me comporter afin que je ne sois pas toujours tout seul car je ne sais encore pas comment agir de moi-même. J'ai besoin de quelqu'un de vivant qui puisse me parler et me soutenir.

Je crois que mon plus grand acte d'héroïsme a été de cacher ma mère pendant la déportation. Au lieu de me cacher moi-même, j'ai obligé ma mère à prendre ma place. Et aussi quand, plus tard, j'ai trouvé une façon de me sauver de la place où les Juifs étaient réunis avec tous les Allemands et que je ne me suis même pas retourné quand un Allemand m'a interpellé. Et la fois où la police m'a attrapé et m'a mis en prison et où je suis sorti par la fenêtre, sans aide. De façon générale, toute ma vie a été un acte d'héroïsme.

POÈMES

GLOSSAIRE

POÈMES ÉCRITS

PAR LES PETITES-FILLES

DE RACHEL & ADAM SHTIBEL

## Pourquoi se rappeler?

Pourquoi se rappeler ces nuits horribles?
Pourquoi se rappeler ces spectacles effrayants?
Je ne crois pas vouloir me rappeler
Les émotions si douloureuses qui m'envahissent.
Me rappeler que tous les Juifs ont perdu ce qu'ils possédaient.
Me rappeler la mort de six millions d'êtres est triste.
Je crois que je veux juste oublier.
Ce serait peut-être le meilleur choix.
Mais peut-être devrais-je vraiment me rappeler.
Peut-être est-ce là le meilleur choix.
Si tout le monde oubliait, cela pourrait recommencer.
Et nous pourrions aussi bien fermer la porte à la liberté.
Pourquoi se rappeler ces nuits horribles?
Pourquoi se rappeler ces spectacles effrayants?
Pourquoi, je vais vous le dire,
Pourquoi penser à tous les souvenirs ainsi réveillés.
Pour nous rappeler nos amis et parents perdus,
Mais surtout, nous rappeler les horreurs de l'Holocauste.

*Shari Zimmerman, 1994 (12 ans)*

## Souvenirs de guerre

Lorsque je pense à toutes les guerres que nous avons connues,
Mes yeux s'emplissent de larmes.
Comment les soldats pouvaient-ils être si braves
Alors que je ressens tant de peur?
Je pense aux longs jours de solitude,
Aux nuits sombres et froides.
À ces soldats qui devaient se battre
Pour sauver les enfants et les vieillards.
J'espère ne jamais devoir être le témoin
D'une autre guerre tragique,
Sentir la douleur de la perte d'êtres aimés
À jamais disparus.

Aujourd'hui je souhaite que la paix règne
Afin de vivre en harmonie,
Afin de ne jamais devoir pleurer à mon tour,
De ne jamais connaître un sort incertain.

*Julie Zimmerman, 1994 (12 ans)*

# GLOSSAIRE

**bar mitsvah** : [hébreu : «celui à qui s'appliquent les commandements»] treize ans, âge auquel, selon la tradition hébraïque, les garçons assument la responsabilité morale et religieuse de leurs actions et sont considérés comme adultes pour l'accomplissement du rituel à la synagogue; également, cérémonie marquant le moment où le garçon atteint ce statut et au cours de laquelle il est appelé à lire la *Torah* en public à la synagogue.

**boubè** : [ou *Bubba*, *Bubbe*, *Bobbe*, etc.; yiddish] grand-mère.

**cholent** : [ou *tsholent*; yiddish] ragoût mijoté que les Juifs d'Europe de l'Est préparent pour le *Shabbat*; souvent le plat principal lors du dé - jeuner du *Shabbat* servi le samedi après le service religieux.

**cohen** : [ou *kohen*; hébreu : prêtre] personne qui peut faire remonter son ascendance masculine jusqu'à la famille sacerdotale de Aaron, frère de Moïse et qui ont un statut particulier dans les rites du judaïsme (par exemple, ce sont eux qui récitent certaines prières à la synagogue). D'après la tradition juive, un *cohen* doit suivre des règles particulières. Ainsi, il ne peut avoir aucun contact avec les cadavres ni épouser une divorcée ou quelqu'un qui s'est converti au judaïsme.

**étoile de David** : [en hébreu, *Magen David*] étoile à six branches qui est le symbole le plus ancien et le plus connu du judaïsme. Pendant la Seconde Guerre mondiale, les Juifs des régions occupées par l'Allemagne nazie étaient fréquemment obligés de porter un insigne ou un brassard muni de l'étoile de David, ce qui leur conférait un statut inférieur et les exposait aux vexations et aux persécutions.

**Gestapo** : [allemand; abréviation de *Geheime Staatspolizei*] police politique de l'Allemagne nazie; elle a procédé à l'élimination brutale et sans scrupules des opposants au nazisme en Allemagne et dans les territoires occupés par celle-ci; responsable, dans toute l'Europe, des rafles de Juifs et de leur déportation dans des camps d'extermination; instigatrice également des rafles et de l'assassinat des Juifs en Pologne de l'Est et en URSS, perpétrés par des bataillons spéciaux appelés *Einsatzgruppen* qui pratiquaient des crimes de masse.

hallah : [ou *khallah*; hébreu] pain tressé aux œufs que l'on mange traditionnellement le jour du *Shabbat* ou d'autres fêtes juives.

Hashomer Hatzaïr : [hébreu : «la jeune garde»] organisation de jeunesse sioniste de gauche, très active en Europe centrale avant et tout de suite après la Deuxième Guerre mondiale; ceux qui en étaient ou en avaient été membres étaient considérés avec suspicion par les gouvernements alliés aux Soviétiques pendant la période d'après-guerre.

Hutsules : [ou *Houtsoules*] petite peuplade de montagnards slavophones établis au nord de la chaîne des Carpathes.

kasher : [ou *cacher*; hébreu] qui peut être mangé selon les lois alimentaires juives. Les Juifs pieux suivent un certain nombre de règles appelées *kashrout* (ou *cacherout*) qui réglementent ce qui peut être mangé, comment préparer les aliments et comment abattre les animaux; des aliments sont *kasher* quand ils peuvent être consommés dans le respect des lois alimentaires juives.

khaï : [ou *haï*; hébreu : «vivant»] le mot khaï se compose des lettres hébraïques *khet* et *yod*, soit les huitième et dixième lettres de l'alphabet et il a pour valeur numérique 18, ce qui en fait un nombre qui porte chance, selon la tradition juive; des dérivés de *khaï* (Khaim, Khaya) sont souvent donnés comme prénom aux enfants juifs.

kheyder : [ou *héder*; yiddish] école primaire hébraïque, traditionnellement fréquentée par les garçons dès l'âge de trois ans.

kidoush : [ou *kiddush*; hébreu : «sanctification»] Bénédiction du vin que l'on récite lors du *Shabbat* et autres fêtes juives.

kilim : sorte de tapis coloré.

kolkhoze : [russe : ferme collective; abréviation de *kollektivnoye khozianstvo*] coopérative agricole opérant sur des terres appartenant à l'État; le kolkhoze était la principale forme d'entreprise agricole dans l'ex-Union soviétique.

**minyan** : [hébreu] quorum de dix Juifs adultes nécessaire à la récitation des prières; parfois synonyme de groupe de prière ou de service religieux.

**mitsvah** : [hébreu : «action commandée»] concept fondamental selon lequel les Juifs ont l'obligation de se plier aux commandements de la *Torah*; souvent utilisé dans le sens de «bonne action» ou de «geste de bonté».

**Pessah** : [ou *Pessach*; hébreu] au printemps, fête commémorant la sortie d'Égypte par les Israélites et leur libération de l'esclavage, un événement célébré lors du séder, repas rituel au cours duquel on conte l'histoire de l'exode et on mange du pain azyme (matsa).

**Pidyon haben** : [hébreu : «Rachat du fils»] rituel juif qui se pratique un mois après la naissance d'un premier-né et au cours duquel les parents rachètent symboliquement leur fils à un Cohen (descendant des anciens prêtres); inspiré du concept biblique selon lequel les premiers-nés de sexe masculin appartiennent à Dieu.

**Rosh Hashanah** : [ou *Roch Hachanah*; hébreu : «Nouvel An»] en automne, fête qui marque le début de l'année juive.

**Shabbat** : [ou *Chabbat*; hébreu : «sabbat». *Shabbes*, *Shabbos* en yiddish] journée hebdomadaire de repos commençant le vendredi au coucher du soleil pour se terminer le samedi au coucher du soleil; elle débute avec l'allumage des bougies le vendredi soir et la bénédiction du vin et du *hallah*; journée de fête autant que de prière, où il est de coutume de manger trois repas festifs, d'assister aux services à la synagogue et de s'abstenir de voyager ou de travailler.

**shoykhet** : [yiddish; dérivé de l'hébreu *shohet*] homme qui maîtrise bien les enseignements religieux de la *kashrout* et qui a appris à abattre les animaux sans les faire souffrir et à vérifier ensuite que la viande est bien *kasher*.

**soltys** : [polonais] président du conseil du village.

**soukkah** : [hébreu: hutte] abri temporaire édifié pour la fête de *Soukkot*; traditionnellement décorée de plantes et de fruits, son toit ne la recouvre pas entièrement pour qu'on puisse admirer les étoiles la nuit.

**Soukkot** : [ou *Souccot*; hébreu : Fête des Tabernacles] festival d'automne commémorant les 40 années pendant lesquelles les Israélites ont erré dans le désert après leur exode d'Égypte; pendant les sept jours que dure cette fête, les Juifs prennent traditionnellement leurs repas dans une *soukkah*.

**Torah** : [ou *Tora*; hébreu] document le plus important du judaïsme. Le mot signifie à la foi «enseignement» et «loi» et se rapporte en général aux cinq premiers livres de la Bible (appelés Pentateuque); signifie parfois l'ensemble de ce que les Chrétiens appellent l'Ancien Testament et parfois l'entièreté des enseignements juifs qui font autorité, qu'ils soient oraux ou écrits.

**Tziganes** : [ou **Tsiganes**] terme communément utilisé pour désigner les Sinti et les Roma, un peuple nomade parlant une langue indo-européenne, le romani. Comme les Juifs, ils étaient considérés comme une race inférieure par les nazis qui tentèrent de les éliminer; à la fin de la guerre, 250 000 à 500 000 d'entre eux étaient tombés, victimes du génocide nazi.

**wójt** : [polonais] gouverneur élu d'une commune rurale (*gmina*).

**Yom Kippour** : [hébreu : Jour du Grand Pardon] jour le plus saint du calendrier juif, marqué par le jeûne, la prière et le repentir; a lieu en automne, dix jours après *Rosh Hashanah*.

**zeydè** : [yiddish] grand-père.

## La Fondation Azrieli

La Fondation Azrieli a été créée en 1989 pour concrétiser et poursuivre la vision philanthropique de David J. Azrieli, C.M., C.Q., MArch. La Fondation apporte son soutien à de nombreuses initiatives dans le domaine de l'éducation et de la recherche. La Fondation Azrieli prend une part active dans des programmes du domaine des études juives, des études d'architecture, de la recherche scientifique et médicale et dans les études artistiques. Parmi les initiatives reconnues de la Fondation figurent le programme de publication des mémoires de survivants de l'Holocauste, qui recueille, archive et publie les mémoires de survivants canadiens, l'*Azrieli Institute for Educational Empowerment*, un programme innovant qui apporte un soutien aux adolescents à risques et les aide à rester en milieu scolaire, ainsi que l'*Azrieli Fellows Program*, un programme de bourses d'excellence pour les second et troisième cycles des universités israéliennes. L'ensemble des programmes de la Fondation sont présentement mis en œuvre au Canada, en Israël et aux États-Unis.

## Le Centre d'études juives de l'Université York

L'Université York a créé en 1989 le premier centre de recherche interdisciplinaire en études juives au Canada. Au fil des ans, le Centre d'études juives de l'Université York (CJS) a obtenu une reconnaissance nationale et internationale pour son approche dynamique de l'enseignement et de la recherche. Tout en fournissant un enseignement en profondeur de la culture juive et des études classiques, le Centre développe une approche résolument moderne et un intérêt marqué pour l'étude de la réalité juive canadienne. L'Université York est un pionnier au Canada dans l'étude de l'Holocauste. Le Centre démontre son engagement à l'étude de l'Holocauste par la recherche, l'enseignement et l'engagement communautaire de ses professeurs.